Irish
-English
DICTIONARY

MERCIER PRESS
IRISH PUBLISHER – IRISH STORY

Published 2017 by Mercier Press, Cork, www.mercierpress.ie,
by arrangement with Geddes & Grosset, an imprint of
The Gresham Publishing Company Ltd, Academy Park,
Building 4000, Gower Street, Glasgow, G51 1PR, Scotland.

First published 2002. Reprinted 2002, 2007, 2010, 2014, 2017

Compiled by Ciarán Ó Pronntaigh

ISBN 978 1 78117 493 7

Printed and bound in the EU

Introduction

The Irish language is one of the three Gaelic languages together with Scots Gaelic and Manx. The language has been spoken in Ireland for at least two thousand years and records of its literature stretch back to about the year 800 AD.

Irish remained the majority language in the country until the middle of the nineteenth century when the famine saw over one million people dying and another million being forced to leave their homeland. The decline of the language was speeded up by the English authorities' official policy against the language, church discouragement and the crushing of the national psyche following the disaster of the famine.

The revival of the language began in earnest at the end of the nineteenth century and, while not always successful, has pointed the way for the language to be brought back into more popular usage throughout the country. Today there is an Irish language television station with Irish programmes on others and three radio stations broadcasting in the language, some magazines and a vibrant publishing industry with many novels, books of poetry and general works being published.

One feature of the modern Irish revival is that the Irish-speaking community has become an international community with many Irish speakers throughout the world. There are also a large number of Irish language websites on the internet, and Twitter and Facebook have many users who keep in touch through the language.

The aim of this dictionary is to provide a wide range of vocabulary, being designed for both the student and those with a more general interest in Irish history and culture. Of course in a dictionary of this size it would be impossible to give every possible meaning of a word. What has been done is to leave the most obvious definition with some metaphorical uses given later with explanation. Some grammar pointers are given but it is recommended that the serious student should use this dictionary in conjunction with a modern grammar book and some of the printed, audio and audiovisual courses readily available. One which is recommended is *Now You're Talking* which is based on the series broadcast by the BBC. If there is any doubt about the meaning of any word in Irish it is recommended that Ó Dónaill's Irish–English dictionary *Foclóir Gaeilge–Béarla (An Gúm)*, be consulted. This and a number of other dictionaries are available on-line at www.focloir.ie. The website www.tearma.ie is very useful for newly added words.

Grammar Notes

Aspiration and eclipsion

Irish differs greatly from English both structurally and in its treatment of individual words. In common with the other Celtic languages, Irish can show a grammatical change at the beginning of many words by either aspiration (lenition) or eclipsion. As a rule of thumb aspiration usually is shown by the insertion of the letter 'h' after the consonant concerned, thereby softening its sound. Eclipsion refers to the placing of a certain consonant in front of the letter concerned, thus changing its sound. Below is a list of letters and their eclipsing pairs (the eclipsing letter is marked in bold here):

consonant :

b : **m**b	g : **n**g
c : **g**c	p : **b**p
d : **n**d	t : **d**t
f : **bh**f	

Another noticeable difference between English and Irish is that the verb usually starts the sentence e.g.:

Tá mé go maith.
I am well.

Tá indicates the present tense of the verb 'to be'.

Ólaim bainne.
I drink milk.

The copula

In Irish, the copula is needed in some phrases. Thus when one noun is described as being another noun the copula is used e.g.:

Is bean í (í = bean).
She is a woman (She = woman).

The copula is also used in a variety of other cases e.g.:

Is maith liom é.
I like it. (Literally 'it is good with me', 'I consider it nice'.)

Is liomsa é.
It is mine. (Literally 'it is with me'.)

Prepositions and verbal meanings

Irish, unlike English, depends much more on prepositions to indicate verbal meanings. For example the word *tabhair* can variously be translated as 'give' or 'take' depending on the preposition which follows it e.g.:

tabhair dom – give me ('give to me').
tabhair leat é – take it with you ('take it away with you').

Thus a better definition for the word *tabhair* may be 'bear' or 'carry'. Therefore it should be borne in mind that definitions are sometimes approximations of a word which has no exact parallel in English.

Answering a question

When answering a question positively or negatively it is important to repeat the verb and tense in which the question was originally put and then to put in either a negative or positive marker at the start e.g.:

An dtuigeann tú?
Do you understand?

Tuigeann.
Yes.

Ní thuigeann.
No.

or

An maith leat é?
Do you like it?

Is maith.
Yes.

Ní maith.
No.

Genitive case

Irish, like Scots Gaelic, retains a genitive case. At its most basic a genitive conveys the meaning 'of' in English, but instead of having a separate word Irish shows this connection by changing the following word. The word *bosca* ('box') when put in front of the word *post* ('post'/'mail') puts it in the genitive case e.g.:

bosca poist.
post box (literally box of [the] post).

Similarly, *cóta* ('coat') and *bean* ('woman') when put together in the phrase *cóta mná* means 'a woman's coat' (*mná* being the genitive form of 'bean').
It is to be noticed that the second word is changed. Below is a short description of some of the more regular types of words and their genitive case:

Masculine

Broad endings are usually slenderised e.g.:
bád becomes *báid*;
fear becomes *fir*;

-acht endings add the letter *-a*;

-éir/-iúir endings change to *-éara/iúra*;

-ín endings do not change their form;

words ending in a vowel generally do not change;

-áil endings change to *-ála*.

Feminine

Broad endings are often slenderised and the letter 'e' is added:
spúnóg becomes *spúnóige*;

-acht endings add the letter *-a*;

-ach endings change to *-aí*;

-each endings change to *-í*.

Because of constraints of space, only the more regular genitive forms have been given.

Verbs

Some verbs have been given in the form which approximates to the English infinitive e.g.:

rud a dhéanamh.
to do something.

For clarity some have been given in the imperative form e.g.:

déan seo.
do this.

Format

Words are given in alphabetical order. It is not uncommon in Irish for words to express a variety of meanings, and in such cases the most common meaning or meanings are given. Often further meanings are given, with significant differences separated by a semicolon. In many cases an explanatory note is inserted in brackets to help with clarification.

Abbreviations

abbrev	abbreviation		according to what it
adj	adjective		names, its case (often
adv	adverb		the genitive) or its
anat	anatomy		dialect
arith	arithmetic	*milit*	military
art	article	*mus*	music
bot	botanical	*neg*	negative
coll	colloquial/collective	*ocas*	occasionally
comput	computing	*orthog*	orthography
corres	correspondence	*part*	particle
derog	derogatory	*pers*	personal
esp	especially	*phys*	physical
excl	exclamation	*pl*	plural
f	noun (feminine gender)	*poss*	possessive
fam	familiar	*pp*	present or past participle
fem	feminine	*prep*	preposition
fig	figurative	*pn*	pronoun
fin	financial	*refl*	reflexive
fml	formal	*rel*	relative
gen	genitive	*relig*	religion
govt	government	*sing*	singular
gram	grammar	*usu*	usually
imp	imperative	*v*	verb
lit	literature	*vi*	intransitive verb
m	noun (masculine gender)	*vt*	transitive verb
med	medical	*vulg*	vulgar
m/f	a noun the gender of which may change		

Irish–English

Gaeilge–Béarla

A

a *pn* their (+ *eclipse*); *rel pn* what; who. • *adj* her; his (+ *aspiration*); its; • *conj* that (*relative*).

ab *m* abbot.

abacás *m* abacus.

abair *vt* to say; to utter.

abairt *f* sentence.

ábalta *adj* able. • *vi* **bheith ábalta** to be able.

ábaltacht *f* ability.

abhac *m* dwarf.

abhainn *f* river.

ábhalmhór *adj* gigantic.

ábhar *m* material; matter; subject. • *adj* **ag baint le hábhar** relevant. • *adv* **ar an ábhar sin** consequently.

ábhar gearáin *m* cause for complaint.

abhcóide *m* advocate.

abhcóideacht *f* advocacy.

abhlann *f* wafer.

ábhraigh *vi* to fester.

abhus *adv* here.

ablach *m* carrion.

absalóideach *adj* absolute.

absalóideachas *m* absolutism.

acadamh *m* academy.

acadamhaí *m* academician.

acadúil *adj* academic.

ach *prep* except. • *conj* but.

ach amháin *prep* except for.

ach oiread *adv* either.

achainí *f* petition.

achar *m* distance; duration.

achomair *adj* concise.

achomharc *m* (*law*) appeal. • *vi* **déan achomharc** to appeal.

achrann *m* disturbance; tangle.

achtaigh *vi* to legislate. • *vt* to legislate; to enact.

achtúire *m* actuary.

aclaí *adj* supple.

aclaigh *vt* to exercise.

aclaíocht *f* dexterity; exercise; • *vi* **déan aclaíocht** to exercise.

acmhainn *f* capacity, capability.

acra *m* acre.

adamh *m* atom.

adamhach *adj* atomic.

ádh *m* luck.

adhaint *f* ignition.

adhaltrach *m* adulterer.

adhaltranas *m* adultery.

adharc *f* horn.

adhartán *m* cushion.

adhastar *m* halter.

adhfhuafaireacht *f* abomination.

adhlacadh *m* burial.

adhlaic *vt* to bury.

adhmad *m* wood, timber.
adhmadóireacht *f* carpentry.
adhradh *m* worship.
ádhúil *adj* fortunate.
admhaigh *vt* to acknowledge; to admit.
admháil *f* acknowledgment; admission.
ae *m* liver.
aer *m* air.
aerach *adj* jaunty; gay (*homosexual*). • *adv* go haerach gaily.
aeráid *f* climate.
aeráideach *adj* climatic.
aeráil *vt* to air.
aerfort *m* airport.
aerlíne *f* airline.
aerloingseoir *m* aeronaut.
aeróg *f* aerial.
aerphost *m* airmail.
aerthonn *f* airwave.
áfach *adv* however.
Afracach *adj m* African.
Afraic: *f* An Afraic Africa.
ag *prep* at; denotes possession; tá peann agam I have a pen.
agaill *vt* to accost.
againne *pn* ours (*emphatic*).
agair ar *vt* beseech.
agallamh *m* interview.
aghaidh *f* facade; face; front. • *adv* ar aghaidh forward(s); onward.• *vi* éirí bán san aghaidh to pale. • *prep* (+ *gen*) in aghaidh against; prep le haghaidh for.
agóid *f* objection, protest.
aguisín *m* appendix (*of book*); addendum.
agus *conj* and.
agus leis sin *adv* whereupon.

aibhleog *f* ember.
aibhleog dhóite *f* cinder.
aibí *adj* mature; ripe.
aibíd *f* habit (*monk*).
aibigh *vt vi* to ripen.
aibítir *f* alphabet.
aibítreach *adj* alphabetical.
Aibreán *m* April.
aibreog *f* apricot.
aice *f* nearness. • *prep* in aice le beside; by.
aicíd *f* disease.
aicne *f* acne.
aicsean *m* action.
aidhm *f* aim.
aidiacht *f* adjective.
aiféala *m* regret, remorse.
aiféaltas *m* embarrassment; regret.
áiféis *f* absurdity.
áiféiseach *adj* absurd, ludricous.
aifreann *m* (*church*) mass.
aigéad *m* acid.
aigéadacht *f* acidity.
aigéan *m* ocean; An tAigéan Atlantach Atlantic Ocean.
áiléar *m* attic.
ailgéabar *m* algebra.
ailiúnas *m* (*law*) alimony.
aill *f* cliff.
áilleacht *f* beauty.
ailse *f* cancer.
ailtire *m* architect.
ailtireacht *f* architecture.
áiméan *int* amen.
aimhleas *m* detriment.
aimhleasach *adj* adverse.
aimhréidh *f* tangle.
aimpliú *m* (*audio*) amplification.
aimrid *adj* barren; sterile.
aimsigh *vt* to find; to locate.

aimsir *f* time; weather.
aincheist *f* dilemma.
ainchleachta *adj* unaccustomed; unused.
aindiachaí *m* atheist.
aindiachas *m* atheism.
aindleathacht *f* illegality.
ainéistéiseach *m* anaesthetic.
aineolach *adj* ignorant; **aineolach (ar)** unaware.
aineolas *m* ignorance.
aingeal *m* angel.
aingíne *f* angina.
ainglí *adj* angelic.
ainm *m* name. • *adj* **gan ainm** anonymous. • *vt* **ainm a thabhairt ar dhuine** to dub. • *m* **ainm bréige** alias; **ainm sinsearthachta** patronymic.
ainmhí *m* animal.
ainmhian *f* lust.
ainmnigh *vt* to assign; to nominate.
ainmniú *m* assignation.
ainnis *adj* deplorable; lousy, third-rate; miserable.
ainniseach *adj* abject.
ainriail *f* anarchy.
ainrialaí *m* anarchist.
ainrianta *adj* dissolute.
ainriocht *m* abnormality.
ainsealach *adj* chronic.
aint *f* aunt.
aintiarna *m* tyrant.
aintiún *m* anthem.
aipindic *f* (*anat*) appendix.
áirc *f* ark.
aird *f* consideration; heed; regard. • *vt* **aird a dhíriú** to call attention; **aird a thabhairt** heed.
airde *f* altitude; height; (*mus*) pitch. • *adv* **in airde** aloft.

airdeallach *adj* alert; wary.
aire *m* (*govt*) minister.
aireach *adj* attentive.
áireamh *m* calculation • *adj* **gan áireamh** countless.
áireamhán *m* calculator.
aire *f* attention, care.
airgead *m* money, cash; silver.
airgead tirim *m* cash.
airgeadaí *m* financier.
airgeadaíochta *f adj* fiscal.
airgeadas *m* finance.
airgeadóir *m* cashier.
airgeadra *m* currency.
airgtheach *adj* inventive.
airigh *vt* to perceive.
áirigh *vt* to count; to calculate; to reckon.
airíoch *m* caretaker.
áirithe *adj* particular.
áiritheoir *m* counter.
airsinic *f* arsenic.
airteagal *m* article.
airtríteas *m* arthritis.
ais: **ar ais** *adv* back.
áis *f* amenity; **áis éisteachta** *f* hearing aid.
Áise: *m* **An Áise** Asia.
Áiseach *adj m* Asiatic, Asian.
aiseag *m* vomit.
aisghair *vt* to abrogate.
aisghairm *m* abrogation.
aisig *vt vi* to vomit.
áisíneacht *f* agency.
aisíoc *m* refund. • *vt* to refund, reimburse, repay.
áisiúil *adj* convenient; serviceable.
aisling *f* vision, dream.
aislingeach *m* dreamer.
aiste *f* essay; **aiste bia** diet.

aisteach *adj* curious, strange.

aisteoir *m* actor.

aisteoireacht *f* bheith ag aisteoireacht *vi* (*theat*) to act.

aistrigh *vt* to move, flit (*house*); to transfer; to translate.

áit *f* place. • *m* **áit chónaithe** abode, dwelling. • *conj* **an áit** where. • *adv* **áit ar bith** anyplace; **áit éigin** somewhere.

aiteal *m* juniper.

aiteann *m* gorse; whin.

aitheantas *m* identification.

aithin *vt* to place, identify, recognise; **aithin roimh ré** to foreknow.

aithne *f* identity.

aithnidiúil *adj* familiar.

aithnigh *vt vi* to know; to diagnose.

aithreachas *m* regret. • *vt* **tá aithreachas orm (faoi)** to regret.

aithrí *f* penance.

aithris *f* imitation; mimicry; recital. • *vt* to narrate; to relate.

áitigh *vt* to occupy; **áitigh (ar)** to persuade.

áitiú *m* persuasion.

áitiúil *adj* local.

áitreabh *m* domicile, dwelling.

áitreabhach *m* inhabitant.

áitreamh *m* premises.

áitrigh *vt* to inhabit.

ál *m* brood; litter (*of young*).

álainn *adj* beautiful; scenic.

Albain (na hAlban) *genitive f* Scotland.

albam *m* album.

Albanach *adj* Scottish.

alcól *m* alcohol.

alcólach *m* alcoholic.

alcólacht *f* alcoholism.

allas *m* sweat.

allta *adj* wild.

almanag *m* almanac.

almóir *m* niche.

alp *vt* to devour.

alt *m* article; joint; knuckle.

altán *m* (*geog*) gorge.

altóir *m* altar.

altramaigh *vt* to foster.

altú (roimh bhia) *m* grace (*prayer*).

alúmanam *m* aluminium.

am *m* time; **am dinnéir** dinner time; **an t-am atá thart** past; **an t-am i láthair** present. • *adj* **i ndea-am** timeous. • *adv* **am éigin** sometime.

amach *adv* out; **as seo amach** henceforth. • *vi* **gob amach** to jut. • *adj* **amach is amach** downright.

amadán *m* imbecile, fool, idiot.

amaideach *adj* foolish, silly, stupid, ridiculous.

amaidí *f* nonsense.

amaitéarach *m* amateur.

amárach *adv m* tomorrow.

amas *m* aim (*of a gun*). • *vt* **déan amas** to putt.

ambasadóir *m* ambassador.

ambasáid *f* embassy.

amfaibiach *adj m* amphibian.

amh *adj* crude; raw.

amháin *adj* one; only.

ámharach *adj* lucky.

amharc *m* look; sight; view. • *vi* to gaze; to look. • *vt* to regard; **amharc (ar)** to view; to watch.

amhas *m* boor.

amhlaidh *adv* so.

amhránaí *m* singer, vocalist.

amhras *m* distrust; doubt. • *vt* **bí in amhras faoi rud** to doubt (something).

amhrasach *adj* doubtful; sceptical; suspicious; incredulous; (*fig*) fishy.

amplach *adj* rapacious; ravenous.

amscaí *adj* untidy.

amuigh *adj* exterior. • *adv* without.

an- *adv* very.

an *art* the.

anabaí *adj* abortive; immature.

anabaíocht *f* immaturity.

anáil *f* breath. • *adj* **as anáil** breathless. • *vt* **anáil a chur amach** to breathe out; **anáil a tharraingt isteach** to breathe in.

anailís *f* analysis. • *vt* **déan anailís ar** to analyse.

anailísí *m* analyst.

anall *adv* across; fro.

anam *m* soul.

anamúil *adj* spirited.

anás: ar an anás *adj* destitute.

anatamaíoch *adj* anatomical.

anatamaíocht *f* anatomy.

ancaire *m* anchor.

andúil *f* addiction.

andúileach *m* addict.

andúileach drugaí *m* drug addict.

aneas *adj* southerly, from the south.

anghrách *adj* erotic.

aniar *adj* westerly. • *adv* from the west.

aníos *adv* upward; up (*from below*).

anlann *m* (*culin*.) relish, sauce.

anlathas *m* anarchy.

annamh *adj* rare. • *adv* seldom.

ann féin *adj* intrinsic.

anocht *adv m* tonight.

anoir *adj* (*wind*) easterly.

anonn *adv* across.

anord *m* chaos.

anordúil *adj* chaotic.

anraith *m* soup, broth.

anró *m* hardship.

anróiteach *adj* inclement.

anseo *adv* here.

ansin *adv* then; there.

antoisceach *adj* extreme; *m* extremist.

antraipeolaíocht *f* anthropology.

anuas *adv* downward(s) (*from above*).

aoi *m* guest.

aoibh *f* smile.

aoibhinn *adj* delightful.

aoibhneach *adj* blissful.

aoibhneas *m* bliss.

aoileach *m* dung.

Aoine *f* **Dé hAoine** (on) Friday.

aoir *f* satire.

aoire *m* shepherd.

aois *f* age; century.

aolchloch *f* limestone.

aon *adj* one. • *pn* any. • *m* ace. • *f adv* **ar aon líne** abreast. • *adv* **faoi aon do** within an ace of. • *pn* **gach aon** each.

aonach *m* fair.

aonad *m* unit.

aonair (ceol) *m* (*mus*) solo.

aonarach *adj* alone; lone.

aon déag *m* eleven.

aonréadaí *m* soloist.

aontacht *f* unity.

Aontachtaí *m* (*pol*) Unionist.

aontaigh (le) *vi* to agree (with).

aontas *m* union.

aontíos *m* cohabitation.

aontoil *f* accord.

aontú *m* assent; accord. • *vi* **gan aontú le duine** to disagree.

aontumha *adj* celibate.

aorach *adj* satirical.

aorthóir *m* satirist.

aosach *m* adult.

aosta *adj* aged.

ápa *m* ape.

ar[1] *conj* that (*past tense indirect*).

ar[2] *prep* at (*time*); on, upon.

ár[1] *m* carnage; massacre; slaughter.

ár[2] *pn* our.

Arabach *adj* Arab, Arabic. • *m* Arab.

árachaigh *vt* to insure.

árachas *m* (*com*) insurance.

arán coirce *m* oatcake.

arán *m* bread; **arán sinséir** gingerbread.

araon *adj* both.

árasán *m* flat, apartment.

arbhar *m* cereal; corn.

ard- *adj* chief, supreme.

ard *adj* high; tall; capital; loud.

ardaigeantach *adj* high-minded.

ardaigh *vi* to grow, appreciate. • *vt* to heighten; to ascend; to elevate; to raise.

ardaitheoir *m* lift, elevator; **ardaitheoir sciála** ski-lift.

ardán *m* stage; platform; pad (*for helicopter*).

ardcheannasach *adj* predominant.

ardchlár *m* plateau.

ardeaglais *f* cathedral.

ardeaspag *m* archbishop.

ardintleacht: *f* **tá ardintleacht aige** he has a brilliant mind.

ardmháistir *m* headmaster.

ardmháistreás *f* headmistress.

ardmhiniciochta *adj* high frequency.

argóint *f* argument, dispute. • *vt* **argóint a dhéanamh** to dispute.

argóinteach *adj* disputatious.

arís *adv* again.

arm *m* army; *f* **arm tine** firearm.

armáil *vt* to arm.

armlann *f* (*mil*) arsenal.

armlón *m* ammunition.

armónach *adj* harmonic.

arracht *f* spectre.

arrachtach *adj* grotesque. • *m* monster.

arraing *f* convulsion.

ársa *adj* ancient.

ársaitheoir *m* antiquary.

artaire *m* artery.

árthach *m* craft, vessel.

as *prep* from.

asal *m* ass.

asarlaí *m* magician.

ascaill *f* armpit.

asma *m* asthma.

aspairín *m* aspirin.

aspal *m* apostle.

aspalóid *f* absolution.

asphrionta *m* print out.

Astráil: *f* **An Astráil** Australia.

Astrálach *adj m* Australian

astralaí *m* astrologer.

astralaíocht *f* astrology.

Astráláise: *f* **An Astráláise** Australasia.

ata *adj* bloated.

atáirg *vt* to reproduce.

atáirgeadh *m* reproduction.

atarlaigh *vi* to recur.

ateangaire *m* interpreter.

áth *m* ford.

athair (athar) *m* father; **athair altrama** foster-father; **athair céile** father-in-law.

athartha *adj* fatherly; paternal.

atharthacht *f* patrimony.

áthasach *adj* glad.

athbheochan *f* renaissance, revival.

athbheoigh *vt* to revive.

athbhreithnigh *vt* to review.

athbhrí *f* ambiguity.

athbhríoch *adj* ambiguous.

athchóirigh *vt* to refit; to restore.

athchóiriú *m* adaptation.

athchraol *vt* (*TV*) to rebroadcast.

athchuimhne *f* reminiscence.

athdhúbláil *vt vi* redouble.

athghabháil *f* recovery.

athghair *vt* to recall.

athimir *vt* to replay.

athláimhe *adj* secondhand.

athlíon *vt* to refill.

athnuaigh *vt* to renew.

athraigh *vi vt* to change; to vary.

athrú *m* alteration, change; mutation.

athsheol *vt* to redirect.

athshondach *adj* resonant.

athsmaoineamh *m* afterthought.

átigh *vi* to argue.

atlas *m* atlas.

atmaisféar *m* atmosphere.

atóg *vt* to rebuild.

aturnae *m* solicitor.

B

bá¹ *f* bay.

bá² *f* sympathy.

babhla *m* bowl.

bac *vt* to hinder, impede, obstruct; impediment, obstruction; **bac a bheith agat i do chuid cainte** to stammer.

bacach *adj* lame. • *m* cripple.

bacaíl *f* lameness.

bácáil *vt* to bake.

bachlóg *f* bud; slur (*speech*).

bacradadh: bheith ag bacadradh *vi* to limp.

bacús *m* bakery.

bád *m* boat; **bád farantóireachta** *f* ferry-boat; **bád tarrthála** *m* lifeboat.

badmantan *m* badminton.

bagair *vt* to threaten.

bagairt *f* threat. • *vt* **déan bagairt** to bluster.

bagáiste *m* baggage, luggage.

baghcat *m* boycott.

bagún *m* bacon.

báicéir *m* baker.

baictéarach *adj* bacterial.

báigh *vi vt* to drown; to plunge; to drench; to flood; to quench.

baile *adj* home. • *m* home; town.

bailéad *m* ballad.

bailí *adj* valid.

bailigh *vt* to assemble, collect, gather; to accumulate.

bailitheoir *m* collector.

bailiú *m* accumulation.

bailiúchán *m* collection.

baill ghiniúna *npl* genitals.

báille *m* bailiff.

bain *vt* to mow; to reap; to cut; to extract; to win; to achieve, attain; **bain an craiceann de** to skin; **bain as** to make off; **bain (rud) de (dhuine)** to exact; **bain cor as** to tweak; **bain croitheadh as** to shock; **bain de** to bereave; to deduct; to touch; **bain díoltas amach** to avenge; **bain greim as** to bite; **bain liomóg as duine** to pinch; **bain míthuiscint as** to misunderstand; **bain slis de** to chip; **bain suimín as** to sip; **bain sult as** to enjoy. • *vi* **bain amach** to arrive; **bain le** to meddle.

baincéir *m* banker.

baineann *adj* female.

bainis *f* wedding.

bainise *m* bridal.

bainisteoir *m* manager.

bainisteoireacht *f* management.

bainistréas *f* manageress.

bainne *m* milk.

bainniúil *adj* milky.

bainseó *m* banjo.

baint: **ag baint le hábhar** *adj* relevant;

baint a bheith (agat) le *vt* to be involved with, associated with; **baint ó** to detract from. • *f* **baint amach** attainment

baintreach *f* widow; **baintreach fir** widower.

bairille *m* barrel; wine butt.

bairneach *m* limpet.

baist *vt* baptise, christen.

baisteadh *m* baptism, christening.

báistiúil *adj* rainy.

báiteach *adj* wan.

baitsiléir *m* bachelor.

bál *m* ball, dance.

balbh *adj* dumb; mute.

balbhán *m* dummy.

balcóin *f* balcony.

ball *m* member; organ; spot; **ball d'acadamh** academician; **ball dobhráin** mole, spot; **ball éadaigh** garment; **ball gorm** bruise. • *adv* **ar ball** presently, by and by.

balla *m* wall.

ballasta *m* ballast.

ballóid *f* ballot.

ballraíocht *f* membership.

balsamaigh *vt* to embalm.

bambú *m* bamboo.

bán *adj* blank; fallow; white.

ban-ab *f* abbess.

ban-aisteoir *m* actress.

bánaigh *vt* to bleach.

banaltra ceantair *f* district nurse.

banaltra *f* nurse.

banana *m* banana.

banc *m* bank.

banchliamhain *m* daughter-in-law.

banda[1] *adj* feminine.

banda[2] *m* band.

bándearg *adj* pink.

bandia *m* goddess.

banlaoch *m* heroine.

bannaí *npl* bail.

banoidhre *m* heiress.

banóstach *m* hostess.

banrach *f* padlock.

bansa *m* manse.

banúil *adj* ladylike; womanly.

baoi *m* (*mar*) buoy.

baois *f* folly.

baoite *m* bait.

baoth *adj* fatuous; inept.

barainneach *adj* parsimonious.

barántúil *adj* authentic.

barbaiciú *m* barbecue.

bardal *m* drake.

barr *m* (*culin*) cover; crop; top. • *vt* to crop. • *adv* **ar a bharr sin** further, furthermore; moreover; **dá bharr sin** thereby. • *adj* **thar barr** excellent; magnificent.

barra *m* bar; ingot.

barraineach *adj* abstemious.

barrúil *adj* droll, funny.

barúil *f* idea; opinion.

bás *m* death.

basár *m* bazaar.

basc *vt* to crush, to mangle.

básmhar *adj* mortal.

bata *m* stick; **bata druma** drumstick; **bata siúil** walking stick.

báúil *adj* sympathetic; **báúil (le)** sympathetic (with).

beach *f* bee.

beacht *adj* accurate; exact; precise. • *adv* **go beacht** exactly.

beag *adj* little, small; **beag beann (ar rud)** impervious.

beag bídeach *adj* minute.

beagán *adv* rather. • *m* few.

beagmhaitheasach *adj* worthless.

beagnach *adv* almost, nearly.

beairic *m* barracks.

béal *m* brim; mouth.

bealach *m* way; (TV) channel; **bealach isteach** access; entrance; **bealach mór** highway.

bealadh *m* grease.

bealaigh *vt* to grease, lubricate.

bealaithe *adj* greasy.

béalbhach *f (horse)* bit.

béalchuas *m* cavity.

béaloideas *m* folklore.

béalscaoilte *adj* indiscreet.

Bealtaine *f* May.

bean *f* woman; **Bean** Mrs; **bean (chéile)** wife; **bean déirce** beggarwoman; **bean feasa** fortuneteller; **bean ghlúine** midwife; **bean ghrinn** comedienne; **bean ghnó** businesswoman; **bean luí** mistress; **bean mhuinteartha** kinswoman; **bean tí** landlady; **bean uasal** gentlewoman, lady.

beann[1] *f* antler.

beann[2] *f* regard; **beag beann ar** with little regard for.

beannacht *f* blessing, benediction; greeting.

beannaigh *vt* to bless; **beannaigh do** to greet; to salute.

beannaithe *adj* blessed.

beár *m* bar *(in pub)*.

béar *m* bear.

bearbóir *m* barber.

Béarla *m (ling)* English.

béarlagair *m* jargon.

bearna *f* breach; gap.

bearnaigh *vt* to breach.

bearnas *m (geog)* pass.

bearr *vt* to clip; to prune; to shave.

bearránach *adj* irksome.

beart *m (comput)* byte; *(pol)* instrument; bundle; parcel; deed.

beartach *adj* artful.

beartaigh *vt* to brandish.

béasa *m* manner, behaviour.

beatha *f* life; fare (food).

beathaisnéis *f* biography.

béic *f* roar. • *vi* to bellow, roar.

béile *m* meal, repast. • *vi* **béile a ithe** to dine.

béim *f* emphasis.

beir ar *vt* to grasp; to catch; **beir barróg f (ar)** to hug.

beirt *f* two (persons). • *pn* **an bheirt** both.

beith *f* birch.

beithíoch *m* beast.

beo *adj* alive; live; animated; **beo bocht** destitute.

beochan *f* animation.

beoga *adj* brisk.

beogacht *f* briskness; vitality.

beoigh *vt* to animate.

beoir (beorach) *f* beer.

bheith *f* being, existence.• *adv* **thar a bheith** exceedingly; immeasurably.

bhur *pn (pl)* your(s).

bí *vi* to be *(see grammar notes)*.

bia *m* food • *npl* **bia sliogán** shellfish.

biabhóg *f* rhubarb.

biachlár *m* menu.

bialann *f* restaurant.

bicíní *m* bikini.

bídeach *adj* tiny; **an-bhídeach** infinitesimal.

bileog nuachta *f* bulletin.

bille *m* bill.

billiún *m* billion.

bindealán *m* bandage.

binn *f (mountain)* peak; gable.

binse *m* bench.

bíobla *m* bible.

bíodh go *conj* though.

biogóid *m* bigot.

biogóideacht *f* bigotry.

bíogúil *adj* vivacious.

biorán *m* pin. • *f* **biorán cniotála** knitting needle.
biotáille *f* booze.
birling *f* galley.
bís *f* (*tool*) vice.
biseach *m* recovery.
bith: *adj pn* **ar bith** any.
bithcheimic *f* biochemistry.
bithcheimicí *m* biochemist.
bitheog *f* microbe.
bitheolaíoch *adj* biological.
bitheolaíocht *f* biology.
bithiúnach *m* (*person*) crook, ruffian; villain.
bitseach *f* bitch.
biúró *m* bureau.
bladhm *f* flame.
bladhmadh: bheith ag bladhmadh *vi* to blaze.
bladhmaire *m* boaster.
blagadán *m* bald person.
blaincéad *m* blanket.
blais *vt* to taste.
blaistigh *vt* to flavour.
blaosc f **cnó** *f* nutshell.
blas *m* accent; (language) brogue; flavour.
blasta *adj* delicious; savoury.
bláth *m* bloom, flower.
bláthach *adj* floral.
bláthfhleasc *f* garland.
bleachtaire *m* detective.
bléin *f* groin.
bliain *f* year; (wine) vintage; **An Bhliain Úr** New Year; **bliain bhisigh** leap year; **bliain ghealaí** lunar year. • *adv* **gach bliain** annually.
bliantúil *adj* annual, yearly.
bligh *vt* to milk.
blípire *m* bleeper.

bloc *m* block.
blogh *f* fragment.
bloiscíneach *adj* buxom.
blonag *f* lard; **blonag (míl mhóir)** blubber.
blús *m* blouse.
bó *f* cow.
bob *m* prank. • *vt* **bob a bhualadh (ar dhuine)** (*fig*) to circumvent; **bob a bhualadh (ar)** to con.
boc *m* buck, playboy, rascal.
bocht *adj* needy. poor.
bochtaigh *vt* to impoverish.
bod *m* penis.
bodach *m* lout.
bodhaire *f* deafness.
bodhar *adj* deaf; numb.
bodhraigh *vt* deafen.
bodóg *f* heifer.
bog *adj* lenient; soft. • *vi vt* to budge; to move; to relax; to soften.
bogásach *adj* complacent.
bogearraí *m* software.
bogha *m* bow; **bogha báistí** rainbow.
bogshodar *m* jog; • *vi* **bheith ar bogshodar** to jog.
bogthe *adj* lukewarm.
boige *f* softness.
boigéiseach *adj* indulgent.
boilg *f* bellows.
boilgeog *f* bubble.
boilsciú *m* (*money*) inflation.
bóín f **Dé** *f* ladybird.
boinéad *m* bonnet.
boiseog *f* slap.
bóithrín *m* lane.
boladh *m* odour, smell; sniff.
bolaigh *vt* to smell.
bolg *m* abdomen, belly. • *vi* **déan bolg le gréin** to sunbathe.

bolgach *adj* abdominal.

bolgam *m* draught (*drink*); mouthful.

bolgán *m* bulb.

bolta *m* bolt.

bolta a scaoileadh *vt* to unbolt.

boltáil *vt* to bolt.

bomaite *m* minute.

bómánta *adj* dull, stupid; hare-brained.

bómántacht *f* stupidity; dullness.

bóna *m* lapel.

bónas *m* bonus.

bonn[1] *m* base, foundation; tyre; **bonn (na coise)** sole.

bonn[2] *m* coin; medal.

bonnóg *f* bun; scone.

borb *adj* luxuriant; rude.

bord *m* board; table. • *adv* **ar bord** aboard; **thar bord** overboard.

borr *vi* to surge.

bos *f* palm.

bosca *m* box; **bosca bruscair** dustbin; **bosca litreacha** letter box.

both *f* booth, kiosk.

bothán *m* cabin; hut, shed; shieling.

bóthar *m* road. • *vt* **bóthar a thabhairt do** to sack.

bothóg *f* cabin.

botún *m* blunder.

brabús *m* profit. • *vt* **déan brabús ar** to profit.

brách: go brách *adv* evermore.

brachán *m* porridge.

bradán *m* salmon.

braich *f* malt.

braicheadóir *f* maltster.

braighdeanas *m* bondage; captivity.

braillín *m* bed sheet.

braiteoireacht *f* hesitation.

braith *vt* to betray; to detect; **braith ar** *vi* to rely (on).

bráithreachas *m* brotherhood.

bráithriúil *adj* brotherly, filial, fraternal.

branda *m* brandy.

braon *m* drop; dram, nip (*of drink*).

brat *m* covering; cloak; curtain; layer; **brat urláir** carpet.

bratach *f* flag.

bráthair *m* friar.

breá *adj* fine; (*meteor*) clement.

breab *f* bribe. • *vt* to bribe.

breabaireacht *f* bribery.

breac[1] *m* trout; **breac geal** salmon trout

breac[2] *adj* variegated.

breac- *adv* partly.

breacadh an lae *m* dawn.

breacán *m* plaid.

breac do dhochar *vt* (*com*) debit.

breactha *adj* dappled.

bréag *f* lie, falsehood. • *vi* **déan bréag** to lie.

bréagach *adj* dud; unreal.

bréagadóir *m* liar.

bréagán *m* toy.

bréagnaigh *vt* to contradict; to disprove; to refute.

bréagnú *m* contradiction.

bréagriocht *m* disguise.

bréan *adj* filthy, foul; rancid.

bréantas *m* stink.

Breatain: *f* **An Bhreatain Bheag** Wales; **An Bhreatain (Mhór)** (Great) Britain.

breathnaigh (ar) *vt* to regard; to scan; to watch.

bréid *m* cloth.

bréidín *m* tweed.

bréige *adj* counterfeit; false, fake.

breis *f* addition; extra. • *adv* **de bhreis** extra.

breise *adj* additional.

breith *f* (*law*) sentence; birth, delivery; **breith anabaí** miscarriage; **breith clainne** childbirth.

breitheamh *m* judge.

breithiúnas *m* (*law*) verdict; judgment; adjudication; discrimination.

breithlá *m* birthday.

breogán *m* crucible.

breoite *adj* ill.

breosla *m* fuel.

brí *f* import, meaning. • *adv* **dá bhrí sin** therefore; **in ísle brí** run down.

bríce *m* brick.

bríceadóir *m* bricklayer.

bricfeasta *m* breakfast.

bricíneach *adj* freckled.

bricíní *npl* freckles.

bricliath *adj* grizzled.

brídeach *f* bride.

bríomhar *adj* dynamic; lively.

brionglóid *f* dream.

briosc *adj* brisk; brittle; crisp.

briosca *m* biscuit.

Briotanach *adj* British; *n* Briton.

bris *vt* to break; to depose; **bris as oifig** to dismiss.

briseadh *m* defeat; fracture; (*fin*) change.

briste *adj* broken.

bríste *m* trousers; **bríste gairid** shorts, boxer shorts; **bríste géine** jeans.

brístín *nsg* pants, knickers.

bró *f* quern.

broc *m* badger.

brocailí *m* broccoli.

brocaire *m* terrier.

bródúil *adj* proud.

bróg *f* brogue; shoe.

bróicéir *m* broker.

bróicéireacht *f* brokerage.

broid *vt* to prod.

bróidnigh *vt* to embroider.

broim *m* fart (noisy).

broincíteas *m* bronchitis.

broinn *f* uterus, womb.

bróisiúr *m* brochure.

bróiste *m* brooch.

brollach *m* breast. • *adj* **le brollach íseal** low-cut.

brón *m* mourning; sadness, sorrow.

brónach *adj* sorry, sad.

broncach *adj* bronchial.

bronn *vt* to donate; to present; **bronn (rud) ar** to bestow.

bronnadh *m* presentation; endowment; **bronnadh céimeanna** graduation (ceremony).

bronntanas *m* present, gift.

bronntóir *m* donor.

brosna *m* firewood.

brostaigh *vi* to hurry, rush; to hasten; to urge.

brothall *m* heat; sultriness.

brú *m* push; shove; pressure; **brú fola** blood pressure.

bruach *m* (*river, etc*) bank; brink; verge.

brúchtadh *m* eruption.

brúid *f* brute.

brúidiúil *adj* bestial; brutal.

brúidiúlacht *f* brutality.

brúigh *vt* to cram; to crush; to push, shove; to bruise; to mash; **brúigh isteach ar** to intrude; **brúigh síos** to depress, press down.

Bruiséil *f* **An Bhruiséil** Brussels.

bruite *adj* boiled.

bruith *vi vt* to boil.

bruitíneach *f* measles.

bruscar *m* garbage, junk, rubbish; litter.

bua *m* faculty; flair; victory. • *vt* **an bua a fháil** to carry the day; **bua a bhreith ar (dhuine)** to triumph (over someone).

buabhall *m* drinking horn; bugle (horn).

buabhallaí *m* bugler.

buach *adj* triumphant.

buachaill *m* boy; **buachaill bó** cowherd, cowboy; **buachaill freastail** page (boy).

buaf *f* toad.

buafhocal *m* punchline; epithet.

buaic *f* apex, climax, zenith.

buaiceas *m* wick.

buaigh *vt* to win; **buaigh ar** to conquer.

buail *vt vi* to beat; to thrash (corn); to strike, hit; to flap; to conquer; **buail (ar rud éigin)** to impinge (on something); **buail le** to meet; **buail sonc ar** to butt.

buailteoir *m* bat.

buaine *f* permanence.

buair *vt* to trouble, annoy.

buaireamh *m* care, worry.

buairt *f* anxiety; bother.

buaiteoir *m* victor.

bualadh *m* beating; **bualadh bos** applause.

buama *m* bomb.

buamáil *vt* to bomb.

buan *adj* durable, lasting, permanent.

buanna *npl* accomplishments.

buanseasmhach *adj* durable.

buartha *adj* anxious; sorry; (*person*) worried.

buatais *f* boot.

búcla *m* buckle.

Búdachas *m* Buddhism.

buí *adj m* yellow.

buicéad *m* bucket.

buidéal *m* bottle.

buile *f* fury; lunacy; frenzy. • *adj* **ar buile** frantic.

builín *m* loaf.

buille *m* hit.

buimpéis *f* pump, shoe.

buinneach *f* diarrhoea.

buinneán *m* sapling.

buíocán *m* yolk.

buíoch *adj* grateful; thankful.

buíocháin: na buíocháin *mpl* jaundice.

buíochas *m* gratitude. • *vt* **gabh buíochas (le)** to thank.

buíon *f* (*band*) body; **buíon cheoil** (*mus*) band.

buirgléir *m* burglar.

buirgléireacht *f* burglary.

buiséad *m* budget.

búistéir *m* butcher.

buitléir *m* butler.

bulaí *m* bully.

bullán *m* bullock.

bun *m* base; bottom; origin; **bun toitín** butt. • *f* **bun na spéire** horizon.

bunachar sonraí *m* database.

bunaigh *vt* to establish; to found.

bunáit *f* (*milit*) base.

bunaitheoir *m* founder.

bungaló *m* bungalow.

bunoscionn *adv adj* upside-down; chaotic.

bunreacht *m* (*pol*) constitution.

bunscoil *f* primary school.

bunstoc *npl* aborigines, original people.

buntáiste *m* advantage.

buntomhas *m* dimension.

bunú *m* foundation.

bunús *m* most; basis; **bunús an scéil** gist (of story).

bunúsach *adj* aboriginal; basic, elementary, fundamental; cardinal; essential.

burg *m* burgh.

burgar *m* beefburger.

bus *m* bus; **ar an bhus** *adv* by bus.

busta *m* bust.

butrach *adj* buttery.

C

cá (háit) *interr pn* where (+ *indirect*).

cabach *adj* garrulous.

cabaíl *f* garrulity.

cabaireacht *f* babble. • *vi* **déan cabaireacht** to chatter.

cabáiste *m* cabbage.

cabán *m* cabin.

cábán (píolóta) *m* cockpit.

cabanta *adj* flippant; glib.

cabhail *f* hull.

cabhlach *m* fleet, navy.

cabhrach *adj* helpful.

cabhraigh le *vi* to help.

cabhsa *m* causeway.

cábla *m* cable, hawser.

cac *m* dung; excrement.

cáca *m* cake.

cachtas *m* cactus.

cad *interr pron* what; how; why. • *n* **cad (é)** what (+ *direct*). • *adv* **cad as** whence (+ *indirect*); **cad é mar** how; **cad chuige** why (+ *indirect*).

cadairne *m* scrotum.

cadás *m* cotton.

cadhnra *m* battery.

cadóg *f* haddock.

caibidil *f* chapter.

caibinéad *m* cabinet.

caidéal *m* pump.

caidreamh *m* association (*of people*); intercourse; **caidreamh collaí** sexual intercourse; **caidreamh poiblí** public relations.

caidreamhach *adj* gregarious.

caife *m* café; coffee.

caiféin *f* caffein(e).

caifitéire *m* cafeteria.

caighean *m* cage.

cailc *f* chalk.

cáiligh *vt* to qualify.

cailín *m* girl; girlfriend; lass, lassie; maid; **cailín aimsire** maid; **cailín coimhdeachta** bridesmaid.

cáilíocht *f* qualification.

caill *vt* to lose; to miss.

caille *f* veil.

cailleach *f* hag; witch; coward.

cailleadh *m* loss.

caillte *adj* lost.

Cailvíneach *m* Calvinist.

caimiléireacht *f* duplicity; fraud.

cáin¹ *vt* to censure; to condemn; to criticise; to decry.

cáin² *f* tax. • *vt* **gearr cáin (ar)** to tax; **cáin bhreisluacha** *f* value added tax; **cáin ioncaim** *f* income tax.

cáinaisnéis *f* (*govt*) budget.

cáineadh *m* censure; condemnation.

cainneann *f* leek.

cainéal *m* channel.

cáinmheas *m* tax assessment.

caint *f* speech, talk; **caint na ndaoine** vernacular.

cainte *adj* oral.

cáinteach *adj* critical.

cáipéis *f* document, record.

caipín *m* cap.

caipitleachas *m* capitalism.

caiptlí *m* capitalist.

cairde *m* credit; respite.

26

cairdeas *m* friendship.
cairdín *m* (*mus*) accordion.
cairdinéal *m* cardinal.
cairdiúil *adj* friendly.
cairdiúlacht *f* friendliness.
cairéad *m* carrot.
cairéal *m* (*geog*) quarry.
cairpéad *m* carpet.
cairt *f* cart; chart; charter.
cairtchlár *m* cardboard.
cairtfhostaigh *vt* to charter.
cáis *f* cheese.
Cáisc *m* Easter.
caiséad *m* cassette.
caisearbhán *m* dandelion.
caisíné *m* casino.
caisleán *m* castle.
caite *adj* worn.
caiteachas *m* expenditure.
caith *vt* to consume; to expend; to spend (*money, time*); to cast; to throw; to wear (*clothes*); **caith amach** to dump; to eject; to oust; **caith amhras ar** to suspect; **caith anuas ar** to malign; **caith ar** to afflict; **caith clocha le duine** to pelt someone with stones; **caith dímheas ar** to denigrate; **caith go doscaí** to lavish; **caith le (duine, etc)** to treat; **caith (rud) san aer** to toss; **caith rud uait** to discard; **caith solas** to flash (light); **caith tobac** to smoke; **caith toitín** to smoke. • *vi* **caith seile** to spit;
caitheamh *m* throw; spending; **caitheamh aimsire** recreation, diversion, pastime, hobby.
caithfidh: caithfidh mé é a dhéanamh *vb* I have to do it.
cáithnín *m* particle.

caithréim *f* triumph.
caithréimeach *adj* triumphal.
caiticeasma *m* catechism.
Caitliceach *adj m* (*relig*) Catholic.
Caitliceachas *m* Catholicism.
cál *m* kale.
caladh cuain *m* jetty.
calafort *m* seaport.
calaois *f* foul; **déan calaois ar** *vt* to defraud.
calcalas *m* (*math, med*) calculus.
callaire *m* loudspeaker.
callán *m* din, racket, noise (*noise of people*); **callán a thógáil** *vi* to brawl.
callánach *adj* boisterous.
calóga arbhair *npl* cornflakes.
calra *m* calorie.
Calvaire *m* Calvary.
cam *adj* crooked, wry, bent.
cam an ime *m* (*bot*) buttercup.
camall *m* camel.
camán *m* hurley, shinty stick; (*mus*) quaver.
camas *m* (*mar*) cove.
camchosach *adj* bandy-legged.
camóg *f* bracket; comma.
camógaíocht *f* camogie (game similar to hurley).
campa *m* camp; **campa géibhinn** concentration camp.
campáil *vi* to camp.
campálaí *m* camper.
can *vt* to sing; **can (amhrán) de chrónán** to croon.
cána *m* cane.
canabhas *m* cannabis.
canáil *f* canal.
canbhás *m* canvas.
cancrach *adj* fretful.

candaí *m* candy.

canna *m* can.

canóin *f* cannon; canon.

cantaireacht *f* chant. • *vt* **cantaireacht a dhéanamh** to chant.

cantalach *adj* cantankerous, cross.

canúint *f* dialect.

caoch *vt* to daze; to dazzle. • *vi* **caoch na súile** to blink; **caoch súil** to wink.

caochán *m* mole.

caoga *adj* fifty.

caogadú *adj* fiftieth.

caoi *f* manner; **cén chaoi a bhfuil tú?** how are you?

caoin *adj* (*person*) benign, gentle. • *vi vt* to lament, bewail, keen, mourn; to weep; to deplore.

caoineadh *m* elegy; lament; lamentation.

caointeach *m* elegiac.

caoireoil *f* mutton.

caol[1] *adj* lean; skinny. • *m* **caol na láimhe** *m* wrist.

caol[2] *m* firth, kyle.

caolchúiseach *adj* subtle.

caomhnaigh *vt* to conserve.

caomhnóir *m* guardian.

caomhnú *m* conservation; conservancy.

caonach *m* moss.

caor *f* berry.

caora *f* ewe; sheep.

caorthann *m* rowan.

caoithiúil *adj* convenient; expedient.

caoithiúlacht *f* convenience; **ar do chaoithiúlacht** at your convenience.

capall *m* horse.

capán glúine *f* kneecap.

capsúl *m* capsule.

captaen *m* captain.

cár *m* teeth (set of); **cár bréagach** dentures.

cara (carad) *m* friend.

carabhán *m* caravan.

carachtar *m* character.

carbaihiodráit *f* carbohydrate.

carball *m* palate (hard).

carbón *m* carbon.

Carghas: *m* **An Carghas** Lent.

carn *vt* to accumulate; to heap; to pile. • *m* **carn aoiligh** dunghill; **carn fuílligh** dump.

carnabhal *m* carnival.

carnadh *m* accumulation.

carr *m* car; **carr cábán infhillte** convertible; **carr scriosta** wreck; **carr sleamhnáin** sledge, sleigh.

carráiste *m* carriage.

carria *m* deer; stag.

carsán *m* wheeze. • *vi* **cársán a bheith ionat** to wheeze.

cárta *m* card; **cárta airgid** cash card; **cárta baincéara** bank card; **cárta bordála** boarding pass; **cárta creidmheasa** credit card; **cárta poist** postcard.

carthanach *adj* beneficent; charitable.

cartlann *f* archive.

cartún *m* cartoon.

cartús *m* cartridge.

cas *vt vi* to turn; to spin; to twist; to sing; **cas le** to meet.

cás *m* cage; case. • *vt* **duine (rud) a chur isteach i gcás** to cage.• *adj* **sa dara cás** secondly.

casacht *f* cough. • *vi* **déan casacht** to cough.

casaigh *vt* to deplore.

casaoid *f* reprimand; complaint.

casaról *m* casserole.

caschoill *f* brushwood.

casóg *f* jacket.

casta *adj* intricate.

casúr *m* hammer.

casta *adj* complex; elaborate.

cat *m* cat. • *adj* **mar chat** feline.

cat crainn *m* marten.

catagóir *f* category.

catalóg *f* catalogue.

cataracht fionn *f* cataract.

cath *m* battle.

cathair (cathrach) *f* city; **cathair ghríobháin** labyrinth.

cathaoir (cathaoireach) *f* chair; **cathaoir uilleach** armchair.

cathaoirleach *m* chairman, chairperson.

cathartha *adj* civic.

cathéide *f* armour.

cé[1] *f* pier.

cé[2] *interr pn* who (+ *direct*) • *pn* whose. • *adj* **cé (acu)** which. • *conj* **cé acu** whether. • *pn* which; **cé go** although, though; whereas; **cén fáth** (+ *indirect*); *adv* why; **cén uair** (+ *direct*); *adv* when.

ceacht *m* lesson.

céachta *m* plough.

cead *m* consent; **cead isteach** admission; **cead scoir** leave.

céad *adj* first; **an chéad bhean** the first woman • *m* century; hundred. • *adj* hundred. • *adv* **faoin gcéad** per cent.

ceadaigh *vi vt* to consent; to allow; permit; to approve.

ceadaitheach *adj* permissive.

ceadal *m* (*mus*) recital.

céadghin *f* first-born.

Céadaoin: *f* **An Chéadaoin** Wednesday.

céadú *adj* hundredth.

ceadúnaigh *vt* to license.

ceadúnas *m* licence; permit; **ceadúnas tiomána** driving licence.

ceal *m* lack, absence; **cur ar ceal** *m* abolition.

cealg *f* sting; deception, deceit. • *vt* to sting; to deceive.

cealaigh *vt* to counteract; to annul; to cancel; to delete.

ceallra *m* battery.

cealú *m* cancellation.

ceamara *m* camera.

ceamaradóir *m* camera operator.

ceangal *m* link; bond; connection.

ceangail *vt* to tie, to bind; to connect; to fasten; to join; to lace.

ceangailteach *adj* astringent.

ceann *m* head. • *adv* **an ceann** apiece (thing); **ceann ar cheann** singly. • *vt* **an ceann a bhaint de scéal** to broach a question; **dul i gceann ruda** to go about a thing. • *prep* **go ceann** for (*time: future*). • *m* **ceann feadhna** captain; **ceann staighre** landing; **ceann tíre** headland; **ceann urra** chief.

ceann- *adj* capital.

céanna *adj* same; **den chineál chéanna** like. • *adv* **mar an gcéanna** likewise; ditto.

ceannaí *m* buyer; merchant.

ceannaigh *vt* to buy.

ceannairc *f* mutiny.

ceannairceach *m* rebel.

ceannaire *m* leader.

ceannas *m* dominion. • *vt* **bheith i gceannas ar** to dominate.

ceannasach *adj* dominant; assertive; ruling.

ceannbhán *m* bog-cotton.

ceannbhrat *m* canopy.

ceanncheathrú *fsg n* (*milit*) headquarters.

ceanndána *adj* dogged; headstrong; stubborn.

ceannlitir (-treach) *f* capital letter.

ceannsolas *m* headlight.

ceansa *adj* meek; tame.

ceansacht *f* meekness.

ceansaigh *vt* to domesticate (*animal*); to appease; to tame.

ceant *m* auction.

ceantar *m* area, locality, district.

ceanúil *adj* affectionate, fond.

ceap *m* butt (target); pad. • *vt* to appoint; to design; to devise; to intercept; to trap.

ceapachán *m* appointment.

cearbhán *m* basking shark.

cearc *f* hen; **cearc fhraoigh** (bird) grouse.

ceardaí *m* craftsman.

ceardaíocht *f* workmanship.

cearnach *adj* square.

cearnamhán *m* hornet.

cearnóg *f* square.

cearr *adj* wrong. • *adv* awry; **tá rud éigin cearr** something's amiss.

cearrbhach *m* gambler.

cearrbhachas *m* gambling. • *vi* **bheith ag cearrbhachas** to gamble.

ceart *adj* correct; right. • *m* justice; right. • *vt* **cuir i gceart** to right.

céarta *f* forge.

ceartaigh *vt* to correct; to adjust; to rectify.

ceart oidhreachta *m* birthright.

céas *vt* to persecute.

céasadh *m* agony.

céasaigh *vt* to agonise.

céaslaigh *vi* to paddle.

ceathair *adj m* four; **ceathair déag** *m* fourteen.

ceathrar *m* foursome.

ceathrú[1] *adj m* fourth. • *f* **ceathrú pionta** gill. • *adv* **sa cheathrú háit** fourthly.

ceathrú[2] *f* quarter; stanza; (*anat*) thigh.

ceathrú déag *adj m* fourteenth.

ceil *vt* to cloak; to hide.

céile *m* consort, mate, partner, spouse; **céile comhraic** antagonist; opponent. • *adv* **de réir a chéile** gradually; **le chéile** together.

céilí *m* visit (to someone's house); social evening.

ceiliúir *vt* to celebrate; to warble; to fade, vanish.

ceiliúr *vt* to warble. • *m* **ceiliúr éan** birdsong.

ceiliúradh *m* celebration; **ceiliúradh céad bliain** centenary.

céillí *adj* sane; sensible.

ceilp *f* kelp.

ceilt *m* concealment; denial. • *adv* **faoi cheilt** *adv* secretly.

ceilteach *adj* secretive.

céim *f* degree; grade; step; (*educ*) degree; **céim bhacaí** limp; **céim fhada** stride.

céimí *m* graduate.

ceimic *f* chemistry.

ceimiceoir *m* chemist.

céimíocht *f* rank.

céimiúil *adj* eminent.

céimseach *adj* gradual, gradated.

céimseata (-n) *f* geometry.

ceinteagrád *m* centigrade.

ceintiméadar *m* centimetre.

céir *f* wax.

ceird *f* craft.

ceirmeach *adj* ceramic.

ceirnín *m* (*mus*) record.

ceirtlín *m* (*thread*) reel.

ceirtlis *f* cider.

ceist *f* issue; question.

ceistigh *vt* to question.

ceithearnach *m* (*chess*) pawn.

ceithre *adj* four.

ceo *m* fog; mist; haze.

ceobhrán *m* drizzle.

ceobhránach *adj* misty; hazy.

ceol *m* music. • *vt vi* to sing. • *m* ceol aonair (*mus*) solo; **ceol na n-éan** birdsong; **ceol tíre** folksong.

ceolmhar *adj* musical; tuneful; (*mus*) harmonious.

ceomhar *adj* foggy.

cheana (féin) *adv* already.

choíche *adv* (in future) ever.

chomh *adv* so; **chomh maith** too, also. • *adj* **chomh fada ar shiúl** equidistant. • *conj* **chomh ... le** as ... as.

chuig *prep* to.

chun *prep* to (+ *gen*). • *adj* **chun to-saigh** forward, to the fore.

ciall *f* meaning; sense; reason; wit. • *adj* **gan chiall** meaningless, senseless.

ciallaigh *vt* to imply, mean.

cianrialú *m* remote control.

ciap *vt* to annoy; to bait; to harass; to plague.

ciapach *adj* annoying.

ciapadh *m* annoyance.

ciarbhuí *adj* tawny.

ciaróg *f* beetle.

ciarsúr *m* handkerchief.

cibé *pn* whoever. • *adv* **cibé áit** wherever.

cic *m* kick.

ciceáil *vt* to kick.

cíl *f* keel.

cileagram *m* kilogram.

ciliméadar *m* kilometre.

cill *f* cell.

cime *m* captive.

cín lae *f* diary.

cine *m* race; **an cine daonna** humankind.

cineál *adj* kind. • *m* gender; make. • *adj* **den chineál chéanna** like.

cineálta *adj* kindly.

cinedheighilt *f* apartheid.

ciníochas *m* racism.

cinn ar *vt* to determine.

cinneadh *m* decision; determination.

cinnitheach *adj* decisive.

cinniúint *f* destiny; doom.

cinnte *adj* certain; sure. • *adv* **go cinnte** assuredly, surely.

cinnteachas *m* determinism.

cinnteacht *f* certainty, certitude.

cinntigh *vt* to confirm; to ascertain; to ensure.

cinntiú *m* confirmation.

cinsire *m* censor.

cinsireacht *f* censorship.

cíoch *f* breast.

cíochbheart *m* bra.

cíocrach *adj* avid; eager.

cíocras (chun) *m* craving (for).

cion[1] *m* affection; **tá cion agam ort** I am fond of you.

cion[2] *m* share.

cion[3] *m* offence.

cionmhaireacht *f* proportion.

cionn is (go) *conj* as.

ciontach *adj* guilty. • *m* convict; culprit.

ciontacht *f* delinquency; guilt.

ciontaigh *vt* to incriminate; to convict.

ciontóir *m* delinquent.

ciontú *m* conviction.

cíor *f* comb. • *vt* to comb; **f cíor thuathail** muddle.

ciorcad *m* (*elec*) circuit.

ciorcal *m* circle; ring.

ciorclach *adj* circular.

ciorclán *m* circular.

ciorraigh *vt* to hack; to mutilate.

ciorrú coil *m* incest.

cíos *m* rent.

ciotach *adj* awkward; clumsy; left-handed.

ciotachán *m* bungler.

ciotóg *f* left hand; left-handed person.

ciotógach *adj* left-handed.

ciotrúntacht *f* clumsiness.

cipín *m* match, stick; **bheith ar cipíní** to be in suspense, on tenterhooks.

circeoil *f* chicken (meat).

cis *f* handicap; rut.

ciseán *m* basket, hamper.

cispheil *f* basketball.

cist *f* cyst.

cisteog *f* casket.

cistin *f* kitchen.

citeal *m* kettle.

cithfholcadh *m* shower.

cithréim *f* deformity.

ciúb *m* cube.

ciúin *adj* calm; quiet; silent.

ciumhais *f* edge; margin.

ciúnaigh *vt* to calm; to quieten.

ciúnas *m* calm, calmness; placidity; silence.

clábar *m* mud.

clabhsúr *m* close.

cladach *m* seashore, shore.

cladhaire *m* coward; rogue.

clagarnach *f* clatter. • *vi* **déan clagarnach** to clatter.

claí *m* dyke.

claidhreacht *f* cowardice.

claíomh (claímh) *m* sword.

cláirseach[1] *f* harp.

cláirseach[2] *f* woodlouse.

cláirseoir *m* harpist.

clais *f* furrow.

clamhair *vt* to maul; to pull hair/skin off.

clamhán *m* buzzard.

clamhsán *m* grumble, grouse. • *vi* **déan clamhsán** to grumble.

clampaigh *vt* to clamp.

clampar *m* tumult; wrangle; **déan clampar** *vi* to wrangle.

clann *f* children, offspring; family.

claon *vt vi* to incline; to deviate; to divert; to slant.

claonadh *m* inclination; diversion; bias; slant.

claonpháirteachas *m* collusion.

clapsholas *m* dusk, gloaming, twilight.

clár *m* board; catalogue; lid; register; (*TV, etc*) programme; **clár comhardaithe** balance sheet; **clár dubh** blackboard; **clár fógraí** bulletin board.

cláraigh[1] *vt* to record.

cláraigh[2] *vt* to have sexual intercourse with.

clasaiceach *adj* classic; classical.

claspa *m* clasp.

clé *adj* left.

cleacht *vt* to practise; to rehearse.

cleachta *adj* acustomed.

cleachtadh *m* practice; rehearsal.

cleas *m* catch; contrivance; trick; prank; **cleas deaslámhaí** knack.

cleasach *adj* artful.

cléir *f* clergy.

cléireach *m* clerk.

cléiriúil *adj* clerical.

cleite *m* feather.

cliabh *m* (*anat*) chest; creel.

cliabhán *m* cradle.

cliamhain (~) *m* son-in-law.

cliant *m* client.

cliarscoil *f* seminary.

cliath *f* stave; **cliath fhuirste** harrow.

clinic *m* (doctor's) surgery, clinic.

cliobóg *f* filly.

clíoma *m* climate.

cliste *adj* bright, clever, smart.

clóbhuail *vt* to print.

clóca *m* cape, cloak.

cloch *f* rock; stone; **cloch shneachta** hailstone; **cloch thine** flint.

clochar *m* convent.

clog *m* bell; blister; clock. • *vi* to blister.

clóghrafaíocht *f* typography.

cloicheán *m* prawn.

cloigeann *m* skull.

cloígh *vt* defeat.

cloigín *m* bell.

cloíte *adj* abject.

clós *m* enclosure; yard.

closamhairc *adj* audiovisual.

clú *m* fame; reputation.

cluas *f* ear.

cluasán *m* earphone.

club *m* club.

clúdach *m* cover; envelope.

clúdaigh *vt* to cover; to veil.

cluiche *m* game; **cluiche cártaí** card game.

cluin *vt vi* to hear.

clúiteach *adj* famous.

clúmhach *adj* furry.

clúmhilleadh *m* defamation; slander.

clúmhúil *adj* mouldy.

cnádaigh *vi* to smoulder.

cnag *m* knock. • *vt* to knock; to click.

cnagaosta *adj* elderly.

cnaipe *m* button. • *vt* **cnaipí a cheangal** to button.

cnámh *f* bone; **cnámh droma** backbone; **cnámh géill** jawbone. • *adj* **gan chnámh** boneless.

cnámhach *adj* bony.

cnámharlach *m* skeleton; lanky person.

cnap *m* knob; lump.

cnapach *adj* lumpy.

cnapán *m* bump, swelling.

cnapsac *m* knapsack.

cneá *f* sore; wound.

cnead *vi* to pant. • *f* gasp.

cneáigh *vt* to wound.

cneamhaire *m* knave.

cneasacht *f* honesty; sincerity; probity.

cneasta *adj* honest, sincere; decent.

cneastacht *f* decency.

cniog *m* click.

cniotáil *vt* to knit.

cniotálaí *m* knitter.

cnó *m* nut; **cnó cócó** coconut.

cnoc *m* hill; **cnoc oighir** iceberg.

cnocach *adj* hilly.

cnuasach *m* anthology; compilation.

cobhsaí *adj* stable.

cócaire *m* cook.

cócaireacht *f* cookery.

cócaireán *m* cooker; **cócaireán gáis** gas cooker.

cócaráil *vi vt* to cook.

cóch *m* squall.

cochall *m* hood; (*bot*) capsule.

cócó *m* cocoa.

cocún *m* cocoon.

cód *m* code; **cód poist** postcode.

codail *vi* to sleep.

codán *m* fraction.

codladh *m* sleep. • *vi* **tá mé i mo chodladh** I am asleep.

codlatach *adj* drowsy, sleepy.

cófra *m* chest, coffer; cupboard.

cogadh *m* war.

cogain *vt* to chew.

cogar *m* whisper. • *vt vi* **abair i gcogar** to whisper.

coguas *m* (*anat*) palate (soft).

cogúil *m* warlike.

coibhneasta *adj* relative.

coicís *f* fortnight.

coigeadal *m* chant.

coigil *vt* to economise.

coigilt *f* frugality.

coigilteach *adj* frugal.

coileach *m* cock.

coileán *m* pup, cub (*animal*).

coiléar *m* collar.

coilíneach *adj* colonial.

coilíneacht *f* colony.

coilínigh *vt* to colonise.

cóilis *f* cauliflower.

coill[1] *f* wood.

coill[2] *vt* to castrate; to violate.

coilleadh *m* castration; violation; robbery.

coillteán *m* eunuch.

coim *f* waist. • *adv* **faoi choim** incognito.

coiméad *m* comet.

coimeádach *adj* conservative.

coiméide *f* comedy.

coimhlint *f* conflict.

coimhthíoch *adj* exotic; foreign; alien. • *m* foreigner; alien.

coimirceoir *m* guardian.

coimisiún *m* commission.

coimisiúnaigh *vt* to commission.

coimre *f* neatness; abridgment.

coimriú *m* abstract.

coincheap *m* concept.

coincréit *f* concrete.

coincréitigh *vt* to concrete.

coineascar *m* evening; twilight, dusk.

coinicéar *m* warren.

coinín *m* rabbit.

coinleach *m* stubble.

coinlín reo *m* icicle.

coinne *f* appointment, meeting, assignation, tryst. • *vt* **cuir i gcoinne** to object; **faoi choinne** *prep* for.

coinneal *f* candle.

coinneálach *adj* tenacious.

coinnigh *vt* to contain, hold; to keep, maintain; to retain.

coinnigh ort le *vt* to persevere.

coinséartó *m* concerto.

coinsias *m* conscience.

coinsiasach *adj* conscientious.

coinsíneacht *f* consignment.

coip *vt vi* to ferment; to foam.

cóip *f* copy.

cóipcheart *m* copyright.

coipeach *adj* effervescent.

coipeadh *m* fermenation; ferment.

coipeadh *vi* to fizz.

cóipeáil *vt* to copy.

coir *f* crime; offence; trespass; **coir a dhéanamh** *vt* to commit (a crime, etc).

cóir[2] *adj* just; proper. • *f* equity. • *vb aux* **ba chóir (dom,** etc) ought. • *adv* **mar is cóir** duly.

coirceog *f* hive.

coire *m* boiler; corrie; **coire guairneáin** whirlpool.

coiréal *m* coral.

cóirigh *vi* to dress. • *vt* to adjust; to arrange; to fix.

cóiriú *m* dressing; (*mus*) arrangement.

coiriúil *adj* criminal.

coirm *f* treat.

coirnéal *m* corner.

coirnín *m* bead; curl.

coirníní a chur i *vt* to curl.

coirnis *f* cornice.

Coirnis *f* (*ling*) Cornish.

coirpeach *m* criminal; outlaw.

coirpín *m* corpuscle.

coirt *f* bark (of a tree).

coisbheart *m* footwear.

cois: *adv* **ar cois** afoot; **le cois** besides.

coisc *vt* to block; to deter; to forbid, prohibit.

coiscéim *f* pace; step.

coiscín *m* sheath, condom, contraceptive.

coisí *m* pedestrian.

coisric *vt* to consecrate, bless.

coiste *m* committee.

cóiste *m* carriage, coach; **cóiste na marbh** hearse.

coiteann *adj* common.

coitianta *adj* accustomed; ordinary, undistinguished; popular, prevailing; usual.

col[1] *m* dislike.

col[2] *m*: **col ceathar** *m* cousin; **col cúigear** first cousin once removed.

colach *adj* incestuous.

colainn *f* body. • *adj* **i gcolainn dhaonna** *adj* incarnate.

coláiste *m* college.

colbha cosáin *m* kerb.

colg *m* bristle.

colgach *adj* bristly; irritable, peevish.

collaí *adj* carnal.

collaíocht *f* sexuality. • *vi* **collaíocht a bheith agat le duine** to have sex with someone.

colm *m* dove; scar.

colscaradh *m* divorce.

colscaraigh *vt vi* to divorce.

colún *m* column; pillar.

colúnaí *m* columnist.

colúr *m* pigeon.

comaoin *f* favour; obligation. • *adj* **faoi chomaoin** indebted.

comair *adj* shapely, trim.

comhábhar *m* ingredient.

comhad *m* file (*documents*).

comhadaigh *vi* to file.

comhaimseartha *adj* contemporaneous, contemporary.

comhair *vt* to count.

comhairigh *vt* to compute, calculate.

comhairle *f* advice; council; **idir dhá chomhairle** in a quandary.

comhairleoir *m* adviser; councillor.

comhairligh *vt* to advise.

cómhalartach *adj* mutual; reciprocal.

comhalta *m* member; foster-sibling.

comhaltacht *f* fellowship.

comhaontas *m* alliance.

comhaontú *m* agreement.

comhardaigh *vt* to equalise; (*fin*) to balance.

comharsa (-n) *f* neighbour.

comhartha *m* sign; **comhartha ceiste** question mark; **comhartha uaillbhreasa** exclamation mark.

comhbheith *f* coexistence.

comhbhrí *f* equivalent. • *adj* **ar comhbhrí (le)** equivalent (to).

comhbhrón *m* sympathy, commiseration. • *vt* **comhbhrón a dhéanamh le duine** to commiserate.

comhcheangail *vi vt* to combine; join.

comhcheangal *m* coalition; combination; affiliation.

comhcheilg *f* conspiracy, plot.

comhcheol *m* harmony.

comhchoirí *m* accomplice.

comhchruinniú *m* muster.

comhdháil *f* conference.

comhdhéanamh *m* (*phys*) constitution.

comhdheas *adj* ambidextrous.

comhdhírigh *vi* to converge.

comhéigean *m* coercion.

comhfhios *m* consciousness.

comhfhiosach *adj* conscious.

comhfhreagras *m* correspondence.

comhghairdeas *m* congratulations. • *vt* **comhghairdeas a dhéanamh (le)** to congratulate.

comhghuaillí *m* ally.

comhionannas *m* uniformity.

comhla *f* valve.

comhlacht *m* company, firm.

Comhlathas *m* Commonwealth.

comhlíon *vt* to fulfil; to perform.

comhlíonadh *m* fulfilment.

comhluadar *m* (*social*) company.

comhoibrí *m* colleague.

comhoibrigh (le) *vi* to cooperate; to collaborate.

comhpháirteach *adj* joint.

comhpháirtíocht *f* partnership. • *adv* **i gcomhpháirtíocht** jointly.

comhrá *m* chat, conversation. • *vi* **comhrá a dhéanamh (le)** to converse.

comhrac *m* combat; **comhrac aonair** *m* duel.

comhréir *f* proportion. • *vt* **cuir i gcomhréir (le)** to attune; **cuir i gcomhréir le chéile (smaointe,** etc) to harmonise (*thoughts, etc*).

comhréiteach *m* compromise.

comhriachtain *f* copulation. • *vi* **comhriachtain a dhéanamh** to copulate.

comhrian *m* (*map*) contour.

comhshamhlaigh *vt* to assimilate.

comhshínigh *vt* to countersign.

comhshondas *m* assonance.

comhtháite *adj* coherent; cohesive.

comhthaobhach *adj* collateral.

comhtharlaigh (le) *vi* to coincide.

comhtharlú *m* coincidence.

comhtháthaigh *vi vt* fuse; integrate; cohere.

comhthéacs *m* context.

comhthíreach *m* compatriot.

comhthreomhar *adj* parallel.

comhuaineach *adj* simultaneous.

comórtas *m* competition; contest.

compánach *m* chum; companion.

compás *m* compass.

compord *m* comfort.

compordach *adj* comfortable.

comrádaí *m* comrade, mate.

conablach *m* carcass.

cónacht *f* equinox.

cónaí *m* residence; **i gcónaí** *adv* always.

cónaidhme *adj* federal.

cónaigh *vi* to dwell; to abide.

conairt *f* pack of hounds; rabble.

cónaisc *vt vi* to amalgamate; to merge.

conas *adv* how; **conas atá tú?** how are you?.

cónasc *m* conjunction.

conchró *m* kennel.

confach *adj* bad-tempered.

cóngarach *adj* adjacent; **cóngarach (do)** *prep* near (to).

cónra *f* coffin.

conradh *m* contract; (*pol*) league.

consan *m* (*gr*) consonant.

conspóid *f* controversy; dispute. • *vt* to dispute, argue, contest.

conspóideach *adj* argumentative; controversial.

constaic *f* impediment, obstacle.

contae *m* county.

contráilte *adj* wrong.

contrártha *adj* contrary.

contúirt *f* danger.

contúirteach *adj* dangerous, unsafe.

copóg *f* (*bot*) dock(en).

cor *m* turn; **cor bealaigh** detour; **cor cainte** idiom.

cór *m* choir.

cora *f* weir.

córas *m* system.

corc *m* cork. • *vt* **corc a chur i mbuidéal** to cork; **corc a bhaint as** to uncork.

corcairdhearg *adj* crimson.

corcra *adj* purple.

corcscriú *m* corkscrew.

corda *m* cord; string.

corn *m* (*mus*) horn. • *vt* to coil; to wrap.

coróin (-ónach) *f* crown.

corónach *adj* coronary.

corónaigh *vt* to crown.

corónú *m* coronation.

corp *m* body; corpse.

corpán *m* corpse.

corparáid *f* corporation.

corr¹ *adj* eccentric; odd, peculiar.

corr² *f* heron; **corr éisc** heron; **corr bhán** stork.

corraigh *vt* to agitate; to stir.

corraíl *f* agitation.

corraitheach *adj* emotional; heady, thrilling.

corrmhéar *f* forefinger.

corrmhíol *m* mosquito.

corrthónach *adj* restless.

cos *f* foot; leg; haft.

cosain *vi* to cost. • *vt* to champion; to defend; to protect, shield.

cosaint *f* defence; protection. • *adj* **gan chosaint** defenceless.

cosán *m* path, footpath.

cosantach *adj* defensive.

cosantóir *m* defender, protector; (*auto*) bumper.

cosc *m* ban. • *vt* to ban.

coscán *m* brake.

cosmaid *f* cosmetic.

cosnochta *adj* barefoot(ed).

cos-slua *m* infantry.

cósta *adj* coastal. • *m* coast.

costas *m* cost.

costasach *adj* costly.

cosúil adj alike, similar. • adv akin.

cosúil le adv like.

cosúlacht f analogy; likeness.

cóta m coat; **cóta dúbailte** double-breasted coat.

cothabháil f sustenance; maintenance.

cothaigh vt to feed; to maintain.

cothrom adj equal; even; flat; level. • m balance; fairness; **cothrom an lae** anniversary. • adv **go cothrom** fairly.

cothromaigh vt to balance; to equalise (game).

cothrománach adj horizontal.

cothromas m (fin) equity.

cothromóid f equation.

crá m anguish; annoyance; irritation; bother.

craiceann m peel, rind, skin; **craiceann an chinn** scalp.

cráifeach adj devoted, holy.

cráigh vt to bother, harass, vex.

cráin f sow.

cranda adj decrepit.

crann m tree; mast; **crann creathach** (bot) aspen; **crann líomaí** lime tree; **crann tabhaill** catapult; **crann tógála** crane; **crann úll** apple tree; **crann cinn** bowsprit; f **crann teile** lindin tree.

crannchur m lottery; raffle.

crannóg f crannog, lake dwelling.

craobh f bough, branch; championship.

craobhabhainn f tributary.

craolaigh vt vi to broadcast.

craoltóir m broadcaster.

craos m gullet; gluttony. • vt **déan craos** to gorge.

craosach adj ravenous.

craosaire m glutton.

crap vi to contract; to shrink; to crumple. • vt to crumple.

crapadh m contraction.

cré-earraí npl earthenware.

creach f booty; plunder; prey, quarry. • vi to prey. • vt to plunder; to ravage; to rob.

creachadóir m robber; vandal.

creachlaois f light work; chore.

créacht f gash.

créam vt to cremate.

creathán m shudder, tremble, quiver.

créatúr m creature.

creid vi vt to believe; tocredit.

creideamh m (relig) conviction, belief; creed, faith, religion.

creidiúnaí m creditor.

creidmheas m credit.

creig f crag.

creim vt to corrode; to erode; to gnaw.

creimeadh m corrosion.

criathar m sieve.

críoch f border; dominion; end; finish.

críochdheighilt f (pol) partition.

críochnaigh vi vt to finish, end; to complete, accomplish; to conclude; to consummate.

críochnaithe adj accomplished.

críochnú m completion; accomplishment.

críochnúil adj thorough, businesslike.

críol m creel.

críonna adj prudent, wise.

críonnacht f wisdom.

crios m belt.

Críostaí adj m Christian.

critéar *m* criterion.

crith *m* quaver; quiver; tremor. • *vi* to quiver; to shiver; to vibrate.

crith talún *m* earthquake.

cró *m* byre, (small) outhouse; **cró folaigh** hiding-place; **cró muc** (pig) sty.

crobhaing *f* cluster.

croch *f* gallows. • *vt* to hang; to suspend.

cróch *m* saffron.

cróchar *m* bier; stretcher.

crochta *adj* steep.

cróga *adj* brave; heroic.

crógacht *f* bravery; valour; hardihood.

croí *m* core; heart.

croiméal *m* moustache.

crónán: bheith ag crónán *vi* to hum.

cróineolaíoch *adj* chronological.

cróineolaíocht *f* chronology.

croinic *f* chronicle.

croinicí *m* chronicler.

crois *f* crucifix.

croisín *m* (*mus*) crotchet.

croit *f* croft.

croitéir *m* crofter.

croith *vi vt* to wave; to jolt; to wag.

croitheadh láimhe *m* handshake.

croíúil *adj* cheerful; cordial; hearty.

croíúlacht *f* cheerfulness, cheeriness; heartiness.

crom *vi* to bend down; to crouch; to droop; **crom síos** to duck.

cromán *m* hip.

cronaigh *vt* to miss; to reprove.

crónán *m* drone (of bee); buzz, hum.

cros[1] *f* cross.

cros[2] *vt* to prohibit, forbid.

crosbhealach *m* crossroad.

croscheistigh *vt* to cross-examine.

croschineálach *m* hybrid.

croschruthach *adj* cruciform.

crosfhocal *m* crossword.

cros-síolrú *m* crossbreed.

crosóg mhara *f* starfish.

crotach *f* curlew.

crotal *m* lichen.

crú capaill *m* horseshoe.

crua *adj* hard; obdurate.

cruach *f* steel; **cruach fhéir** hayrick, haystack.

cruachadh *m* accumulation.

cruachás *m* plight.

cruachroíoch *adj* callous, pitiless.

crua-earraí *npl* hardware.

cruaigh *vt vi* to harden.

cruálach *adj* cruel.

cruálacht *f* cruelty.

cruan *m* enamel.

crúb *f* claw; hoof.

crúca *m* crook; hook.

crúcach *adj* hooked.

cruimh *f* caterpillar.

cruinn *adj* accurate; round.

cruinne *f* universe.

cruinneas *m* accuracy.

cruinneog *f* globe.

cruinniú *m* gathering; meeting.

cruit *f* hump; (*mus*) small harp.

cruithneacht *f* wheat.

crúsca *m* jar; jug.

crústa *m* crust.

cruth *m* form, shape.

cruthaigh *vt* to create; to form; to prove.

cruthú *m* creation; proof.

cuach *f* cuckoo.

cuachma *f* whelk.

cuaille *m* post, pole; **cuaille báire**

goalpost; **cuaille eolais** signpost.

cuairt f call; stay. • vt **cuairt a thabhairt ar** to call on.

cuairteoir m caller, visitor.

cuan m harbour.

cuannacht f grace (manner).

cuar m curve. • vt to curve.

cuardach m search.

cuardaigh vt to search, to seek.

cuas m hollow; cavity.

cuasach adj hollow.

cufa m cuff.

cuí adj appropriate, apt, suitable. • adv **go cuí** duly.

cuibheasach adj moderate; passable.

cuibhiúil adj decorous.

cuid adj some. • f part; **cuid gruaige** hair; **do chuid a dhéanamh** to eat a meal. • adv **den chuid is mó** mainly.

cuideachta f (social) company. • adv **i gcuideachta** (pers) along (+ gen).

cuideachtúil adj sociable.

cuidigh vi to help. • vt **cuidigh le** to help, assist.

cuiditheoir m accomplice.

cuidiú m aid, assistance, help.

cúig adj m five. • adj **cúig déag** fifteen.

cúige m province.

cúigiú adj fifth.

cúigleáil vt to embezzle.

cuil f fly.

cúl m rear, back.

cuileann m (bot) holly.

cuilithín m ripple (on water).

cuilt f quilt.

cuimhne f memory; **cuimhne randamrochtana** (comput) random access memory (RAM). • vt **cuir i gcuimhne do (rud)** to remind.

cuimhneachán m keepsake, memento.

cuimhní cinn npl memoirs.

cuimhnigh ar vt to remember.

cuimil vt to wipe.

cuimilt f rub, rubbing, friction, attrition.

cuimse f good amount. • adj **as cuimse** extreme, utmost.

cuimsitheach adj comprehensive.

cuing f isthmus; yoke.

cuir vt vi to lay; to place (object); to plant; to put; to set; to send; to shed (hair, leaves).

cuir ag dul vt to start (motor).

cuir agallamh ar vt to interview.

cuir aiféaltas ar vt embarrass.

cuir allas vt to sweat.

cuir amú vt to waste.

cuir an dlí ar vt to sue.

cuir aois ar vt to age.

cuir (rud) ar vt to impose.

cuir ar ais vt to replace.

cuir ar athló vt to defer.

cuir ar ceal vt to abolish; to cancel.

cuir ar leibhéal vt to level.

cuir ar neamhní vt to overrule.

cuir ar oileán uaigneach vt to maroon.

cuir ar slabhra vt to chain.

cuir as a riocht (scéal) vt to garble.

cuir as áit vt to dislodge; to displace.

cuir as oidhreacht vt to disinherit.

cuir as oifig vt to depose.

cuir beaguchtach ar vt to discourage, dishearten.

cuir bréagriocht ar vt to disguise.

cuir cathú (ar) vt to tempt.

cuir chun bóthair vt to dismiss.

cuir chun cinn vt to advance.

cuir chun suain *vt* to lull.

cuir cuid den mhilleán ar *vt* to implicate.

cuir dallach dubh ar *vt* to bamboozle.

cuir de ghlanmheabhair *vt* to memorise.

cuir d'fhiacha ar dhuine rud éigin a dhéanamh *vt* to impel someone to do something.

cuir draíocht ar *vt* to enchant.

cuir duine ar fuascailt *vt* to ransom.

cuir duine in aghaidh (duine eile) *vt* to alienate.

cuir duine in aithne *vt* to introduce.

cuir eagla ar *vt* to scare.

cuir eanglach ar *vt* benumb.

cuir fad le *vt* to lengthen.

cuir fál ar *vt* to fence.

cuir faoi chois *vt* to suppress.

cuir faoi dhraíocht *vt* to fascinate.

cuir faoi gheasa *vt* bewitch.

cuir faoi léigear *vt* (*milit*) to besiege.

cuir fearg ar *vt* to incense, enrage.

cuir forrán ar *vt* to accost; to address, speak to.

cuir fuil *vi* to bleed.

cuir gáir mholta asat do (dhuine) *vt* to cheer.

cuir geall ar *vi vt* to bet.

cuir glas ar *vt* to lock.

cuir grág as *vi* to croak.

cuir gruaim ar *vt* to depress.

cuir i bhfeidhm *vt* to enforce; to implement.

cuir i bpríosún *vt* imprison.

cuir i dtaisce *vt* to hoard.

cuir i dtír *vt* to land.

cuir i gceart *vt* to right.

cuir i gcéill *vi* to pretend.

cuir i gcoinne *vt* to object.

cuir i gcomhréir (le) *vt* to attune.

cuir i gcomhréir a céile (smaointe, etc) *vt* to harmonise.

cuir i gcrích *vt* to accomplish.

cuir i gcuimhne do *vt* to remind.

cuir i leith (duine) *vt* to accuse; to impute.

cuir i ngeall *vt* to pawn.

cuir i ngníomh *vt* to realise.

cuir imní ar *vt* to worry.

cuir in iúl (rud) *vt* to inform.

cuir in iúl do (rud) *vt* to notify.

cuir in iúl *vt* to express.

cuir in olcas *vt* to aggravate.

cuir ina luí ar *vt* to convince.

cuir ionadh ar *vt* to astonish.

cuir iontas ar *vt* to amaze.

cuir isteach *vt* to insert; to interrupt.

cuir isteach ar *vt* to disturb; to hamper; to molest.

cuir le *vt* to add; to append; to apply.

cuir luach ar *vt* to appreciate.

cuir lúcháir *f* ar *vt* to delight.

cuir mearbhall ar *vt* to baffle; to fluster.

cuir míshásamh ar (dhuine) *vt* to displease.

cuir nótaí le *vt* to annotate.

cuir olc ar *vt* to offend.

cuir pionós ar *vt* to punish.

cuir rudaí in eagar *m* array.

cuir rud as a chuma *vt* to distort.

cuir rud i gcuimhne do *vt* to remind.

cuir rud i gcomparáid (le rud eile) *vt* to contrast; to compare.

cuir rud i leith duine *vt* to attribute; to reproach.

cuir rud in ionad ruda eile *vt* to substitute.

cuir rud in iúl *vt* to inform.

cuir rud in iúl do *vt* to notify.

cuir rud in oiriúint (do) *vt* to adapt.

cuir rud ina oibleagáid ar *vt* to oblige.

cuir rud ó chuma *vt* to deform.

cuir rud síos do dhuine *vt* to ascribe.

cuir rudaí le hais a chéile *vt* to juxtapose.

cuir sa phost *vt* to mail, to post, to send.

cuir samhnas ar *vt* to disgust.

cuir san áireamh *vt* to include.

cuir scaoll i *vt* to alarm.

cuir scéal as a riocht *vt* to garble (a message).

cuir seoladh ar *vt* to address.

cuir seomra, etc trína chéile *vt* to leave a room, etc untidy.

cuir síos ar *vt* to describe; to depict.

cuir slacht ar *vt* to tidy.

cuir sneachta *vi* to snow.

cuir sobal ar *vt* to lather.

cuir straois ort féin *vi* to grin.

cuir uisce ar *vt* to water.

cuir urlár ann *vt* to floor.

cuireadh *m* invitation.

cúiréir *m* courier.

cúirt *f* court.

cúirtéiseach *adj* courteous.

cuirtín *m* curtain.

cúis *f* case; cause; motive; reason.

cúis dlí *f* lawsuit.

cúiseamh *m* accusation.

cúiseoir *m* accuser.

cúisí *m* accused.

cúisigh *vt* to accuse.

cuisle *f* pulse.

cúiteamh *m* retribution; atonement. • *vt* **déan cúiteamh i** to atone.

cuisleannach *m* flautist.

cúitigh *vt* to compensate.

cúl *m* back; goal. • *adj* **ar gcúl** backward. • *adv* backwards.

cúl báire *m* goalkeeper.

cúl le stailc *f* blackleg.

cúlaigh *vi* to back; to recede; to retreat.

culaith *f* costume; suit; uniform; **culaith shnámha** bathing suit.

cúlchaint *f* gossip; backbiting. • *vi* **bheith ag cúlchaint (ar)** to gossip.

cúlchiste *m* reserve.

cúlra *m* background.

cultas *m* cult.

cultúr *m* culture.

cultúrtha *adj* cultural.

cum *vt* to compose; to devise.

cuma *f* look, appearance. • *adv* **ar chuma eile** otherwise. • *adj* **ar nós cuma liom** indifferent; **is cuma liom** I don't care.

cumadh *m* contrivance.

cumaisc *vt* to blend.

cumann *m* association, club.

cumann carthanachta *m* charity.

cumann foirgníochta *m* building society.

cumannachas *m* communism.

cumarsáid *f* communication.

cumas *m* ability; capability.

cumasach *adj* able.

cumasaigh *vt* to enable.

cumasc *m* blend.

cumha *m* homesickness, loneliness.

cumhach *adj* homesick.

cumhacht *f* power; **cumhacht uisce** water power. • *vt* **cumhacht a chinneachadh** to devolve power.

cumhdach *m* coating.

cumhra *adj* fragrant.

cumhracht *f* scent.

cumhraithe *adj* scented.

cumhrán *m* perfume.

cúng *adj* narrow.

cúngaigh *vt* to restrict. • *vi* **cúngaigh ar** encroach.

cúngú *m* constriction.

cúnta *adj* auxiliary.

cuntar bia *m* buffet.

cuntas *m* counting; record; account. • *vt* **déan cuntas** to count.

cuntasaíocht *f* bookkeeping.

cuntasóir *m* accountant; bookkeeper.

cuntasóireacht *f* accountancy.

cúntóir *m* assistant.

cupán *m* cup.

cúpláil *vt vi* to mate.

cúpón *m* coupon.

cur *m* sowing; burial; **cur i gcéill** bluff, pretence; **cur i gcrích** accomplishment; **cur isteach** disturbance; interruption; **cur síos (ar)** description.

cúr *m* foam; spume.

curach *m* canoe, currach.

curadh *m* champion.

curadóir *m* tiller.

curaíochta *adj* arable.

cúram *m* care; concern; custody.

cúramach *adj* careful.

curata *adj* gallant.

curfá *m* chorus.

cúrsa *m* circuit; course.

cúrsaí reatha *npl* current affairs.

cúrsáil *m* cruise.

curtha as alt *adj* disjointed.

curtha i gcrích *adj* accomplished.

cuspóireach *m* (*gr*) accusative.

cuthach *m* rage.

cúthail *adj* (*person*) backward; bashful; coy.

D

dá *conj* if (*cond/imp*).

dada *m* jot.

daibhir *adj* poor, indigent.

daichead *adj m* forty.

daidí *m* dad(dy).

dáigh *adj* adamant; obstinate.

dáil *vt* to dispense; to distribute.

dáil (-ála) *f* meeting, assembly; **dála Sheáin** like Seán; **mo dhála féin** like myself; **dála an scéil** by the way.

dáil (ar) *vt* to impart.

dáilcheantar *m* constituency.

dáileadh *m* dispensation.

dáileoir airgid *m* cash dispenser.

daille *m* blindness.

dáimh *f* affinity; **tá dáimh agam le** I have an affinity for.

daingean *adj* firm; secure; solid. • *m* fort, keep.

daingneacht *f* constancy.

daingnigh *vt* to secure.

dair (darach) *f* oak.

dáiríre *adj* earnest, serious; • *adv* **i ndáiríre** seriously.

daite *adj* coloured.

daitheacha *npl* rheumatism.

dalba *adj* bold.

dalbacht *f* boldness.

dall *adj* blind. • *m* blind person.

dallóg *f* window blind.

dallrú *m* glare.

dalta *m* pupil.

damanta *adj* damnable.

damba *m* dam.

dámh *f* faculty (*university*); retinue.

damhán alla *m* spider.

damhfhia *m* hart.

damhna *m* matter.

damhsa *m* dance.

damhsaigh *vt vi* to dance.

damnú *m* damnation.

dán *m* fate; poem; **an rud atá i ndán duit** what fate has in store for you.

dána *adj* bold; naughty.

dánacht *f* boldness.

daoine *m* folk, people.

daoire *f* dearness (*cost*).

daol *m* beetle.

daonáireamh *m* census.

daonlathach *adj* democratic.

daonlathaí *m* democrat.

daonlathas *m* democracy.

daonna *adj* human. • *m* **an cine daonna** humankind.

daonnacht *f* humanity (*quality*).

daonnachtúil *adj* humane.

daonra *m* population.

daor *adj* dear, expensive; **an-daor** exorbitant.

dara *adj* second. • *adj* **sa dara cás** secondly.

dara: **an dara (ceann) déag** *adj m* twelfth.

dáta *m* (*bot*) date.

dáta *m* date; **as dáta**. • *adj* out of date. • *adv* **de réir dátaí** chronologically.

dath *m* colour; dye. • *adj* **ar dhath na luaidhe** leaden.

dathaigh *vt* to dye; to colour.

dátheangach *adj* bilingual.

dathúil *adj* beautiful; colourful.

de *prep* from; of.

Dé *prep* on.

dea- *adj* good; **dea-chainteach** witty; **dea-mhéineach** benevolent; i **ndea-am** timeous. • *f* **dea-mhéin** benevolence, goodwill.

dea: mar dhea *adj* ostensible.

deacair *adj* difficult.

deachtaigh *vt* to dictate.

deachúlach *adj* decimal.

deacracht *f* difficulty.

déadchíor *m* dentures.

dea-ghníomh *m* benefaction.

déagóir *m* teenager.

dealaigh *vt* to separate; (*math*) to subtract; **dealaigh ó** to dissociate.

dealbh *f* statue.

dealbhóir *m* sculptor.

dealbhóireacht *f* sculpture.

dealrach *adj* gleaming.

dealraitheach *adj* radiant.

deamhan *m* demon; devil.

déan *vt* to commit; to do; to make; to manufacture.

déan achomharc *vi* to appeal.

déan aibhéil *vt* to exaggerate.

déan aithris (ar) *vt* to imitate.

déan amas *vt* to putt.

déan anailís ar *vt* to analyse.

déan aontíos le *vi* to cohabit.

déan ar *vt* to make for.

déan athmhuintearas idir *vt* to reconcile.

déan bagairt *vt* to bluster.

déan bolg le gréin *vi* to sunbathe.

déan brabús ar *vt* to profit.

déan bréag *vi* to lie.

déan cabaireacht *vi* to chatter.

déan calaois ar *vt* to defraud.

déan casacht *vi* to cough.

déan clagarnach *vi* to clatter.

déan clamhsán *vi* to grumble.

déan clampar *vi* to wrangle.

déan cleamhnas idir *vt* to betroth.

déan craos *vt* to gorge.

déan cuir síos ar *vt* to depict.

déan cúiteamh i *vt* to atone.

déan cuntas *vt* to count.

déan dreas comhrá le duine *vi* to chat (with someone).

déan éagsúil *vt* to diversify.

déan earráid *vi* to err, make a mistake.

déan faillí i rud *vt* to neglect.

déan féasta *vt* to have a feast.

déan fiodrince *vi* to pirouette.

déan fonóid faoi *vt* to jeer; to sneer at.

déan gáire *vi* to laugh.

déan gar do *vt* to oblige.

déan garaíocht do *vt* to accommodate.

déan gnúsacht *vi* to grunt.

déan gortghlanadh *vt* to weed.

déan idirdhealú idir *vt* to distinguish.

déan idirghabháil *vi* to intervene. • *vt* to mediate.

déan idirghuí *vi* to intercede.

déan iomrascáil (le) *vi* to wrestle.

déan iontas de *vi* to marvel.

déan lámhchleasaíocht *vt* to juggle.

déan liosta de *vt* to list.

déan luíochán roimh dhuine *vt* to waylay.

déan macalla *vi* to echo.

déan machnamh ar *vt* to reflect, meditate on; to deliberate.

déan magadh *vi* to jest. • *vt* **déan magadh faoi** to mock.

déan mangaireacht *vt* to peddle.

déan marcaíocht *vi* to ride.

déan méarnáil (ar lorg ruda) *vi* to grope.

déan mionghadaíocht *vt* to pilfer.

déan miongháire *vi* to smile.

déan mionscrúdú ar *vt* to analyse.

déan moill *vi* to pause.

déan mórtas (as) *vi* to boast, brag.

déan neamhiontas de *vt* to ignore; **déan neamhshuim de** to disregard.

déan nós dlíthiúil *vt* to legalise.

déan olagón *vi* to wail.

déan ollghairdeas do *vt* to acclaim; **déan ollghairdeas faoi (rud)** to rejoice.

déan plámás le *vt* to flatter.

déan rím *vi* to rhyme.

déan rud go fáilí *vi* to sneak.

déan scíth *vi* to relax.

déan séitéireacht ar *vt* to cheat.

déan siamsa do *vt* to amuse.

déan suirí (le) *vt* to court.

déan tafann *vi* to bark.

déan tormáil *vi f* to rumble.

déan uisce faoi thalamh *vi* to conspire.

déanaí *f* lateness; • *adv* **le déanaí** lately.

déanta *adj* done, made; accomplished.

dearadh *m* design.

dearbh *adj* sure; certain; actual.

dearbhaigh *vt* to affirm; to assert; to assure; to protest.

dearbhán *m* voucher.

dearbhú *m* assertion; assurance.

dearcadh *m* attitude; view, viewpoint.

dearcán *m* acorn.

Déardaoin *f* Thursday.

dearfa *adj* attested; certain; definite. • *adv* **go dearfa** categorically.

dearfach *adj* affirmative; positive.

dearfacht *f* certainty, certitude.

dearg *adj* red. • *vt* to kindle.

dearg- *adj* utter.

dearg-ghráin *f* abhorrence, detestation.

dearmad *m* forgetfulness. • *vi vt* **déan dearmad** to forget.

dearmadach *adj* absent-minded, forgetful.

dearnaíl *vt* to darn.

dearóil *adj* forlorn.

deartháir (-ár) *m* brother.

dearthóir *m* designer.

deas *adj* (*hand*) right; nice; pretty.

deasbhord *m* starboard.

deasc *f* desk.

deascadh *npl* dregs.

deascán *m* deposit.

deasghnách *adj* ceremonial.

deasghnáth *m* ceremony; formality.

deaslámhach *adj* right-handed; deft.

deaslámhacht *f* dexterity.

deatach *m* smoke.

deatúil *adj* smoky.

débhliantúil *adj* biennial.

déchéileach *m* bigamist.

déchosach *m* biped.

deic *f* deck.

deich *adj m* ten. • *m* **deich mbliana** decade.

deichniú *adj m* tenth.

deichniúr *m* ten (persons).

deifir *f* haste, hurry. • *vt vi* **déan deifir** to hurry.

deifreach *adj* hasty.

deifrigh *vt* to hasten.

deighil *vt* to separate, part, divide.

deighilt *f* separation, division.

déileáil *f* dealings.

deilgneach *adj* prickly, thorny.

deimhin: go deimhin *adv* indeed.

deimhnigh *vt* to affirm; to certify; to check.

deimhniú *m* assurance; certification.

déine *f* intensity; rigour.

déirc *f* alms; dole. • *vi* **déirce a iarraidh** to beg.

deireadh *m* end; upshot; (*mar*) stern. • *adv* **ar deireadh** last.

Deireadh Fómhair *m* October.

deireanach *adj* final; last; latter; recent.

deirfiúr *f* sister; **deirfiúr chleamhnais** sister-in-law.

déirí *m* dairy.

deiridh *adj* hind; ultimate. • *m* rear.

deis *f* opportunity.

deis labhartha *f* eloquence.

deisbhéalach *adj* articulate; witty.

deisceart *m* south.

deiseal *m* (*side*) right.

deisigh *vt* to fix; to mend, repair.

deisiú *m* repair.

deismíneach *adj* prim.

déistin *f* distaste. • *adj* **déistineach** abominable; distasteful.

den=de an.

deo: go deo *adv* ever; forever; (*in neg. sentence*) never.

deoch (dí) *f* drink; **deoch leighis** dose.

deoir *f* tear.

deolchaire *f* gratuity.

deonach *adj* voluntary.

deonaigh *vt vi* to grant; consent. • *vi* **deonaigh (chun rud a dhéanamh)** to deign.

deontas *m* grant.

deontóir fola *m* blood donor.

deoraí *m* (*pers*) exile; **ní raibh duine ná deoraí ann** there was no one at all there.

deoraíocht *f* exile; **ar deoraíocht** in exile.

déroinn *vt* to bisect.

déshúiligh *m* binoculars, field-glasses.

déthaobhach *adj* bilateral.

dhá *adj* two.

dia (dé) *m* deity; god.

diabhal *m* devil. • *adj* **diabhlaí** satanic.

diabhlaíocht *f* mischief.

diaga *adj* divine.

diaidh: i ndiaidh *prep* past. • *adv* after (+ *gen*); **ina dhiaidh sin** then.

diail *f* dial.

diailigh *vt* to dial.

dialann *f* diary.

diallait *f* saddle.

diamant *m* diamond.

diamhair *adj* dark, obscure, mysterious; abstruse; occult.

diamhasla *m* blasphemy.

dian *adj* arduous; intense; stern.

dianscaoileadh *m* decomposition.

diarsaigh *vt* to glean.

díbir *vt* to banish.

díbirt *f* banishment.

díbrigh *vt* to dispel.

dícháiligh *vt* to disqualify.

dícháilíocht *f* disqualification.

dícheall *m* best endeavour.

dícheallach *adj* diligent.

díchéillí *adj* unwise.

díchomórtais *adj* matchless.

díchorda *m* (*mus*) discord.

díchreid *vt* to disbelieve.

díchuimhne *f* oblivion.

dide *f* nipple.
dídean *m* shelter.
difear *m* difference; discrepancy.
dífhostaithe *adj* unemployed.
difrigh *vi* to differ.
difríocht *f* difference, discrepancy; disparity.
difriúil *adj* different.
dígeann *m* acme.
dígeanta *adj* persistent.
dígeantacht *f* obstinacy.
digit *f* digit.
digiteach *adj* digital.
díl (báistí) *m* downfall.
díláithrigh *vt* to displace.
dílárú *m* devolution.
díle *f* deluge.
díleáigh *vt* to digest.
dílis *adj* faithful, loyal.
dílleachta *m* orphan.
dílseacht *f* allegiance; fidelity; loyalty.
dílseánach *m* proprietor; loyal follower.
díluacháil *vt* to devalue.
díluaíocht *f* demerit.
díluchtaigh *vt* to unload.
dímheas *m* contempt.
dímheasúil *adj* contemptuous.
ding *vt* to cram; to ding. • *f* wedge; dent.
dingthe *adj* stuffed, dented; squat.
dinimiciúil *adj* dynamic.
dinimít *f* dynamite.
díniteach *adj* dignified.
dinnéar *m* dinner; **am dinnéir** dinner time.
díobhadh *m* abolition.
díobhaigh *vt* to abolish.
díobhálach *adj* harmful; injurious.

díog *f* ditch; dyke.
díogha *m* the worst; **rogha an dá dhíogha** a choice between two evils.
díograis *f* fervour, enthusiasm, relish, zeal.
díograiseach *adj* fervent; keen, zealous.
díol *vt* to pay; to sell; **díol ar lacáiste** to discount.
díoltas *m* reprisal; revenge, vengeance.
díoltóir leabhar *m* bookseller.
díomá *f* chagrin.
díomách *adj* dejected.
díomailteach *adj* wasteful; extravagant.
díomhaoin *adj* futile; idle; redundant; single (unattached); vain.
díomhaointeas *m* futility; idleness.
díomuan *adj* transient.
díon *vt* to protect; to make watertight; to immunise.
díon (dín) *m* roof.
diongbháilte *adj* worthy; firm, constant, resolute.
diopsamáine *f* dipsomania.
díosal *m* diesel.
díosc *vi* to creak.
diosca *m* (*comput*) disc; disk; **diosca crua** hard disk; **diosca flapach** floppy disk.
díoscán *m* gnashing. • *vt* **díoscán a bhaint as na fiacla** to gnash one's teeth.
dioscathiomáint *f* (*comput*) disk drive.
dioscó *m* disco.
díospóireacht *f* debate; discussion.
díothaigh *vt* to annihilate; to eliminate.

díothú *m* annihilation.

díphacáil *vt* to unpack.

dírbheathaisnéis *f* autobiography.

díreach *adj* candid; direct; outspoken; straight; upright; lineal. • *adv* **go díreach** candidly, directly; just.

dírigh *vi vt* to straighten; to direct. • *vt* **dírigh ar** to aim; to channel; **dírigh do mhéar ar** to point (at).

discréid *f* discretion.

díséad *m* (*mus*) duet.

díshealbhaigh *vt* to evict.

díshealbhú *m* eviction.

dísle (*npl* **díslí**) *m* die.

dispeansáid *f* dispensation.

díth *f* want. • *vt* **tá (rud) de dhíth orm** I want (something).

díthreabhach *m* hermit.

diúilicín *m* mussel.

diúltach *adj* negative.

diúltaigh *vt* to deny; to refuse; **diúltaigh do** to dismiss; **diúltaigh do (eiriceacht)** to abjure.

diúltú *m* refusal; **diúltú do (mhian)** abnegation.

diúracán treoraithe *m* guided missile.

dlaoi *f* lock of hair.

dleacht *f* duty (*customs*).

dlí *m* law.

dlíodóir *m* lawyer.

dlisteanach *adj* legitimate.

dliteanas *m* lawful claim; (*law*) liability.

dlíthiúil *adj* judicial. • *vt* **déan (nós) dlíthiúil** to legalise.

dlús *m* density.

dlúth *adj* compact; dense; intimate.

dlúthchaidreamh *m* intimacy.

dlúthdhiosca *m* compact disc.

dlúthpháirtíocht *f* solidarity.

do[1] *pn* (*sing*) your(s).

do[2] *prep* for.

dó[1] *m* two. • *adv* **faoi dhó** twice.

dó[2] *m* burn; combustion; **dó coiriúil** arson.

do-aimsithe *adj* elusive.

dobharchú *m* otter.

dobhardhroim *m* (*geog*) watershed.

dobhriathar *m* adverb.

dobhriste *adj* unbreakable.

dobrón *m* grief. • *vt* **déan dobrón** to grieve.

dobrónach *adj* disconsolate.

dócha *adj* probable. • *adv* **is dócha** probably.

dochar *m* damage; debit; disservice; harm. • *vt* **déan dochar do (rud)** to damage; to harm; to hurt. • *adj* **gan dochar** harmless.

dóchas *m* hope.

dóchasach *adj* hopeful.

dochreidte *adj* incredible.

docht *adj* rigid; strict.

dochtúir *m* doctor.

dócmhainneach *adj* insolvent.

dócmhainneacht *f* insolvency.

dó-dhéag *adj m* twelve.

dodhéanta *adj* impossible. • *f* **dodhéantacht** impossibility.

do-earráide *adj* infallible.

dofheicthe *adj* invisible.

dofhuascailte *adj* inextricable.

doghafa *adj* impregnable.

dogmach *adj* dogmatic.

doicheall *m* resentment.

doicheallach *adj* forbidding; inhospitable.

doiciméad *m* document.

dóigh[1] *f* way; manner; condition;

mannerism. • *adv* **ar dhóigh eile** differently; **ar dhóigh éigin** somehow.

dóigh[2] *vt* burn.

dóighiúil *adj* handsome; bonny.

doiléir *adj* dim; dusky; vague.

doiléirigh *vt* to blur.

doiligh *adj* difficult.

doilíos (-ís) *m* remorse.

doimhneacht *f* depth.

doimhnigh *vt* to deepen.

doineann *f* storm, stormy weather.

doinne *f* brownness.

doirseoir *m* janitor, porter, doorkeeper.

doirt *vt* to pour; to shed; to spill.

doirteadh fola *m* bloodshed.

doirteal *m* sink.

do-ite *adj* inedible.

dóiteán *m* blaze.

dólásach *adj* disconsolate.

doleigheasta *adj* incurable.

doléite *adj* illegible.

doleithscéil *adj* inexcusable.

dollar *m* dollar.

domhain *adj* deep, profound; abstruse.

do-mhaite *adj* unpardonable.

domhan *m* world.

domhanda *adj* global.

domhanfhad *m* longitude.

domhanleithead *m* latitude.

do-mhillte *adj* foolproof.

domhínithe *adj* inexplicable.

Domhnach *m* Sunday; **Dé Domhnaigh** on Sunday.

domhothaithe *adj* imperceptible.

domlas *m* bile.

domplagán *m* dumpling.

dona *adj* bad; unfortunate. • *f* **donacht** badness; misfortune.

donn *adj* brown.

dóp *m* dope (*drug*).

doras *m* door; **doras tosaigh** front door.

dorcha *adj* dark.

dorchadas *m* darkness.

dorchaigh *vt* to darken.

dorchla *m* corridor.

dordán *m* (*sound*) drone.

dorn *m* fist; hilt.

dornáil *vi* to box.

dornálaí *m* boxer.

dornán *m* bunch; handful.

dorú *m* fishing line.

dos *m* bunch.

dosaen *m* dozen.

do-scartha *adj* inseparable.

doscriosta *adj* indelible.

dosháraithe *adj* incomparable.

doshásta *adj* implacable.

dosheachanta *adj* unavoidable.

dothrasnaithne *adj* impassable.

dothreáite *adj* impenetrable.

dothuigthe *adj* unintelligible, incomprehensible; impalpable.

draein (draenach) *f* drain.

dráibhéir *m* drover.

draíocht *f* enchantment; magic; druidism. • *vt* **draíocht a chur ar** to captivate.

draíochta *adj* magic.

draíodóir *m* wizard.

dram *m* dram.

dráma *m* drama

drámadóir *m* dramatist.

drantaigh *vi* to growl.

draoi *m* druid.

dreach *m* aspect.

dreancaid *f* flea.

dreap *vt* *vi* to climb.

dreapadóir *m* climber.

dreideáil *vi f* to dredge.

dreige *f* meteor.

dréimire *m* ladder.

dreoilín *m* wren; **Lá an Dreoilín** St Stephen's Day.

dríodar *m* deposit; dregs.

driog *vt* to distil.

driogaire *m* distiller.

drioglann *f* distillery.

driosúr *m* dresser.

dris *f* bramble.

drithligh *vi* to gleam; to glisten, glitter.

droch- *adj* wicked.

drochaigeantacht *f* malevolence.

drochmheas *m* disrespect.

drochordú *m* disrepair.

drogallach *adj* reluctant.

droichead *m* bridge; **droichead cro-chta** suspension bridge.

droim *m* back (*of person*); ridge.

dromchla *m* surface.

dromlach *m* spine; ridge.

drong *f* gang, faction.

dronnach *adj* convex.

drualus *m* mistletoe.

drúcht *m* dew.

druga *m* drug.

drugadóir *m* druggist.

druid *vt* to close; to shut; **druid de phlab** to slam.

druid le *vi vt* to approach.

druidte *adj* shut.

druileáil *vt* to drill.

drúisiúil *adj* carnal; lecherous.

druma *m* drum.

drumadóir *m* drummer.

duáilce *f* vice.

duairc *adj* dismal.

duais *f* award; prize; reward.

duaithníocht *f* camouflage.

dualgas *m* duty.

duán *m* kidney.

duanaire *m* anthology.

duarcán *m* pessimist.

dúbailt *f* double.

dúbailte *adj* double; (**cóta**) double-breasted.

dubh *adj* black.

dubhach *adj* rueful.

dubhaigh *vt* to blacken; to sadden.

dúblaigh *vt* to double.

dúch *m* ink.

dúchas *m* heritage; title; heredity.

dúchasach *adj* endemic; innate; native. • *m* native.

dúcheist *f* puzzle.

duga *m* dock.

duibhe *f* blackness.

duibheagán *m* abyss.

dúil *f* element.

dúil *f* liking; expectation; craving; **tá dúil ag ann** I like it. • *adj* **gan dúil** unexpected.

duille *m* leaf.

duilleach *adj* leafy.

duilliúr *m* foliage.

duine *m* person. **an duine is ansa (le)** favourite. • *pn* **gach duine** everyone.

duine aitheantais *m* acquaintance.

duine aonair *m* individual.

duine ar bith *m* anyone.

duine ardnósach *m* snob.

duine éigin *pn* somebody.

duine róchúisiúil *m* prude.

duine uasal *m* gentleman.

dúisigh *vt vi* to rouse.

dul *m* going; **dul chun cinn** headway; progress. • *vt* **dul i gceann**

ruda to go about a thing. • *adv* **dul le fána** downhill.

dul san iomaíocht (le) *vi* to compete (with).

dúlagrán *m* depressant.

dúmhál *m* blackmail.

dún¹ *m* fort; **Dún Éideann** Edinburgh.

dún² *vt* to shut.

dundalán *m* blockhead.

dúnmharaigh *vt* to murder.

dúnmharfóir *m* murderer; **dúnmharú** murder.

dunsa *m* dunce.

dúnta *adj* shut.

dúr *adj* dour, grim, surly; moody.

durnán *m* hobnail.

dúrúnta *adj* dour.

dúshlán *m* challenge; defiance. • *adj* **dúshlánach** defiant. • *vt* **dúshlán a thabhairt ar dhuine (rud a dhéanamh)** to challenge someone (to do something).

dusta *m* dust.

dustáil *vt* to dust.

duthain *adj* fleeting.

dúthomhas *m* enigma.

dúthracht *f* devotion; assiduity.

dúthrachtach *adj* assiduous.

E

é *pn* (*object*) he; him; it; **é féin** himself; itself.

eabhar *m* ivory.

éacht *m* achievement; exploit; feat.

eachtra *f* adventure; episode.

eachtrúil *adj* adventurous, eventful.

eacnamaí *m* economist.

eacnamaíocht *f* economics; economy.

éacúiméineach *adj* ecumenical.

éad *m* envy; jealousy.

éadach *m* cloth, fabric; **éadach soithí** dishcloth.

éadaí *npl* clothes.

éadaingean *adj* insecure.

éadálach *adj* lucrative.

éadan *m* forehead. • *prep* **in éadan** (+ *gen*) against. • *adv f* **in éadan na mala** uphill.

éadmhar *adj* jealous.

éadóchas *m* despair.

éadóchasach *adj* desperate.

éadoilteanach *adj* involuntary.

eadránaí *m* arbitrator.

eadránaigh *vt* to arbitrate; to separate combatants.

éadroime *f* lightness.

éadrom *adj* light.

éadromaigh *vt* to lighten.

éadromán *m* balloon; balloon-shaped person.

éag *vi* to die; to expire; to perish. • *adj* **in éag** extinct.

éaganta *adj* light-headed, giddy, senseless.

éagaoin *f* moan.

eagarthóir *m* editor.

eagla *f* fear. • *conj* **ar eagla (go)** in case, lest. • *adj* **gan eagla** fearless. • *vi* **tá eagla orm (roimh)** I am afraid (of).

eaglach *adj* afraid, fearful.

eaglais *f* church.

eaglaiseach *m* clergyman.

éagmais *f* absence.

éagnach *m* moan, groan.

éagaoin *f* moan. • *vi* **bheith ag éagaoin** to moan.

éagóir *f* wrong.

éagoitinne *f* originality.

éagothroime *f* inequality.

eagraí *m* organiser.

eagraigh *vt* to organise.

eagrán *m* edition.

éagsúil *adj* dissimilar, unlike; varied, diverse; distinct; various. • *vt* **déan éagsúil** to diversify.

éagsúlacht *f* diversity; variety.

éagumas *m* impotence.

éagumasach *adj* impotent.

eala *f* swan.

éalaigh *vi* to elope; to escape; to flit. • *vt* **éalaigh ó** to elude.

ealaín *f* art; **ealaín an tí** domestic arts.

ealaíontóir *m* artist.

éalaitheach *m* fugitive.

eallach *m sing* cattle.

éalú *m* escape.

éan *m* bird, fowl.

Eanáir *m* January.

éaneolaíocht f ornithology.

eangach adj jagged.

eangaigh vt to indent.

eanglach m numbness (from cold).

éarlais f deposit (as part payment).

earnáil f category; sector; division, class.

earra m commodity. • mpl **earraí** goods.

earrach: an t-earrach m (season) spring.

earraí gloine f glassware.

earraí grósaera npl groceries.

earraí iompórtálacha npl (goods) imports.

earraí tomhaltais npl consumer goods.

earráid f error; indiscretion; lapse. • vi **déan earráid** to err.

eas m waterfall.

easaontaigh vt to disunite; **easaontaigh (le)** to disagree (with).

easaontas m disagreement; discord; disunity.

éasca adj expeditious.

éascaigh vt to facilitate.

easláinte f ailment; ill-health.

easlán adj infirm. • m invalid.

easna f rib.

easnamh m deficit; lack.

easnamhach adj inadequate.

easpa f abscess; absence; deficiency, want; loss.

easpag m bishop.

eastát m estate.

easumhal adj disobedient.

easumhlaíocht f disobedience.

easurramach adj irreverent.

eibhear m granite.

éiceolaíocht f ecology.

éifeacht f force, significance; effect.

éifeachtach adj cogent; effective; efficient.

éifeachtacht f efficacy.

éigeandáil f emergency.

éigiallta adj irrational; senseless.

éigin: am éigin adv sometime; **ar dhóigh éigin** somehow; **tá rud éigin cearr** something's amiss.

éiginnte adj unsure.

Éigipt: An Éigipt f Egypt.

éigneasta adj insincere.

éignigh vt to rape.

éigniú m rape.

éigríonna adj unwise, imprudent; improvident.

eile adj alternative; other, else; more. • adv **ar chuma eile** otherwise; **ar dhóigh eile** differently.

éileamh m claim; demand.

eileatram m hearse.

eilifint f elephant.

éiligh vt to claim; to demand.

eilit f doe.

éilitheoir m claimant.

eimpíreach adj empirical.

éineacht: in éineacht le prep with.

Éire (na hÉireann) genitive f Ireland; **in Éirinn** in Ireland.

eireaball m tail.

Éireannach adj Irish. • m Irish person.

éirí m (vn of **éirigh**); rise, rising; **éirí amach** (pol) rising; ascent; **éirí na gréine** sunrise.

eiriceacht f heresy.

éirigh vi to arise; to rise; to get, become; **éirigh amach** to rebel.

éirigh argóntach vi to quibble.

éirigh as vi vt to cease; to desist; to resign.

éirigh le *vi vt* to perform; **d'éirigh liom** I succeeded.

éirim *f* aptitude; intelligence; talent; journey; scope; range.

éirimiúil *adj* brainy; gifted.

eisceachtúil *adj* exceptional.

eisdíritheoir *m* extrovert.

eisiach *adj* exclusive.

eisilteach *m* effluent.

eisimirceach *m* emigrant.

éist (le) *vi* to listen (to). • *excl* hush!

éisteacht *f* hearing.

éisteoir *m* listener.

eite: an eite chlé *f* (*pol*) the left.

eithne *f* kernel.

eiticiúil *adj* ethical.

eitil *vi vt* to fly.

eitilt *f* flight. • *adj* **ar eitilt** airborne.

eitleán *m* aeroplane.

eitleog *f* kite.

eitneach *adj* ethnic.

eitre *f* groove; furrow.

eochair *f* key; keystone.

eochairchlár *m* keyboard.

eochraí *f* roe (*fish*).

eolach *adj* acquainted; knowing, knowledgeable. **eolach (ar)** aware (of). • *adv* **go heolach** knowledgeably, knowingly.

eolaí *m* scientist; expert; connoisseur; guide.

eolaíoch *adj* scientific.

eolaíocht *f* science.

eolas *m* cognisance; information; knowledge.

Eoraip: An Eoraip, na hEorpa *genitive f* Europe.

Eorpach *adj* European.

F

fá: fá dtaobh de *prep* concerning.

fabhal(scéal) *m* fable.

fabhar *m* favour, influence.

fabhrach *adj* auspicious.

fách: bí i bhfách le *vt* to approve of.

facs *m* fax.

fad *m* distance; duration; length. • *conj* while. • *m* fad láimhe reach; fad saoil longevity. • *adv* ar fad altogether; outright; quite; utterly; ar a fhad lengthways, lengthwise; i bhfad (ó) far (from)

fada *adj* far; long.

fadaigh *vt* to elongate; to lengthen.

fadálach *adj* slow, tardy; tedious.

fadchainteach *adj* long-winded.

fadfhulangach *adj* long-suffering.

fadhb *f* problem.

fadhbach *adj* problematic.

fadtonn *f* long-wave.

fadtonnach *adj* long-wave.

fadtréimhseach *adj* long-term.

fág *vi vt* to depart; to leave; to forego; to quit.

fág ar lár *vt* to omit; fág as to except.

fágáil *f* departure; leaving.

faic *f* nothing; faic na fríde nothing whatsoever.

faicheall *m* caution.

faichilleach *adj* careful; cautious.

fáidh *m* seer.

faigh *vt* to acquire; to fetch; to get; to receive.

faigh amach *vt* to ascertain, find out.

faigh an ceann is fearr ar *vt* to best, outwit.

faigh ar ais *vt* to reclaim; to recover.

faigh ar cíos *vt* to rent.

faigh bás *vi* to die.

faigh blas ar *vt* to relish; to savour.

faighin *f* vagina.

fáil *f* getting; finding; acquisition. • *vt* an bua a fháil to carry the day. • *adj* ar fáil available.

faill *f* unguarded state; chance; fuair mé faill air I caught him off-guard/I got a chance to speak to him.

faillí *f* default. • *vt* déan faillí i rud to neglect.

fáilte *f* welcome.

fáiltigh *vt* to welcome.

fáiltiú *m* reception.

fáinleog *f* swallow (*bird*).

fáinne *m* halo; ring; an fáinne ó thuaidh aurora borealis. • *f* fáinne cluaise earring.

faire *f* (*relig*) wake; vigil.

faireog *f* gland.

fairsing *adj* abundant; ample; commodious, roomy; extensive; spacious.

fairsingeacht *f* abundance; room, space.

fairsingiú *m* extension; expansion.

fáisc *vt* to clasp; to squash; to wring.

faisean *m* fashion.

faiseanta *adj* fashionable; stylish.

faisisteachas *m* fascism.

56

fáistineacht *f* divination, fortune telling.

fáithim *f* hem.

fáithmheas *m* (*med*) diagnosis. • *vt* to diagnose.

faithne *m* wart.

fál *m* hedge.

fala *f* grudge.

fallás *m* fallacy.

falróid: bheith ag falróid *vi* to loiter; to wander.

falsa *adj* idle; lazy.

falsacht *f* laziness.

falsaigh *vt* to fiddle (accounts); to forge.

falsaitheoir *m* forger.

falsóir *m* idler.

faltanas *m* spite.

fan *vi* to remain; to stay; to wait. • *vt* to rest; **fan go fóill** wait awhile; **fan le** to await. • *vi vt* **fan leis an am ceart** to bide one's time.

fan i bhfolach *vi* to lurk.

fána *f* slope.

fánach *adj* casual; futile; occasional; random. • *adv* **go fánach**, casually, etc.

fanaí *m* wanderer.

fanaiceach *m* fanatic.

fann *adj* faint; feeble.

fannléas *m* glimmer.

fantasaíocht *f* fantasy.

faobhar *m* edge.

faobhraigh *vt* to sharpen.

faoi *prep* about; below; under; underneath.

faoi choinne *prep* for.

faoi dhó *adv* twice.

faoileán *m* seagull. • *m* **faoileán scadán** herring gull.

faoin gcéad *adv* per cent.

faoiseamh *m* relief; reprieve.

faon *adj* prostrate.

faor: ar faor *adv* edgewise.

fara *m* perch (for bird).

faradh *m* ferry.

farasbarr *m* surplus.

farraige *f* sea.

fás *m* growth. • *vt vi* to grow.

fásach *m* desert; wilderness.

fáschoill *f* plantation.

fásra *m* vegetation.

fásta *adj* adult.

fáth *m* cause. • *adv* **cén fáth** (*indirect*) why.

fathach *m* giant.

fáthscéal *m* allegory, parable.

faurchroíoch *adj* callous.

feabhas *m* excellence; improvement. • *adj* **ar fheabhas** ideal; splendid.

Feabhra: Mí Feabhra *m* February.

feabhsaigh *vt vi* to improve, get better.

féach *vi* to look, see, observe. • *vt* **féach ar** to observe.

féach le rud a dhéanamh *vt* to try.

féachadóir *m* bystander.

feachtas *m* campaign.

fead *f* whistle (*sound*).

féad *vb aux* can, may; **féadaim é a dhéanamh** I can do it.

feadh *adv* along. • *prep* **ar feadh** for (*past*). • *adv* **ar feadh bomaite** awhile.

feadóg *f* whistle (*instrument*); **feadóg mhór** flute.

feall *m* betrayal.

feallmharaigh *vt* to assassinate.

feallmharfóir *m* assassin.

fealltóir *m* traitor.

fealsamh m philosopher.

fealsúnacht f philosophy.

feamainn f seaweed.

feann vt to fleece.

fear vt to excrete.

fear m man.

féar m grass; hay.

féarach m pasture.

fearannas m domain.

fearas m management; arrangement; fixture, outfit; appliance.

fear bréige f dummy; scarecrow.

fear céile m husband.

fear dána m minstrel.

fear déirce m beggar.

fear feasa m fortuneteller.

fearg f anger; indignation; outrage. • vt **fearg a tharraingt ort** to incur wrath.

feargach adj angry; indignant.

feargacht f manhood.

fear gnó m businessman.

fear grinn m clown; comedian.

fear gunna m gunman.

fear magaidh m jester.

féarmhar adj grassy.

fear muinteartha m kinsman.

fearnóg f alder.

fear poist m postman.

fearr: is fearr adj best. • vt **is fearr (liom)** to prefer.

fearsaid f axle.

fear teorann m borderer.

fearthainn f rain. • vi **bheith ag cur fearthainne** to rain.

feartlaoi f epitaph.

fear tuaithe m countryman.

fearúil adj male; manful; virile.

fearúlacht f virility, manliness.

feasachán m bulletin (*broadcast*).

féasóg f beard.

féasta m feast. • vt **déan féasta** to junket.

feic vt to see; to witness.

feiceálach adj conspicuous; prominent.

feidhm f function; use, application; **feidhm-eochair** function key. • adj **as feidhm** obsolete; **gan feidhm** useless.

feidhmeannach m executive.

feidhmiú m operation.

feidhmiúcháin npl (*comput*) applications.

féidir: is féidir go adv it is possible that. • vb aux **is féidir liom** I can; **is féidir liom é a dhéanamh** I can do it. • adv **b'fhéidir** perhaps.

féile f feast, festival.

féileacán m butterfly; **féileacán oíche** moth.

féilire m calendar.

feiliúnach adj apt.

féiltiúil adj festive.

féin suffix -self. • pn own; **é féin** himself (*object*); itself; **í féin** herself (*object*); itself; **sé féin** himself; **sibh féin** yourselves; **sí féin** herself; **tú féin** yourself. • pn pl **iad féin** themselves. • adv **mar sin féin** nevertheless. • conj **mé féin** yet. • pn myself.

feiniméan m phenomenon.

féiniúlacht f identity (particular).

féinmharú m suicide.

féinmhuiníneach adj self-confident.

féinspéis f ego(t)ism.

feirm f farm.

feirmeoir m farmer.

feis f festival, carnival; sexual intercourse.

feisire parlaiminte *m* member of parliament.

feisteas *m* attire.

feistigh *vt* to arrange; to adjust; to equip; to moor.

feistithe *adj* equipped; well-dressed; tidy.

féith *f* vein; sinew; natural talent; **tá féith an cheoil ann** he has a talent for music; **féith scornaí** jugular.

feitheamh *m* watch, wait; anticipation. • *adj* **ar feitheamh** pending.

feithicil *f* vehicle.

feithid *f* bug; insect.

féithleann *m* (*bot*) honeysuckle.

féithuar *adj* chilly.

feochadán *m* thistle.

feoigh *vi* to wither; decay. • *vt* to sear.

feoil *f* flesh; meat.

feoiliteach *adj* carnivorous.

feoilséantóir *m* vegetarian.

feolmhar *adj* fleshy.

feothan *m* breeze, gust.

fia *m* deer; **fia rua** roe deer.

fiabhras *m* fever; **fiabhras léana** hay fever.

fiabhrasach *adj* feverish.

fiacail *f* cog; tooth.

fiach (féich) *m* debt.

fiach dubh (fiaigh) *m* raven.

fiacha *npl* debt.

fiaclach *adj* serrated.

fiaclóir *m* dentist.

fiaclóireacht *f* dentistry.

fiafheoil *f* venison.

fiafraigh *vt vi* to inquire.

fiafraigh (de) *vt* to ask, enquire.

fiail *f* weed.

fiáin *adj* wild.

fial *adj* generous, bounteous, bountiful; lavish.

fianaise *f* evidence. • *vt* **déan fianaise le** to attest.

fiar *adj* diagonal; oblique; **ar fiar** sidelong. • *adv* **ar fiarsceabha** askew.

fiarlán *m* zigzag.

fiche *adj m* twenty.

ficheall *f* chess.

fichillín *m* pawn.

fichiú *adj m* twentieth.

ficsean *m* fiction.

fidil *f* fiddle.

fidléir *m* fiddler.

fige *f* fig.

figh *vt* to intertwine; to weave.

figiúr *m* figure (*number*).

file *m* poet.

filiméala *f* nightingale.

filíocht *f* poetry.

fill *vi* to recur; to return. • *vt* to fold; to wrap.

filléadaigh *vt* to fillet.

filleadh *m* pleat; return.

fillte *adj* folded. • *m* **ticéad fillte** return ticket.

filltín *m* crease.

fimíneach *m* hypocrite.

fimíneacht *f* hypocrisy.

fíneáil *f* fine. • *vt* to fine.

fínéalta *adj* delicate.

fínéaltacht *f* delicacy.

fíneog *f* mite.

fíniúin *f* vine.

finné *m* witness.

finscéal *m* legend; fictitious tale.

finscéalach *adj* legendary.

fíoch *m* feud; anger; **fíoch bunaidh** blood feud.

fíochmhaireacht *f* fierceness.

fíochmhar *adj* fierce; rabid.

fíodóir *m* weaver.

fiodrince *m* pirouette. • *vi* **déan fiodrince** to pirouette.

fíon (-a) *m* wine.

fíonchaor *f* grape.

fiondar *m* fender.

fionn *adj* blond(e); fair. • *vt* to discover; to invent.

fionnachtaí *m* inventor.

fionnachtain *f* discovery; invention.

fionnadh *m* fur. • *vi vt* **bheith ag cur an fhionnaidh** (*animal*) to moult.

fionnuar *adj* cool; refreshing, fresh.

fiontar *m* enterprise; venture.

fiontrach *adj* enterprising.

fiontraí *m* entrepreneur.

fiontraíocht *f* enterprise.

fíor *adj* actual; true.

fíor- *prefix* genuine, real.

fíoraigh *vt* to verify.

fíoraigh (ráitis etc) *vt* to justify.

fíorálainn *adj* exquisite.

fíorú (ráiteas etc) *m* justification.

fios *m* knowledge; cognisance; **tá a fhios agam (go)** I know (that).

fiosrach *adj* curious, inquisitive.

fiosraigh *vt* to enquire.

fiosrúchán *m* inquiry.

firéad *m* ferret.

fireann *adj* masculine.

fireannach *m* male.

fíric *f* fact.

fírinne *f* truth.

fírinneach *adj* candid. • *adv* **go fírinneach** candidly; really.

fís *f* (mental) vision.

fisiceach *adj* physical.

fístaifeadán *m* video recorder.

fithis *f* orbit.

fiú *adj* worth; **is fiú punt é** it is worth a pound. • *adv* even.

fiúntach *adj* worthy.

fiúntas *m* merit; worth.

fiús *m* fuse.

flainín *m* flannel.

flaithiúil *adj* generous; hospitable.

flaithiúlacht *f* generosity; hospitality.

fleá *f* (*drinking*) feast; **fleá cheoil** music festival.

fleách *adj* gusty.

fleasc *m* flask.

fleasc (bláthanna) *f* wreath.

fleisc *f* flex.

flichshneachta *m* sleet.

fliú *m* influenza.

fliuch *adj* rainy; wet. • *vt* to moisten.

flosc *m* zest; flux, torment.

flúirse *f* plenty (+ *gen*), abundance.

flúirseach *adj* abundant; copious; profuse.

fobhríste *m sing* underpants.

focal *m* word; remark.

focal fonóide *f* gibe.

fócas *m* focus.

fócasaigh *vt* to focus.

fochupán *m* saucer.

foclach *adj* wordy.

foclóir *m* dictionary.

fód *m* sod; turf.

fodar *m* fodder.

fo-éadaí *mpl* underwear.

fógair *vi vt* to announce; to advertise; to declare; to proclaim.

foghlach *adj* predatory.

foghlaí *m* intruder, plunderer; **foghlaí mara** pirate.

foghlaim *vt* to learn; to teach.

fo-ghúna *m* petticoat.

fógra m advertisement; announcement; notice.

fógróir m herald, announcer, advertiser.

foiche f wasp.

foighne f patience.

foighneach adj patient.

fóill: go fóill adv still; yet.

fóillíocht f leisure, spare time.

foilsigh vi to reveal. • vt to publish.

foilsiú m publication; revelation.

foinse f origin, source.

fóirdheontas m subsidy.

fóir do vt to suit.

foireann (foirne) f cast; crew; team.

foirfe adj perfect.

foirfeacht f perfection.

foirgneamh m building; edifice.

foirgthe le vt infested with.

foirmigh vt to form.

foirmiúil adj formal.

foirmle f formula.

foirtile f fortitude.

foisceacht f closeness.

folaigh adj latent.

folaimhe f hollowness.

folaitheach adj clandestine.

folamh adj blank; empty; unoccupied.

folcadán m bath.

folcadh m bath (action).

folláin adj fit; healthy.

follasach adj apparent; evident; explicit; flagrant; categorical.

folmhaigh vt to discharge.

folmhú m discharge.

folt m hair.

foluain: ar foluain adj floating; hovering.

folúntas m vacancy.

folús m vacuum, void.

fómhar m autumn.

fómhar m harvest.

fón m phone.

fonn m (mus) air, melody, tune. • adj **fonn troda** itching for a fight. • adv **le fonn** with gusto.

fonnmhar adj melodious.

fonóid f derision. • vt **fonóid a dhéanamh faoi dhuine** to deride.

fonsa m rim.

foracha f guillemot.

forainm m pronoun.

foraois f forest.

foraoiseacht f forestry.

forbair vt to develop.

forbairt f advancement; development.

forbartha adj developed; advanced.

forc m fork.

forcheilt f cover-up.

forchlúdach m wrapper.

foréigean m violence.

foréigneach adj violent.

forghabh vt to usurp.

forlíonadh m supplement; addendum.

formáid f format.

formhéadaigh vt to magnify.

formhéadú m (opt) magnification.

formhothaitheach adj imperceptible; stealthy.

formhuinigh vt to endorse.

forógra m declaration; manifesto.

fórsa m force.

fortheach m annexe (building).

fortún m fortune.

fós adv still, yet.

fosta adv also; too.

fostaí m employee.

fostaigh vt to employ; to hire.

fostóir m employer.

fothoghchán m by-election.

fothrach tí *m* ruin (house).

Frainc: An Fhrainc *f* France.

frainceáil *vt* to frank (stamp).

Fraincis *f* (*ling*) French.

fráma *m* frame.

Francach *adj* French;. • *m* French person.

francach *m* rat.

fraoch[1] *m* (*bot*) heather.

fraoch[2] *m* wrath.

fraochmhar *adj* heathery.

fras *adj* abundant.

frása *m* phrase.

freagair *vi* to reply. • *vt* to answer.

freagra *m* answer; reply.

freagrach *adj* liable; responsive; accountable.

freagracht *f* liability, responsibility, accountability.

freagraigh do *vi* to correspond.

fréamh *f* root.

fréamhaí *m* derivation. • *vi* **fréamhaigh ó** to derive from.

freastail ar *vi* to cater, attend, serve.

freastal *m* attendance.

freastalaí *m* attendant; waiter, waitress; **freastalaí beáir** bartender.

frídín *m* (*bot*)germ.

frioch *vt* to fry.

friochtán *m* frying pan.

frithbheart *m* resistance.

frithchaith *vt* to reflect.

frithchuimilt *f* friction.

frithghiniúint *f* birth control, contraception.

frithghiniúnach *adj m* contraceptive.

frithir *adj* sore.

frithsheipteán *m* antiseptic.

frog *m* frog.

fuacht *m* chill; cold.

fuadaigh *vt* to abduct, kidnap; to hijack.

fuadaitheoir *m* abductor, hijacker, kidnapper.

fuadar *m* ado; bustle.

fuafar *adj* ghastly; hateful; loathsome.

fuaigh *vt* to sew.

fuáil *f* sewing.

fuaim *f* sound.

fuaimeolaíocht *f* acoustics.

fuaimíocht *f* acoustics.

fuaimnigh *vt* to pronounce; to sound.

fuaimrian *m* soundtrack.

fualán *m* urinal.

fuar *adj* chilly; cold.

fuaraigh *vt* to cool; to chill.

fuarán *m* fount, fountain; spring (of water).

fuaránta *adj* frigid.

fuascail *vt* to emancipate; to release; to redeem; to solve.

fuascailt *f* ransom.

fuath *m* abhorrence; antipathy; hate; **fuath ban** misogyny. • *vt* **is fuath (liom)** I hate; **fuath a bheith agat ar rud** to detest something.

fuathaigh *vt* to hate.

fud: ar fud na háite *prep* over the whole area.

fuil (fola) *f* blood.

fuilaistriú *m* blood transfusion.

fuileadán *m* blood vessel.

fuilghrúpa *m* blood group.

fuílleach *m* remains.

fuilteach *adj* bloody, gory.

fuin *vt* to knead.

fuinneamh *m* energy; vigour; impetus.

fuinneog *f* window.

fuinniúil *adj* energetic; lusty.

fuinseog *f* (*bot*) ash.
fuíoll *m* waste.
fuip *f* whip.
fuipeáil *vt* to whip.
fuipín *m* puffin.
fuirseoir *m* entertainer.
fuisce *m* whisky.

fuiseog *f* lark; skylark.
fuist! *excl* hush!
fulaing *vi vt* to suffer; to undergo.
fulangacht *f* passivity.
fulangaí *m* sufferer.
furasta *adj* easy.

G

gabh *vi* to go. • *vt* to apprehend, arrest; to capture; to catch; to seize.

gabh ar luas *vt* to speed.

gabh ar stailc *vt* to strike (*work*).

gabh ar *vt* to assume.

gabh buíochas (le) *vt* to thank.

gabh do leithscéal *vi* to apologise.

gabh i dtaithí le *vt* to accustom.

gabh leithscéal *vt* to excuse.

gabha *m* blacksmith; smith.

gabháil *f* assumption; catch; conquest; capture; **gabháil ceannais** coup (d'état).

gabhal *m* crotch; juncture.

gabhar *m* goat; **An Gabhar** Capricorn.

gabhdán *m* container.

gabhlaigh *vi* to fork.

gach *adj* each; every. • *pn* **gach aon** each; **gach duine** everyone. • *m* **gach rud** everything.

gadaí *m* thief.

gadaíocht *f* larceny, theft.

gadhar faire *m* watchdog.

Gaeilge *f* (*lang*) (Irish) Gaelic.

Gael *m* Gael, Irish person.

Gaelach *adj* Gaelic; Irish.

gailearaí *m* gallery.

Gaillimh *f* Galway.

gaineach *adj* scaly.

gaineamh *m* sand; **gaineamh beo** quicksand. • *f* **gaineamhchloch** sandstone.

gainmheach *adj* sandy.

gainne *f* dearth.

gainnéad *m* gannet.

gáir *vi* to exclaim. • *f* **gáir mholta** cheer; acclamation.

gairbhe *f* coarseness, asperity.

gairbhéal *m* gravel.

gairdín *m* garden.

gáire *m* laugh; laughter. • *vi* **déan gáire** to laugh. • *adj* **sna trithí gáire** (*laughter*) hysterical.

gaireacht *f* closeness.

gaireas *m* apparatus; appliance; gadget.

gairgeach *adj* acrimonious.

gairgeacht *f* acrimony; harshness.

gairleog *f* garlic.

gairm *f* calling, vocation.

gáirsiúil *adj* bawdy; obscene; vulgar.

gáirsiúlacht *f* obscenity.

gairtéar *m* garter.

gaiste *m* trap.

gal *f* steam; vapour.

gála *m* gale.

galaigh *vi* *vt* to evaporate.

galánta *adj* genteel.

galántacht *f* finery.

galar *m* disease.

galf *m* golf.

Gall *m* foreigner.

gallda *adj* foreign.

gallúnach *f* soap.

galún *m* gallon.

gamhain (gamhna) *m* calf.

gan *prep* without.

gandal *m* gander.

ganntanas *m* shortage.

gaofar *adj* windy.

gaol *m* relation(ship).

gaolmhar *adj* related, akin.

gaoth[1] *f* wind; **gaoth aniar** westerly (wind).

gaoth[2] *m* inlet.

gar *adj* approximate; **gar (do)** close.

garach *adj* accommodating.

garaíocht *f* assistance, help.

garáiste *m* garage.

garbh *adj* coarse; rough.

garbhchríoch *f* highland. • *mpl* **na Garbhchríocha** the Highlands.

garchabhair *f* first aid.

garda *m* guard; **garda cósta** coast-guard; **garda tarrthála** lifeguard.

gardaí *mpl* police.

gardáil *vt* to guard.

garg *adj* harsh.

gariníon *f* grandchild.

garmhac *m* grandchild.

garraíodóir *m* gardener.

garrán *m* grove.

gas *m* stalk; blade (of grass).

gás *m* gas.

gasta *adj* fast, quick.

gastranómach *adj* gastronomic.

gastranómachas *m* gastronomy.

gátar *m* distress.

gé *f* goose.

géag *f* arm; branch; limb.

géagán *m* limb; small branch; appendage.

geal *adj* bright; (*wine*) white. • *m* gin. • *vt* to blanch; to brighten.

gealach *f* moon.

gealgháireach *adj* cheerful.

geall *m* bet; wager.

gealltanas pósta *m* engagement.

gealt *m* lunatic; maniac.

gealtachas *m* dementia; craziness; panic.

gealtacht *f* insanity; lunacy; panic.

geanmnaí *adj* chaste.

geanmnaíocht *f* chastity.

geansaí *m* jersey, jumper.

geanúil *adj* loving.

géar *adj* acute; severe; austere; bitter; sharp.

géaraigh *vt* to intensify.

gearán *m* accusation; complaint. • *vi* **gearán a dhéanamh (faoi)** to complain.

gearánaí *m* (*law*) plaintiff.

géarchéim *f* crisis.

géarchúiseach *adj* astute; discerning; sagacious.

Gearmáin: An Ghearmáin *f* Germany.

Gearmáinis *f* (*lang*) German.

Gearmánach *m adj* German.

gearr *vt* to carve; to chop; to commute; to slash; to cut. • *vi* to cut. • *adj* brief, short. • *vt* **gearr de** to amputate.

gearradh *m* cut; slit.

gearrán *m* garron.

gearr cáin (ar) *vt* to tax.

gearr-radharcach *adj* near-sighted, shortsighted.

gearrshaolach *adj* ephemeral; momentary.

gearrthonn *f* shortwave.

geata *m* gate.

géibheann *m* captivity.

géill *vt* to cede; to obey; to submit, yield. • *vi* **géill (ar choinníollacha)** to capitulate.

géill do *vt* believe in.

géilleadh *m* surrender, submission; acceptance, credence.

geimhreadh *m* winter.
geimhriúil *adj* wintry.
géiniteach *adj* genetic.
geir *f* (cooking) fat.
géire *f* keenness; sharpness; severity; austerity.
géire intinne acumen.
geolaí *m* geologist.
geolaíoch *adj* geological.
geolaíocht *f* geology.
geolbhaigh *npl* gills; chops.
giall *m* hostage; jaw; jowl.
giar *m* gear (*car*).
gile *f* brightness.
gin *f* foetus; birth; child.
gineadóir *m* generator.
ginealach *m* genealogy; lineage.
ginealaigh *adj* genealogical.
ginealeolaí *m* genealogist.
ginearálta *adj* general; generic.
ginmhilleadh *m* abortion.
giobal *m* rag.
giodam *m* frivolity; restlessness; giddiness.
giodamach *adj* frivolous; restless.
giodróg *f* minx; flighty girl.
gíog *f* chirp; squeak; cheep. • *vi* **gíog a ligint asat** to chirp; to cheep; to squeak.
giolcach *f* reed.
giorraigh *vt* to abbreviate; to shorten; to abridge.
giorraisc *adj* abrupt, curt, short.
giorria *m* hare.
giorrú *m* abridgement; abbreviation.
giorta *m* (*harness*) girth.
giosta *m* yeast.
giota *m* bit, piece.
giotán *m* (*comput*) bit.
giotár *m* guitar.

girseach *f* girl, youngster.
giúis *f* fir.
giúistís *f* magistrate.
giúróir *m* juror.
glac *vt* to receive; to take; **glac le** to accept; to acknowledge; **glac seilbh ar** to appropriate.
glacadh *m* acceptance; assumption, supposition; reception.
glaineacht *f* cleanliness; purity.
glaise *f* greenness.
glam *f* howl; bark.
glan *adj* clean; chaste. • *vt* to clean; to clear.
glan le grafóg *vt* to hoe.
glan- *prefix* pure, clean.
glanadh *m* cleaning.
glaoch *m* call. • *vt* **glaoch a chur ar dhuine** to buzz someone.
glaoigh *vt* to call; to summon; **glaoigh ar** (*telephone*) to ring.
glas[1] *adj* green.
glas[2] *m* lock.
glasadóir *m* locksmith.
Glaschú *m* Glasgow.
glasghnéitheach *adj* livid.
glasíoc *m* instalment (payment).
glasóg *f* wagtail.
glasra *m* vegetable.
gleann *m* glen, vale, valley.
gleanntán *m* dale; dell.
gléas[1] *vi* to dress. • *vt* to clothe, dress.
gléas[2] *m* artifice; device; (*mus*) key; musical instrument; **gléas ceoil** musical instrument; **gléas freagartha** answering machine.
gléasadh *m* dressing.
gleo *m* noise.
gleoiseach *f* linnet.

gleoite *adj* pretty, neat, charming, delightful.

glic *adj* clever; sly; wily.

gliceas *m* craft, cunning.

gliomach *m* lobster.

gliondar *m* joy.

gliondrach *adj* blithe, joyful.

gliscín *m* lisp.

gliú *m* glue.

gloine *f* glass.

glóire *f* glory.

glór *m* tone; voice.

glórach *adj* loud; noisy.

glóraí *f* loudness.

glóthach *f* jelly.

glothar *m* gurgle.

gluais *vt* to move; to proceed.

gluaiseacht *f* motion, movement.

gluaisteán *m* car.

gluaisteánaí *m* motorist.

glúin *f* knee.

gnách *adj* accustomed; habitual; customary, usual, ordinary.

gnás *m* custom.

gnáth- *prefix* common, customary, everyday; general; habitual; normal, ordinary, usual. • *adv* **de gh-náth** generally, normally.

gnáthaigh *vt* to frequent.

gnáthchúrsa *m* routine.

gnáthleagan cainte *m* colloquialism.

gnáthsheilbh *f* obsession.

gné *f* kind; appearance; species.

gné mhínormálta (de rud) *m* abnormality.

gnéas *m* sex.

gníomh *m* act; (*legal*) deed; **dea-gh-níomh** benefaction.

gníomhach *adj* active.

gníomhaigh *vi* to act.

gníomhaíocht *f* activity.

gníomhaire *m* agent.

gníomh uafáis *m* atrocity.

gnó *m* business; affair; **d'aon ghnó** on purpose.

gnólacht *f* a business.

gnóthach *adj* busy.

gnóthaigh *vt* to gain.

gnúis *f* countenance; face.

gnúsacht *f* grunt. • *vi* **déan gnúsacht** to grunt.

go *prep* till, until; to.

go (gur *in past*) *conj* that.

go raibh maith agat thank you.

gob *m* beak. • *vt* to peck.

gob amach *vi* to jut.

goid *f* theft. • *vt* to steal.

goile *m* appetite; stomach.

goill ar *vi* to rankle. • *vt* to distress.

goilliúnach *adj* hurtful.

goirín *m* pimple.

goirme *f* blueness.

gonc *m* rebuff.

gontacht *f* brevity.

gor *vt vi* to incubate.

gorb *m* glutton.

gorm *adj* blue.

gorta *m* famine; starvation.

gortach *adj* hungry, meagre; skimpy.

gortaigh *vt* to hurt; to injure.

gorthach *adj* ardent.

gortú *m* injury.

gotha *m* gesture; pose; appearence.

grá *m* darling; love; **grá geal** sweetheart.

grabaire *m* imp.

grabháil *vt* to emboss.

grabhróg *f* crumb. • *fpl* **grabhróga aráin** breadcrumbs.

grád *m* grade.

grádán *m* gradient.

graeipe *f* graip.

grafóg *f* hoe. • *vt* **glan le grafóg** to hoe.

graificí *npl* graphics.

gráigh *vt* to adore.

gráin *f* aversion, loathing. • *vt* **tá gráin agam ar** I abhor.

gráinne *m* grain.

gráinneach *adj* granular.

gráinneog *f* hedgehog.

gráinniúil *adj* abominable.

gram *m* gram.

gramaisc *f* mob, rabble.

grámhar *adj* amorous.

gránna *adj* despicable; horrid; ugly.

gránnacht *f* ugliness.

graosta *adj* lewd.

graostacht *f* lewdness.

grásta *m* grace.

grástúil *adj* gracious.

gráta *m* grate.

greabhóg *f* tern.

greadadh *m* beating; trouncing; percussion.

greadóg *f* smack.

Gréagach *adj m* Greek.

greamachán *m* adhesive.

greamaigh *vt* to stick. • *vt vi* to adhere. • *vi* **greamaigh do** to adhere to. **greamaigh rud de rud eile** *vt* to attach.

greamaithe *adj* attached.

greamú *m* binding.

grean *m* grit, coarse sand.

greann *m* humour.

greannmhar *adj* amusing; comic, comical, droll, funny.

gréasaí *m* shoemaker.

Gréig: An Ghréig *f* Greece.

Gréigis *f* (*ling*) Greek.

greille *f* grid; grill.

greim *m* clutch; grasp; stitch. • *vi* **greim a choinneáil (ar)** to cling. • *vt* **greim a fháil ar** to clutch.

grian *f* sun.

grianach *adj* sunny.

grianchloch *f* (*min*) quartz.

grianda *adj* solar.

griandóite *adj* bronzed.

grianghraf *m* photograph.

grideall *f* griddle.

grinn *adj* discerning, perceptive, discerning.

grinneall *m* bottom (of sea, loch).

grinneas *m* clearness, accuracy; acumen.

grinnléigh *vt* to peruse.

grinnsúileach *adj* observant.

griog *vt* to tantalise; to tease, annoy.

gríos[1] *m* hot embers.

gríos[2] *m* rash.

gríosach *f* hot ashes; embers.

gríosaigh *vt* to urge.

gríosc *vt* to grill; to broil.

gríscín *m* chop.

grósa *m* gross (*144*).

grósaeir *m* grocer.

gruagach *adj* hairy. • *m* goblin.

gruaig *f* hair.

gruaim *f* depression; melancholy; dullness; gloom.

gruama *adj* black-humoured, morose; dismal; dull, gloomy; glum; melancholy; (*prospects*) bleak.

grúdaigh *vt* to brew (*beer*).

grúdaire *m* brewer.

grúdaireacht *f* brew; brewing.

grúdlann *f* brewery.

gruig *f* frown. • *vi* to scowl.

grúm *m* bridegroom.

grúpa *m* group.

guagach *adj* fickle, unstable; vacillating; unsteady; capricious.

guailleáil *vt* to jostle.

guailleáin *npl* braces.

guairí *npl* whiskers (of cat).

guairille *m* guerrilla.

guairneán *m* eddy.

gual *m* coal.

gualach *m* charcoal.

gualainn *f* shoulder.

guigh *vi vt* pray; to entreat.

guma coganta *m* chewing gum, bubblegum.

gúna *m* dress, gown.

gunna *m* gun.

gus *m* force; vigour; spirit, gumption.

guta *m* vowel.

guth *m* voice. • *adj* **d'aon ghuth** unanimous.

guthach *adj* vocal.

guthán *m* telephone; **guthán póca** mobile phone.

H

hagaois *f* haggis.
haiste *m* hatch.
halla *m* hall.
hata *m* hat.
hearóin *f* heroin.
héileacaptar *m* helicopter.

hidrileictreach *adj* hydroelectric.
híleantóir *m* Highlander.
histéireach *adj* hysterical.
homaighnéasach *adj m* homosexual.

I

í *pn* she; her; (*fem*) it; **í féin** herself (*object*); itself. *See* **féin**.

i *prep* in, into; **i leith** (+ *gen*) toward(s); **i measc** amid(st) (+ *gen*); among(st).

iacsaireacht *f* fishing.

iad *pn pl* they; **iad féin** themselves; **iad(san)** them; **iad seo** these; **iad sin** those.

iall *f* lace; dog lead; **iall bróige** shoelace.

iallach *m* constraint; compulsion. • *vt* **iallach a chur ar dhuine rud a dhéanamh** to compel someone to do something.

iarainn *adj* (made of) iron.

iarann *m* iron.

iargúlta *adj* isolated; remote.

iarla *m* earl.

iarmhairt *f* consequence.

iarmhéid *m* (*fin*) balance.

iarnáil *vt* to iron.

iarnóin *f* afternoon.

iarnród *m* railroad, railway.

iarr *vt* to ask, request; to call for; to solicit; **iarr ar** to request.

iarr ar ais *vt* to reclaim.

iarracht *f* effort, attempt.

iarraidh *f* effort, attempt. • *adj* **ar iarraidh** missing; **gan iarraidh** unwanted.

iarratas *m* application; request.

iarrthóir *m* applicant; candidate.

iarsma *m* relic.

iarthar *m* west.

iartharach *adj* westerner.

iarthuaisceart *m* northwest.

iasacht *f* loan; **ar iasacht** on loan, borrowed.

iasachtaí *m* borrower.

iasachtóir *m* lender.

iasc *m* fish. • *vi vt* to fish. • *m* **iasc sliogánach** mollusc.

iascach *adj* abounding in fish.

iascaire *m* fisher(man); **iascaire coirneach** *m* osprey; **iascaire slaite** *m* angler.

iascaireacht *f* fishing; **iascaireacht slaite** angling.

iatacht *f* constipation.

íde *f* ill usage; **íde béil** verbal abuse.

idéal *m* ideal.

ídigh *vt* to consume, use up, wear out.

idir *adv, prep* between.

idir an dá linn *adv* meantime.

idirdhealú *m* discrimination; distinction. • *vt* **déan idirdhealú idir** to distinguish between, distinguish.

idirghabháil *f* intervention; mediation. • *vi vt* **déan idirghabháil** to intervene; to mediate.

idirghabhálaí *m* mediator.

idirlíon (-lín) *m* (*comput*) web, internet.

idirnáisiúnta *adj* international.

ifreann *m* hell.

Íle Islay.

iltíreach *adj* cosmopolitan.

im *m* butter.

imdhíonacht *f* immunity.

imeacht *m* event; going, departure. • *adv* **ar imeacht le sruth** adrift. • *vi* **imeacht de rúchladh** to career; **imeacht thar sáile** to go abroad.

imeagla *f* dread. • *vt* **imeagla a bheith ar dhuine roimh rud** to dread (something).

imeall *m* edge; outskirts.

imeallchríoch *f* frontier.

imigh *vi* to depart; to disappear; to go, depart, to leave; **imigh ar fud na háite** to roam; **imigh gan treo** drift; **imigh i saithe** to swarm.

imigh thart *vi* to elapse.

imir *vt* to play (game).

imirceach *adj* expatriate.

imleacán *m* navel.

imlíne *f* circumference.

imní *f* anxiety, care, worry.

imníoch *adj* anxious.

impigh (ar) *vt* to beg, implore; to petition. • *vi* to petition.

impireacht *f* empire.

impleacht *f* implication.

imreoir *m* player.

imrothlaigh *vt* to revolve.

imshaol *m* (*ecol*) environment.

imshruthú *m* (*anat*) circulation.

imtharraingt *f* (*physics*) gravity.

ináirithe *adj* calculable.

ináitrithe *adj* inhabitable.

inathraithe *adj* adaptable, changeable; convertible.

inbhainte amach *adj* attainable.

inbhear *m* estuary; **Inbhir Nis** Inverness.

inbhéartaigh *vt* to invert.

incháilithe *adj* eligible.

incheartaithe *adj* adjustable.

inchinn *f* brain.

inchloiste *adj* audible.

inchreidte *adj* believable, credible; plausible.

indíleáite *adj* digestible.

indíolta *adj* marketable; saleable.

infheicthe *adj* visible.

infheictheacht *f* visibility.

infheistigh *vt* to invest.

infhillte *adj* capable of being folded; collapsible.

ingearach *adj* perpendicular; vertical; upright.

inghlactha *adj* acceptable; admissible.

inghlacthacht *f* acceptability.

inimirce *f* immigration.

inimirceach *m* immigrant.

iníoctha *adj* payable; due.

iniompartha *adj* portable.

iníon *f* daughter.

Iníon *f* Miss.

inis *vt* to tell, relate.

inite *adj* eatable, edible.

iniúch *vt* to audit.

iniúchadh *m* audit.

iniúchóir *m* auditor.

inlasta *adj* inflammable.

inleighis *adj* curable.

inléite *adj* legible.

inléiteacht *f* legibility.

inmhaite *adj* justifiable.

inmharthana *adj* viable.

inmhe: in inmhe *vi* to be able.

inmheánach *adj* inner; internal.

inmholta *adj* admirable, commendable.

inné *adv* yesterday.

innéacs *m* index.

innéacsaigh *vt vi* to index.

inneall *m* engine; motor.

innealra m machinery.

innealtóir m engineer.

inneoin f anvil.

inní mpl bowels.

innill vt to engineer.

inniu adv today.

inphósta adj marriageable.

inroinnte adj divisible.

insamhlaithe adj imaginable.

inse m hinge.

insligh vt to insulate.

insroichte adj accessible.

insteall vt to inject.

instealladh m injection, jab.

instinn f instinct.

instinneach adj instinctive.

institiúid f institute; institution.

intinn f mind.

intíre adj inland.

intleacht f intellect; intelligence.

intleachtach adj ingenious; intellectual. • m intellectual

intomhaiste adj measurable.

intuaslagtha adj soluble.

intuigthe adj implicit; understandable.

íobair vt to sacrifice.

íobairt f sacrifice.

íobartach m victim.

íoc vi vt to contribute; to pay.

íochtar m bottom.

íochtarach adj inferior.

íocshláinte f balm, balsam; elixir.

íocshláinteach adj medicinal.

Iodálach adj Italian.

Iodáil: An Iodáil f Italy.

íogair adj sensitive.

íol m idol.

iolar m eagle.

iolra m plural.

iolracht f plurality.

iolraigh vt to multiply.

iomadúil adj multiple.

iomáint f hurling; shinty.

iomaíocht f rivalry; emulation.

iomaíochta adj rival.

iomaitheoir m competitor; rival; competition.

iomann m hymn.

iomarca f too much, too many.

iomarcach adj redundant; excess.

iomas m intuition.

íomhá f effigy; image.

iomlaisc m flounder.

iomlán adj absolute; all; complete, entire; total; whole; intact; outright. • m sum; total. • adv **ar an iomlán** overall; **go hiomlán** altogether.

iomlatach adj playful; mischievous.

iompaigh vi vt to convert; to overturn. • vt (mar) **iompaigh (an bád) béal faoi** to capsize.

iompair vi to behave. • vt to bear; to carry.

iompar m (transport) conveyance; behaviour; deportment.

iompórtáil vt to import.

iompú m conversion; turning.

iomrall aimsire m anachronism.

iomrascáil f wrestling. • vi déan **iomrascáil (le)** to wrestle.

ionaclaigh vt inoculate.

ionad m place, venue.

ionadach adj substitute; vicarious.

ionadaí m representative.

ionadh m astonishment; wonder.

ionanálaigh vt inhale.

ionann adj identical; **is ionann X agus Y** X is identical to Y.

ionannas *m* sameness; equality.

ioncam *m* income.

ionchúisigh *vt* to prosecute.

iondúil *adj* customary, usual.

ionfabhtaigh *vt* infect.

ionfabhtú *m* infection.

ionga *f* (finger)nail.

ionnladh *m* ablution.

ionracas *m* honesty; integrity.

ionraic *adj* frank, honest.

ionsaí *m* (*phys*) aggression; assault, attack.

ionsaigh *vt* to assail, attack.

ionsaitheach *adj* aggressive.

ionsaitheoir *m* assailant.

iontach *adj* amazing, extraordinary, fantastic, marvellous, surprising. • *adv* very.

iontaise *f* fossil.

iontaofa *adj* reliable.

iontas *m* amazement; fascination; marvel, wonder; surprise. • *vi* **déan iontas de** to marvel.

ionúin *adj* beloved, dear.

iora *m* squirrel.

íoróin *f* irony.

íorónta *adj* ironic.

ioscaid *f* hollow at back of knee.

íoslach *m* basement.

Ioslamachas *m* Islam.

iothlainn *f* granary.

iris *f* magazine, journal.

iriseoir *m* journalist.

iriseoireacht *f* journalism.

is[1] *conj* and.

is[2] *vi* to be (*see grammar notes*).

is ar éigean gur rug sé air *adv* he hardly caught it.

is eol dom *vi* I know.

is liomsa é *vi* it belongs to me.

íseal *adj* low; **le brollach íseal** low-cut.

Ísiltír: An Ísiltír *f* Netherlands.

ísle: is ísle *adj* lowest.

ísligh *vt* to demote; to humble; to lower. • *vi* **ísligh tú féin** to demean.

ispín *m* sausage.

isteach *adj* inward. • *adv* in; inwards; inside. • *prep* **isteach i** into.

istigh *adj* inner. • *adv* indoor; within.

ith *vt vi* to eat; to consume.

ithir *f* soil.

iubhaile *f* jubilee.

lúil *m* July.

iúr *m* yew.

J K

jab *m* job.
jacaí *m* jockey.
juncaed *m* junket.

karaté *m* karate
kebab *m* kebab

L

lá *m* day; **Lá an Luain** doomsday; **Lá Bealtaine** Mayday. • *adv* **gach lá** daily.

lábánach *adj* muddy.

labhair *vi vt* to talk; to speak, to utter.

labhras *m* laurel.

lacáiste *m* discount; rebate.

lách *adj* affable, amiable, genial.

lacha *f* duck.

ladar *m* ladle; **do ladar a chur isteach i rud** to interfere in something.

laethúil *adj* daily.

laftán *m* shelf (of rock).

lag *adj* dim; frail; weak.

lagaigh *vt* to dilute; to weaken.

laghdaigh *vt vi* to diminish; to reduce; to lighten; to lessen; to abate; to decrease; to dwindle.

laghdú *m* decrease; abridgment.

lagmheasartha *adj* mediocre.

Laidin *f* Latin.

láidir *adj* able-bodied; strong; emphatic.

láidreacht *f* strength.

laige *f* weakness, frailty.

láimhsigh *vt* to handle; to manipulate.

laindéar *m* lantern.

láinseáil *vt* to launch.

láir (lárach) *f* mare.

láithreach *adj* immediate.

láithreach bonn *adv* directly; immediately.

láithreacht *f* presence.

láithreán campála *m* campsite.

lamairne *m* jetty.

lámh *f* hand; handle. • *vi* **an lámh in uachtar a fháil ar (dheacracht *f*)** to cope.

lámh láidir force; violence.

lámhainn *f* glove.

lámhfhite *m* handwoven.

lámhleabhar *m* manual.

lamhnán *m* bladder.

lámhscríbhinn *f* manuscript.

lampa *m* lamp.

lán *adj* full; replete; utter; **a lán** many; much. • *m* **lán mara** high tide.

lánaimseartha *adj* full-time.

lánchosc *m* embargo.

lánfhásta *adj* full-grown.

lann *f* scale (of fish); blade (of weapon).

lansa *m* lancet.

lansaigh *vt* to lance.

lánstad *m* full stop.

lánúin *f* couple; lovers.

lao *m* calf.

laoch *m* hero.

laofheoil *f* veal.

lapa *m* paw.

lár *m* centre; middle.

lár- *adj* mid.

lardrús *m* larder.

lárionad *m* (*building*) centre.

lárnach *adj* central.

lárnaigh *vt* to centralise.

las *vt vi* to ignite; to light.

lása *m* lace.

lasair rabhaidh *f* flare.

lasán *m* match.

lasc *f* switch.

lasta *m* cargo; freight.

láthair: as láthair *adj* absent.

le *prep* with. • *adj* **ar nós cuma liom** indifferent; **is cuma liom** I don't care. • *vt* **is mian liom** to wish.

le haghaidh *prep* for.

le linn *conj* while. • *prep* during.

leaba (leapa) *f* bed. • *adv* **ar an leaba** abed.

leaba ancaire *f* anchorage.

leabhar *m* book; **leabhar cuntais** accounts book; **leabhar nótaí** note-book; **leabhar urnaí** prayerbook.

leabharlann *f* library.

leabharlannaí *m* librarian.

leabharliosta *m* bibliography.

leabhlaigh *vt* to libel.

leabhrach *adj* bookish.

leabhragán *m* bookcase.

leac *f* flagstone; ledge; sill; **leac do-rais** doorstep; **leac uaighe** grave-stone.

leacht[1] *m* liquid.

leacht[2] *m* gravestone; monument.

léacht *f* lecture.

leachtach *adj* liquid.

leachtaigh *vi vt* to liquefy; to liqui-date.

leadóg *f* tennis.

leadránach *adj* boring.

leag *vt* to lay; (*mus*) to flatten; **leag síos** to deposit, put down.

leag amach *vt* to design.

leag (lámh, etc) ar *vt* to touch.

leagan *m* version.

leagan cainte *m* expression.

leáigh *vt vi* to melt; to thaw.

leaisteach *adj* elastic.

leamh *adj* bland; insipid; inane.

leamhan *m* moth.

leamhán *m* elm.

lean *vi* to ensue; to continue. • *vt* to follow. • *vi* **lean ar** to continue. • *vt* **lean de** to carry on, continue.

léan *m* affliction; anguish; grief.

leanbaí *adj* childish; infantile.

leanbaíocht *f* childhood; dotage.

leanbh *m* babe, baby; child.

leanbh tréigthe *m* foundling.

leann *m* ale.

leannán *m* lover, sweetheart.

leantach *adj* consecutive.

leanúnach *adj* continual; continuous.

leáphointe *m* melting point.

lear: thar lear *adv* abroad, overseas.

learóg *f* larch.

léarscáil *f* map.

leas *m* benefit; well-being; interest.

léas[1] *m* lease.

léas[2] *vt* to thrash; to flog.

léasacht *f* leasehold.

leasaigh *vt* to improve; to amend; to reform; to undo; to fertilise, ma-nure.

leasainm *m* nickname.

leasc *adj* lazy; slow. • *vt* **is leasc le** to loathe.

leasú *m* amendment; manure.

leataobh *m* lay-by. • *adv* **i leataobh** aside; sideways.

leataobhach *adj* lopsided.

leath *vi* (*eyes*) to dilate.

leath- *adv* partly; half. • *adv f* **leath bealaigh** halfway. • *f* half. • *m* **leath-thon** (*mus*) semitone.

leathan *adj* broad; wide; **leathanaigeanta** broad-minded.

leathanach *m* page; **leathanach baile** (*comput*) home page.

leathar *m* leather.

leathbhróg *f* one of two shoes.

leathbhuidéal *m* half-bottle.

leathchamán *m* semiquaver.

leathchúpla *m* twin.

leathfhocal *m* byword; catchword.

leathfhocal *m* innuendo.

leathnaigh *vt* to expand.

leathóg bhallach *f* plaice.

leathoscailt: ar leathoscailt *adj* ajar.

leathrann *m* couplet.

leathsféar *m* hemisphere.

leatrom *m* discrimination. • *vt* **leatrom a dhéanamh ar (dhuine)** to discriminate against.

leatromach *adj* unfair.

leibhéal *m* level. • *f* **leibhéal na farraige** sea level.

leibide *f* sloven.

leibideach *adj* careless; slovenly.

leiceann *m* cheek.

leictreach *adj* electric.

leictreachas *m* electricity.

leictreon *m* electron.

leictreonach *adj* electronic.

leictriú *m* electrification.

leid *f* clue; hint.

léig *f* disuse; decay **dul i léig** to decay, decline, die out.

léigear *m* siege.

léigh *vt vi* to read.

leigheas *m* medicine; remedy; cure. • *vt* to cure; to heal. • *vi* to heal.

leighis *adj* medical.

léim *f* bound, jump; to leap. • *vi* to bound. • *vt* to jump; to skip; to leap.

léine *f* shirt.

leipreachán *m* leprechaun.

léir: go léir *adv* entirely.

léirigh *vt* to illustrate; to depict.

léiriú *m* demonstration; representation; illustration.

léirmheastóir *m* critic.

léirmheastóireacht *f* criticism (of arts, etc).

léirthuiscint *f* appreciation.

leis *f* haunch.

leis seo *adv* hereby.

leite *f* porridge.

leith: ar leith *adj* unique.

leithead *m* breadth; width.

leithéid: a leithéid de *adj* such.

léitheoir *m* reader.

leithinis *f* peninsula.

leithleach *adj* peculiar; distinct; selfish.

leithleachas *m* self-interest.

leithliseach *adj* isolated; absolute.

leithlisigh *vt* to isolate.

leithreas *m* lavatory, toilet.

leithscéal *m* apology; excuse. • *vi* **gabh do leithscéal** to apologise. • *vt* **gabh leithscéal** to excuse.

leitís *f* lettuce.

leon *m* lion; **leon baineann** *m* lioness.

leor: go leor *adj* sufficient. • *adv* enough; galore; plenty.

liamhán *m* lever.

liamhás *m* ham.

liath *adj* grey; grey-haired.

liathbhuí *adj* sallow.

liathróid *f* ball; liathróid láimhe handball.

lig *vt* to let.

lig amach *vt* to emit; **lig amach ar bannaí** to bail.

lig ar *vt* to affect (let on); pretend.

lig ar cíos *vt* to let, lease; to rent.

lig (do rud) titim *vt* to drop (something).

lig do thaca le *vi* to lean.

lig fead *vi* to whistle.

ligh *vt* to lick.

lig isteach *vi* (*shoes*) to leak. • *vt* to admit.

lig srann *vi* to snore.

lig sraoth *vi* to sneeze.

lig tríd *vi* (*tank*, etc) to leak.

limistéar *m* area.

líne *f* file, line; row, rank. • *adv* **ar aon líne** abreast

líneach *adj* linear.

lingeán *m* spring.

línigh *vt* to line.

línitheoir *m* draughtsman.

linn *f* pond, pool. • *m* **linn snámha** swimming pool.

lintéar *m* gully, drain.

liobarnach *adj* hanging loose; tattered; unwieldy.

liobrálach *adj* liberal.

líofa *adj* fluent; voluble.

líofacht *f* alacrity; fluency.

líomhain *f* allegation.

liomóg *m* nip, pinch.

líomóid *f* lemon.

líon *m* linen; net; web; **líon damháin alla** web; cobweb; **líon domhanda** (*comput*) World Wide Web.

líon *vt* to fill.

líonmhar *adj* numerous.

lionsa *m* lens.

liopa *m* flap; lip.

liopach *adj* labial.

liosta *m* list; inventory; **liosta dubh** blacklist. • *vt* **déan liosta de** to list.

liostacht *f* monotony, tediousness.

liostáil *vi* *vt* to enlist.

liotúirge *m* liturgy.

lipéad *m* label.

lir *f* lyre.

líreacán *m* lollipop.

liric *f* lyric.

lítear *m* litre.

liteartha *adj* literate.

litearthacht *f* literacy.

litir (litreach) *f* letter.

litreacha *fpl* mail, letters.

litrigh *vt* to spell.

litríocht *f* literature.

litriúil *adj* literal.

liú *m* whoop. • *vi* **lig liú** to whoop.

liúdramán *m* lanky person; drone.

liúntas *m* allowance; dole.

lobh *vi* to decay; to decompose.

lobhadh *m* decay; rot; caries.

lobhar *m* leper.

loca *m* (*animal*) fold, pen.

loch *m* lake.

lochán *m* puddle.

Lochlannach *m* Viking, Scandinavian.

locht *m* blame; defect; fault. • *vt* **an locht a chur ar** to blame; **locht a fháil ar** to censure. • *adj* **gan locht** blameless; faultless.

lochta *m* loft.

lochtach *adj* defective, faulty.

lochtaigh *vt* to fault, blame; to denigrate.

lódaigh *vt* to load.

lodair *vi* to cover with mud; to grovel.

lodartha *adj* base, vulgar; flabby.

lofa *adj* putrid; rotten.

log *m* cavity; hollow. • *vt* **log a chur i** to dent.

log ann *vi* (*comput*) to log on; **log as** to log off.

loghairt *f* lizard.

loic *vi* to flinch; to fail; to shirk; **loic sé orm** he let me down.

loicéad *m* locket.

loighciúil *adj* logical.

loighic *f* logic.

loigín *m* dimple.

loingeán *m* cartilage; gristle.

loinnir *f* lustre.

lóis *f* lotion.

loiscneach *adj* burning, scorching.

lóiste *m* lodge.

lóistéir *m* lodger.

lóistín *m* accommodation.

loit *vt* to hurt; to damage; to impair; to mar.

lom *adj* bare; gaunt. • *vt* to denude; to shear.

lom- *adj* mere.

lomadh *m* shearing.

lomán *m* log.

lomnocht *adj* naked.

lomra *m* fleece.

lón *m* lunch, luncheon.

lon dubh *m* blackbird.

lónadóireacht *f* catering.

long *f* ship; **long bhriste** wreck; **long chogaidh** warship.

longbhriseadh[1] *m* shipwreck.

longbhriseadh[2] *vi* to fall from grace.

longlann *f* dockyard.

lonnaíocht *f* settlement (of land village, etc).

lonrach *adj* brilliant; luminous.

lonraigh *vi* to glint; to glow; to shine.

lorg *m* dent; trace; vestige. • *vt* to look for.

lú: is lú *adj* least.

luach *m* value; worth.

luachair (luachra) *f* rush. • *pl* **luachra** rushes.

luacharachán *m* elf.

luachmhar *adj* precious; valuable.

luaidhe *f* lead. • *adj* **ar dhath na luaidhe** leaden.

luaigh *vt* to cite; to mention; to quote.

luainigh *vi* to swing; to fluctuate.

luaith *f* ashes.

luaithreadán *m* ashtray.

luamh *m* yacht.

Luan: An Luan *m* Monday; **Dé Luain** on Monday; **Luan an tSléibhe** Doomsday.

luas *m* speed. • *vt* **gabh ar luas** to speed.

luas- *adj* express.

luasaire *m* accelerator.

luasc *vt* to rock.

luascán *m* swing.

luasghéaraigh *vt* to accelerate.

luastraein *f* (*rail*) express.

luath *adj* early.

luathú *m* acceleration.

lúb *f* bend; coil; loop. • *vi vt* to bend; to curve. • *f* **lúb ar lár** loophole.

lúbra *m* maze.

lúbthacht *f* curvature.

luch *f* (*comput*) mouse.

lúcháir *f* delight; glee.

luchóg *f* mouse; **luch fhéir** fieldmouse.

lucht[1] *m* content, load; capacity; **lucht báid** cargo.

lucht[2] *npl* (category of) people. • *f* **lucht coimhdeachta** train, retinue. • *m* **lucht éisteachta** audience.

luchtaigh *vt* (*elec*) to charge.

lúfar *adj* agile; athletic.

luí *m* lying down; **luí na gréine** sunset.

luibh *f* herb.

luibheolaí *m* botanist.

luibheolaíocht *f* botany.

lúibín *f* ditty; bracket.

lúide *prep* minus.

luigh *vi* to lie. • *vt* **luigh (ar)** to rest; **luigh siar** to recline.

luigh isteach le *vi* to snuggle.

luíochán *m* ambush. • *vt* **déan luíochán roimh dhuine** to waylay.

luisne *f* blush; glow.

Lúnasa *m* August.

lus *m* plant; herb; **lus an chromchinn** daffodil; **lus súgach** asparagus.

lútáil *vi* to cringe.

lúthchleasaíocht *f* athletics.

M

má *conj* if (*pres/past*).

mac *m* son.

macalla *m* echo. • *vi* déan macalla to echo.

macánta *adj* decent; sincere.

macasamhail *f* like; counterpart; copy; duplicate.

machnaigh *vi* to meditate. • *vt* machnaigh ar to deliberate.

machnamh *m* contemplation; meditation.

mac imrisc *m* pupil (eye).

macnasach *adj* luxurious; sensual, sensuous.

mac tíre *f* wolf.

madadh (=madra) *m* dog; madra caorach sheepdog; madra treoraithe guide dog.

magadh *m* joke. • *vt* déan magadh faoi to mock, jest.

magairle *m* testicle.

maghar *m* small fish; fishing fly.

maicín *m* brawl.

maide *m* stick; maide croise crutch; maide rámha oar.

maidhm *vt* to burst; to detonate; to defeat. • *f* maidhm thalún landslide.

maidin *f* morning.

maígh *vt* to claim; to state.

maighdean *f* virgin; maighdean mhara mermaid.

maighnéad *m* magnet.

maighreán *m* grilse.

mailís *f* malice.

mailíseach *adj* malicious; nasty.

mailléad *m* mallet.

máineach *m* (*med*) maniac.

mainistir (mainistreach) *f* abbey; monastery.

máinlia *m* surgeon.

mainséar *m* manger.

mair *vi* to live; to survive.

máirseáil *f* march. • *vi* to march.

Máirt *f* Tuesday; Dé Máirt on Tuesday.

mairteoil *f* beef.

mairtíreach *m* martyr.

maisigh *vt* to illustrate; to decorate; to adorn; to grace.

maisitheoir *m* illustrator.

maisiú *m* illumination, decoration.

maisiúchán *m* decoration.

maisiúil *adj* fancy.

máisiún *m* freemason.

maistín *m* hooligan.

máistir *m* master; máistir scoile schoolmaster.

máistreacht *f* mastery.

máistreás *f* mistress; máistreás scoile schoolmistress.

máistriúil *adj* masterly.

maith *adj* good; well; considerable; gan mhaith useless. • *adv* go maith quite; well. • *vt* to forgive; (*with copula*) is maith liom I like; ní maith liom (é) I dislike (it); go raibh maith agat thank you. • *vi* is maith an tuar é it augurs well.

maitheas (-a) *f* goodness.

máithreachas *m* maternity.

máithriúil *adj* motherly.

maitín *m* matins.

mala *f* brae, brow; **mala chnoic** hillside. • *adv* **in éadan na mala** uphill.

mála *m* bag; sack; **mála láimhe** handbag; **mála scoile** satchel; **mála taistil** kitbag; **mála trealaimh** (*milit*) kitbag.

malartaigh *vt* to exchange.

mall *adj* late; slow.

mallacht *f* curse.

mallaibh: ar na mallaibh *adv* recently.

mallaigh *vt* to curse.

mallaithe *adj* accursed.

mallmhuir *f* neap-time.

malltriallach *adj* deliberate, slow.

mám *f* handful.

mam, mamaí *f* mum, mummy

mamach *m* mammal.

mámh *m* trump card.

mana *m* motto.

manach *m* monk.

mangaire *m* haggler, hustler, dealer.

maoil[1] *f* hillock, knoll.

maoil[2]: **ag cur thar maoil (le)** *vi* to abound (in, with), overflow.

maoile *f* baldness.

maoileann *m* brow (of a hill).

maoin *f* property; wealth.

maoithneach *adj* sentimental.

maol *adj* bald; blunt; (*mus*) flat. • *m* flat.

maolaigh *vi* to relent. • *vt* to allay, alleviate, assuage; to relieve; to blunt; to flatten.

maolchnoc *m* knoll.

maolgháire *m* chuckle.

maolú *m* alleviation; absorption; **maolú fuaime** absorption (of sound).

maor *m* steward, warden; (*milit*) major; **maor druma** drum major; **maor géim** gamekeeper.

maorga *adj* grand; dignified; sedate.

maorlathas *m* bureaucracy.

maoth *adj* tender, soft.

maothaigh *vi vt* to soak; to saturate.

mar *conj* as, because.

mara *adj* marine; (*plants*) maritime.

marachuan *m* marijuana.

maraí *m* mariner.

maraigh *vt* to kill.

marbh *adj* dead.

marbhán *m* corpse.

marbhánta *adj* dull; inert.

marbhántacht *f* dullness; lethargy.

marbhsháinn *f* (*chess*) mate.

marcach *m* horseman; rider.

marcshlua *m* cavalry.

marfach *adj* deadly, fatal, lethal.

marfóir *m* killer.

margadh *m* deal; market.

margáil a dhéanamh faoi rud *vi* to haggle.

marmar *m* marble.

maróg *f* paunch; pudding.

Márta *m* March.

marthanóir *m* survivor.

más *m* mace.

mása *npl* buttocks.

masc *m* mask; **masc a bhaint de** *vt* to unmask.

masla *m* (verbal) abuse, insult, slur.

maslaigh *vt* to abuse, to call names, insult; to affront.

masmas *m* nausea.

mata *m* mat.

máta *m* (ship)mate.

matal *m* mantelpiece.

matamaitic *f* mathematics.

matán *m* muscle.

máthair (-ar) *f* mother; **máthair altrama** foster-mother; **máthair chéile** mother-in-law.

máthartha *adj* maternal.

mé *pn* I; me; **mé féin** myself. *See* **féin**. • *vi* **tá mé i mo chodladh** I am asleep.

meabhair *f* wit. • *adj* **as do mheabhair** insane.

meabhlú *m* deception; betrayal; seduction.

meacan dearg *m* carrot.

meáchan *m* weight.

méadaigh *vt* to dilate; to enhance; to enlarge; to increase, augment; to grow. • *vi* to augment; to grow.

méadail *f* paunch, stomach.

méadar *m* meter; metre.

meadhrán *m* vertigo.

meadhránach *adj* dizzy; giddy.

méadú *m* increase.

meáigh *vt* to weigh.

meaisín *m* machine.

meaitseáil *vt* to match.

méalach *adj* lamentable.

mealbhacán *m* melon.

meall[1] *m* mound.

meall[2] *vt* to coax; to deceive; to attract; to charm; to disappoint; to entice; to fool; to lure; to seduce; to woo.

meallacacht *f* charm.

mealladh *m* lure.

mealltach *adj* illusory.

mealltóir *m* impostor; beguiler.

mealltóireacht *f* (act of) coaxing, beguiling.

meán *m* average, mean; **meán-** *m* medium; **meán lae** noon; **meán oíche** midnight.

meánaicmeach *adj* bourgeois.

meánaoiseach *adj* medieval.

meánaosta *adj* middle-aged.

meánchiorcal *m* equator.

meancóg *f* mistake.

meanfach *f* yawn.

meannán *m* kid (goat).

meánscoil *f* secondary school.

meántonnach *m* medium wave.

mear *adj* quick.

méar *f* finger.

mearaí *m* craziness.

mearbhall *m* (of person) confusion. • *vt* **mearbhall a chur (ar)** to confuse.

mearbhia *m* fast food.

meargánta *adj* reckless.

méaróg *f* pebble.

mearspléachadh *vi* quick look; **mearspléachadh a thabhairt ar leabhar** *vi* (*book*) to browse.

mearú súl *m* mirage; hallucination.

meas[1] *m* admiration; esteem, respect; stature. • *vt* **tá meas mór agam ar** I admire.

meas[2] *vt* to appraise; to assess; to estimate.

measa: is measa *adj* worst.

measartha *adj* moderate, middling; abstemious.

measarthacht *f* moderation; abstemiousness.

measc *m* jumble, confusion; mash. • *vt* to blend; to mix. • *prep* **i measc** amid(st) (+ *gen*); among(st).

meascán *m* assortment; mixture.

measúil *adj* respectable.

measúnacht *m* assessment.

measúnaigh *vt* to appreciate; to assess.

measúnóir *m* assessor.

measúnú *m* assessment.

meata *adj* pale, sickly; cowardly; degenerate.

meatach *adj* decadent; perishable.

meath *m* decay, decline. • *vi* to dwindle; to degenerate; to fade; to perish. • *adv* **bheith ag meath** (of person) downhill.

meathú *m* recession.

meicneoir *m* mechanic.

meicníocht *f* mechanism.

méid *f* amount; dimension; magnitude; size. • *m* **méid** quantity. • *conj* **sa mhéid go** inasmuch as.

meidhir *f* gaiety, merriment.

meidhreach *adj* frisky; jolly; jovial.

meidhréis *f* jollity.

meidhreog *f* frisky, flighty girl.

meigilit *f* megalith.

meil *vt* to grind.

méileach: bheith ag méileach *m* bleat.

meirbh *adj* languid; (*meteor*) sultry.

meirg *f* rust.

Meiriceá *m* America.

Meiriceánach *adj m* American.

méirínteacht: ag méirínteacht *vn* fiddling.

meirleach *m* thief, bandit, outlaw, felon.

meisce *f* drunkenness. • *adj* **ar meisce** drunk.

méith *adj* (*fruit*) mellow; (*land*) fertile.

meitheal *f* working party; contingent.

Meitheamh *m* June.

meon *m* mind; temper, temperament.

mí *f* month; **mí na meala** honeymoon. • *m* **Mí Mheán Fómhair** September; **Mí na Nollag** December.

mí-ádh *m* misfortune; adversity.

mí-aibí *adj* unripe.

mian *f* desire; wish. • *vt* **is mian liom** to wish.

mianach[1] *m* aptitude; mettle

mianach[2] *m* mine; ore.

mianra *m* mineral.

mianrach *adj* mineral.

mias *f* basin; dish.

míbhuíoch *adj* ungrateful.

míbhuntáiste *m* disadvantage.

míchaoithiúlacht *f* inconvenience.

mícheart *adj* incorrect; wrong.

míchinniúint *f* doom.

míchlú *m* disfavour.

míchompardach *adj* uncomfortable.

míchompord *m* discomfort.

míchothrom *adj* uneven.

míchruinn *adj* inaccurate.

míchumas *m* disability; inability.

míchúramach *adj* careless.

micrea- *m prefix* (*comput*) micro-.

mídhaonna *adj* inhuman.

mídhíleá *m* indigestion; (*med*) dyspepsia.

mídhílis *adj* disloyal.

mídhleathach *adj* illegal.

mí-eagar *m* disorder.

mífhoighne *f* impatience.

mífhóirsteanach *adj* unsuitable.

mífhonnmhar *adj* disinclined.

mígheanasach *adj* indecent.

míghnaíúil *adj* ill-favoured; ungenerous; unpopular.

míghnaoi *f* dislike.

míghníomh *m* misdeed.

mí-iompar *m* misbehaviour.

mí-ionraic *adj* dishonest.

mil (meala) *f* honey.

mílaois *f* millennium.

míle *adj* thousand. • *m* thousand; mile.

míleata *adj* martial; military.

milis *adj* sweet.

milisbhriathrach *adj* mellifluous.

mílitheach *adj* pale; pallid; sickly looking.

mill *vt* to deface; to spoil; to destroy; to devastate; to blight.

milleán *m* blame.

milliún *m* million.

millteach *adj* baleful; baneful.

millteanach *adj* awful.

millteanas *m* destruction; devastation.

míloighciúil *adj* illogical.

milseán *m* sweet, candy.

milseog *f* confection; dessert, pudding, sweet.

mím *f* mime.

mímhacántacht *f* dishonesty.

mímhorálta *adj* immoral.

mímhoráltacht *f* immorality.

min *f* meal; powdered matter; **min choirce** oatmeal.

mín *adj* dainty; smooth.

mínáireach *adj* immodest.

mineach *adj* mealy.

minic *adj* frequent. • *adv* **go minic** often.

minicíocht *f* frequency.

mínigh *vt* to account for; to explain; to interpret.

míniú *m* explanation.

mínormálta *adj* abnormal.

miodóg *f* dagger, dirk.

míofar *adj* hideous.

mí-oiriúnach *adj* improper.

míol *m* louse; **míol críon** woodlouse.

míoleolaíocht *f* zoology.

míol mór *m* whale.

míolra *m* vermin.

míoltóg *f* midge.

mion *adj* small, minute; detailed; **go mion** in detail.

mion- *adj* minor.

mionaoiseach *m* (*law*) minor.

mionghadaíocht *f* pilfering.

miongháire *m* smile.

mionn *m* oath.

mionnaigh *vt* to swear.

mionsamhail *f* miniature; small scale model.

mionscrúdaigh *vt* to scrutinize closely; to dissect.

miontuarastal *m* pittance.

mí-ord *m* disorder.

míorúilt *f* miracle.

míosúil *adj* monthly.

miosúr *m* measure; dose.

miotal *m* metal.

miotalach *adj* metallic; wiry.

miotas *m* myth.

miotaseolaíocht *f* mythology.

mírathúil *adj* unsuccessful.

míréasúnta *adj* absurd, preposterous; unreasonable.

mire: ar mire *adj* crazy.

mise *pn* me; **is mise (le meas)** your(s) sincerely.

míshásamh *m* dissatisfaction.

míshásta *adj* dissatisfied; discontented.

míshásúil *adj* unsatisfactory.

míshlachtmhar *adj* untidy, badly arranged; unsightly.

míshláintiúil *adj* unhealthy; insanitary.

míshocracht *f* unrest.

míshuaimhneas *m* discomfort.

misinéir *m* missionary.

misneach *m* courage.

misnigh *vt* to encourage, hearten.

misniúil *adj* courageous.

mistiúil *adj* mystical.

místuama *adj* imprudent.

míthaitneamh *m* dislike.

míthaitneamhach *adj* unpleasant.

míthuiscint *f* misunderstanding, mis-apprehension.

mí-úsáid *f* abuse.

mo *pn* my. • *poss pn* mine.

mó: den chuid is mó *adv* mainly.

modh *m* method.

modh oibre *m* approach.

modhúil *adj* modest.

modhúlacht *f* modesty.

móid *f* vow.

móide *prep* plus.

móidigh *vi vt* to vow.

moill *f* delay; pause. • *vi* **déan moill** to pause. • *adv* **gan mhoill** soon, forthwith, shortly. • *vt* **moill a chur ar** to detain.

moille *f* slowness.

moilligh *vi* to linger. • *vt* delay.

móin (móna) *f* peat, turf (fuel).

móinéar *m* meadow.

moing *f* mane.

móinteán *m* moor.

mol *vt* to commend, to praise; to rec-ommend; to suggest.

moladh *m* praise, recommendation; proposal. • *vt* **duine a mholadh** to humour.

moll *m* heap.

mómhar *adj* graceful.

monabhar *m* murmur.

monarc *m* monarch.

monarcha (-n) *f* factory.

monatóir *m* (*comput*) monitor.

moncaí *m* monkey.

monoplacht *f* monopoly.

mór *adj* big; large; great; grand; con-siderable.

morálta *adj* moral.

mórán *pn* many.

mórchuid f an mhórchuid *pn* most.

mórchúiseach *adj* pompous.

mórchumhachta *adj* high-powered.

mórdhíol *m* wholesale.

mórga *adj* majestic.

mórgacht *f* greatness; majesty.

mórleabhar cuntas *m* ledger.

mór-roinn *f* continent.

mórtas *m* boast; bragging. • *vi* **déan mórtas (as)** to boast, brag (about).

mórtasach *adj* boastful.

mórthír *f* mainland.

mothaigh *vt* to experience; to feel; to hear. • *vi* to hear.

mothallach *adj* bushy, shaggy.

mothar *m* jungle.

mothú(chán) *m* emotion; feeling; sensation.

muc *f* pig.

múch *vt* to extinguish; to smother.

múchtóir (tine) *m* extinguisher.

muga *m* mug.

muid *pn* we; us.

muid féin *pn pl* ourselves.

muileann *m* mill.

muilleoir *m* miller.

múin *vi vt* to teach; to educate.

muinchille *f* sleeve.

múineadh *m* manners.

muineál *m* neck.

muinín *f* trust. • *vt* **tá muinín agam aisti** I trust (her).

múinte *adj* mannerly, polite.

múinteoir *m* teacher; **múinteoir scoile** schoolteacher.

muintir *f* community; followers; people; kin, kindred.

muir *f* sea.

muirí *adj* nautical.

muirneach *adj* darling.

muirnigh *vt* to caress, fondle; to cherish.

muirnín *m* darling.

muirniú *m* caress.

muisriún *m* mushroom.

mullach *m* summit; top.

mún *m* urine. • *vt vi* to urinate, piss.

mungail *vt* to mumble.

múnla *m* mould.

múnlaigh *vt* to fashion, model, shape.

mura *conj* if (*neg*).

mura(r) *conj* unless.

murascaill *f* gulf.

murlán *m* handle; knob.

músaem *m* museum.

múscail *vi* to wake; to awake. • *vt* to arouse; to waken; to awake.

múscailt *f* awakening.

múscailte *adj* awake.

mustrach *adj* pompous.

N

na *art* (*fem gen/plural*) the.

ná *adv* than.

nach (**nár** *in past*) *conj* (*neg*) that. • *rel pn* (*neg*) who.

nádúr *m* nature.

nádúrtha *adj* natural.

náid *f* nil, nought.

naimhdeach *adj* hostile; malevolent.

naimhdeas *m* hostility.

naíolann *f* crèche, nursery.

naíonán *m* infant.

náire *f* disgrace; shame.

náireach *adj* deplorable, disgraceful; ignominious; shameful.

náirigh *vt* to disgrace, shame.

náirithe *adj* ashamed.

náisiún *m* nation.

náisiúnachas *m* nationalism.

náisiúnaí *m* nationalist.

náisiúnta *adj* national.

náisiúntacht *f* nationality.

namhaid (**-ad**) *f* enemy.

naofa *adj* holy, sacred.

naoi *adj m* nine; **naoi (gcinn) déag** nineteen.

naomh *m* saint.

naomhaigh *vt* to sanctify.

naoscach *f* snipe.

naoú *adj m* ninth.

naprún *m* apron.

nár *conj* (*neg*) that. • *rel pn* (*neg*) who.

nasc *m* tie; connection. • *vt* to connect.

nath *m* adage.

nathair (**-rach**) *f* serpent; snake; viper; **nathair nimhe** adder.

neach *m* being; **neach neamhshaolta** alien (outer space).

neacht *f* niece.

nead *f* nest. • *m* **nead (iolair)** eyrie.

néal *m* cloud.

néal (támh) *m* trance; **néal codlata** nap, snooze.

néaltraithe *adj* demented.

neamh *f* heaven.

neamhábhartha *adj* immaterial.

neamhaí *adj* heavenly.

neamhaird *f* inattention; heedlessness, carelessness.

neamhairdiúil *adj* heedless.

neamháitrithe *adj* uninhabited.

neamharmtha *adj* unarmed.

neamhathraitheach *adj* invariable.

neamhbhailí *adj* invalid.

neamhbhásmhaireacht *f* immortality.

neamhbhásmhar *adj* immortal.

neamhchairdiúil *adj* unfriendly.

neamhcheolmhar *adj* unmusical.

neamhchinnte *adj* precarious; undecided.

neamhchiontach *adj* innocent.

neamhchlaon *adj* impartial.

neamhchlaonta *adj* disinterested.

neamhchodladh *m* insomnia.

neamh-chomhoiriúnach *adj* incompatible.

neamhchorraithe *adj* undisturbed.

neamhchríochnaithe *adj* unfinished.

neamhchríonna *adj* unwise, imprudent; impolitic.

neamhchúiseach *adj* casual.

neamhchumasach *adj* unable.

neamhchúramach *adj* inadvertent; negligent.

neamhdhíreach *adj* indirect.

neamhdhlisteanach *adj* illegitimate.

neamhdhóchúil *adj* improbable.

neamhdhóchúlacht *f* improbability.

neamhfhiúntach *adj* unworthy.

neamhfhoirmiúil *adj* casual; informal; colloquial.

neamhfhoirmiúlacht *f* informality.

neamhfholach *adj* (*med*) anaemic.

neamhghlan *adj* impure.

neamhghnách *adj* abnormal; uncommon; unusual.

neamhiomlán *adj* incomplete.

neamhionann *adj* unequal.

neamhionannas *m* disparity.

neamhláithrí *m* absentee.

neamhliteartha *adj* illiterate.

neamhní *m* nothing. • *adj* **ar neamhní** void.

neamhómós *m* disrespect.

neamhphearsanta *adj* impersonal.

neamhphraiticiúil *adj* impracticable.

neamhriachtanach *adj* unnecessary.

neamhrialta *adj* irregular.

neamhspleách *adj* independent; freelance.

neamhspleáchas *m* independence.

neamhthábhachtach *adj* unimportant.

neamhthorthúil *adj* infertile; unproductive.

neamhthrócaireach *adj* relentless.

neamhthruacánta *adj* ruthless.

neamhthuillte *adj* undeserved.

neamhurchóideach *adj* (*med*) benign.

neantóg *f* nettle.

néaróg *f* nerve.

neart *m* strength. • *f* **neart tola** willpower.

neodrach *adj* neutral.

ní[1] *m* thing.

ní[2] *neg vb part* **níl a fhios agam** I don't know; **ní fhaca mé** I didn't see.

Ní *f* female version of **Ó** surname.

nia *m* nephew.

nialas *m* zero.

nigh *vt* to wash.

nimh *f* poison; venom.

nimhíoc *f* antidote.

nimhneach *adj* sore.

níochán *m* washing.

níos *adv intensifier*: • *adv* **níos faide** farther; **níos fearr** better; **níos lú** less; **níos measa** worse; **níos sóisearaí** (*rank*) junior.

niteoir soithí *m* dishwasher.

nó *conj* either; or.

nócha *adj m* ninety.

nocht *adj* bare. • *vi* to appear. • *vt* to denude; to expose.

nochtadh *m* exposure.

nódaigh *vt* to graft, transplant.

nódú *m* graft, transplant.

nóiméad *m* instant; moment; minute.

nóinín *m* daisy.

nóinléiriú *m* matinee.

Nollaig (-ag) *f* Christmas.

nós *m* custom; habit. • *adj* **ar nós cuma liom** indifferent.

nósúil *adj* fastidious.

nóta *m* note; **nóta bainc** banknote; **nóta maise** grace-note.

nua *adj* new; **nua-aimseartha** mod-
 ern. • *adv* **as an nua** afresh; anew.
nuachóirigh *vt* to modernise.
nuáil *f* innovation.
nuair (a) *conj* since; when.

nuálaí *m* innovator.
nuálaigh *vt* to innovate.
núicléach *m* nuclear.
núíosach *m* tyro.

O

ó *conj* since. • *prep* from; since.
• *vt* **tá punt vaim** I need a pound
[vaim=ó + mé].

obair *f* work. • *vi* to labour.

óbó *m* (*mus*) oboe.

obráid *f* (*med*) operation.

ócáid *f* occasion.

ochslaíoch *m* (*gram*) ablative.

ocht *m* eight. • *adj m* **ocht déag**
eighteen.

ócht *f* virginity.

ochtagán *m* octagon.

ochtáibh *f* octave.

ochtapas *m* octopus.

ochtar *m* eight people, eightsome.

ochtó *adj m* eighty.

ochtú *m* eighth.

ocrach *adj* hungry.

ocras *m* hunger; **tá ocras orm** I am
hungry.

óg *adj* young.

óganach *m* adolescent, youth.

ógh *f* virgin.

oibleagáideach *adj* obligatory; ac-
commodating.

oibrí *m* labourer; worker.

oibrigh *vi* to work.

oíche *f* night; **Oíche Chinn Bhliana**
New Year's Eve, Hogmanay;
Oíche Nollag Christmas Eve;
Oíche Shamhna Hallowe'en.
• *adj, adv* **thar oíche** overnight.

óid *f* ode.

oide *m* tutor (guardian).

oideachais *adj* educational.

oideachas *m* education.

oideas *m* prescription; recipe.

oidhre *m* heir.

oidhreacht *f* heritage; legacy.

oidhreachtúil *adj* hereditary.

oifig *f* office; **oifig an phoist** post of-
fice.

oifigeach *m* officer.

óige *f* youth (state).

óigeanta *adj* juvenile; youthful.

óigeantacht *f* adolescence.

oigheann *m* oven; **oigheann**
micreathoinne microwave.

oighear *m* ice.

oighearshruth *m* glacier.

oighearshruthú *m* glaciation.

oileán *m* island; **An tOileán Sciatha-**
nach Skye; **An tOileán Úr** America.

oileánach *adj* insular. • *m* islander.

oilithreach *m* pilgrim.

oiniún *m* onion.

oirfide *m* entertainment.

oirirc *adj* eminent; illustrious; sub-
lime.

oirirceas *m* distinction, merit.

oiriúnach *adj* pertinent; **oiriúnach**
(do) applicable; compatible.

oiriúnacht *f* adaptability.

oirnigh *vt* to ordain.

oirthear *m* east.

oirthearach *adj* oriental.

oirthuaisceart *m* northeast.

oisín *m* fawn.

oisre *m* oyster.

oitir(-reach) *f* sandbank.

ól *vt vi* to drink. • *vt* to consume, im-
bibe.

ola *f* oil.

olacheantar *m* oilfield.

olann (olla) *f* wool.

olc *adj* bad; evil. • *m* evil; wrong.

olcas *f* badness.

oll- *adj* massive.

ollamh *m* professor.

Ollanach *adj* Dutch; *n* Hollander.

ollástacht *f* magnificence.

olldord *m* double bass.

ollmhaitheas *m* luxury.

ollmhargadh *m* supermarket.

ollmhór *adj* enormous; giant, im-
mense, vast.

ollphuball *m* marquee.

ollscartaire *m* bulldozer.

ollscoil *f* university.

olltoghchán *m* general election.

ólta *adj* drunk.

óltóir *m* drinker.

olúil *adj* oily.

ómós *m* homage.

onnmhaire *f* export.

onnmhairigh *vt* to export.

onnmhairiú *m* exportation.

onóir *f* honour.

onóraigh *vt* to honour.

ór *m* gold.

óráid *f* address, oration, speech.

óráidí *m* orator.

óraigh *vt* to gild.

oráiste *adj* orange.

ord *m* order, sequence.

ordaigh *vt* to command, order.

órdhonn *adj* auburn.

ordóg *m* thumb.

ordú *m* command, order; **ordú poist**
postal order.

órga *adj* golden.

orgán *m* organ.

orgánach *adj* organic.

orgásam *m* orgasm.

orlach *f* inch. • *adv* **faoi orlach do**
within an inch of.

orlaigh *vt* to hammer.

os *prep* above, over; **os cionn**
above; over; beyond, more than.
• *adv* **os cionn gach uile ní** above
all.

ós (= ós is): **ós rud é go/nach** *conj*
seeing that, since.

os ard *adv* aloud.

oscail *vt* to open; to unwrap; **oscail**
amach to unfold; **oscail na súile**
do (dhuine) to disillusion.

os comhair *prep* opposite.

oscailt *f* aperture; opening.

oscailte *adj* open.

oscailteacht *f* candour; openness.

osnádúrtha *m* supernatural.

osrais *f* ostrich.

óstach *m* host.

Ostair: An Ostair *f* Austria.

óstán *m* hotel, inn.

óstóir *m* innkeeper.

otair *adj* gross, vulgar; obese.

othar *m* patient.

otharcharr *m* ambulance.

otharlann *f* hospital.

othras *m* sickness; ulcer.

P

pá *m* pay.
paca *m* packet.
pacáil *vt* to pack.
pagánach *adj* pagan; heathen. • *m* pagan; heathen.
paidir *f* prayer.
paidrín *m* rosary.
páipéar *m* paper; **páipéar súite** blotting paper.
páirc *f* field; park; **páirc imeartha** pitch (*sport*).
pairilis *f* paralysis.
pairiliseach *adj* paralytic(al).
páirtí *m* party; associate; sympathiser; partner.
paisean *m* passion.
paiseanta *adj* passionate.
paiste *m* patch.
páiste *m* child, youngster.
páistiúil *adj* childish.
paitín *m* clog.
pálás *m* palace.
pána *m* pane.
pancóg *f* pancake.
pantrach *f* pantry.
Pápa *m* Pope.
pápach *adj* papal.
paradacsa *m* paradox.
paradacsúil *m* paradoxical.
paragraf *m* paragraph.
paranóiach *adj* paranoid.
pardún *m* pardon; **pardún ginearálta** amnesty.
parlaimint *f* parliament.
paróiste *m* parish.
parthas *m* paradise.

pas *m* passport.
pasáil *vt* to pass (*sport*).
pasáiste *m* passage.
pasta *m* pasta.
patrún *m* benefactor.
pátrún *m* pattern.
patuaire *f* apathy.
péac *vt vi* to germinate; (*bot*) to shoot.
peaca *m* sin. • *vt* to trespass.
peacaigh *vi* to sin.
peann *m* pen.
péarla *m* pearl.
pearóid *f* parrot.
pearsanaigh *vt* to impersonate.
pearsanta *adj* personal.
péas *m* police.
peata *m* pet.
péine *m* (*bot*) pine.
péint *f* paint.
péinteáil *vt* to paint.
péintéireacht *f* painting (*art*).
péire *m* pair; brace.
péirse *f* perch (*fish*).
peirsil *f* parsley.
péist *f* monster; worm; **péist talún** earthworm.
peitreal *m* petrol.
péitse *m* pageboy.
péitseog *f* peach.
piachán *m* hoarseness.
piachánach *adj* hoarse.
pian *f* ache; pain. • *adj* **gan phian** painless; **i bpian an ghrá** lovesick.
pianmhar *adj* painful.
pianó *m* piano.

pianódóir *m* pianist.

piasún *m* pheasant.

píb *f* (*mus*) pipe; **píb mhór** bagpipe; **píb uilleann** uilleann pipes.

picilí *fpl* pickles.

pictiúr *m* painting, picture.

pictiúrlann *f* cinema.

pictiúrtha *adj* picturesque.

piléar *m* bullet.

pilibín *m* peewit.

piliúr *m* pillow.

pingin *f* penny.

pinsean *m* pension.

pinsinéir *m* pensioner.

píobán *m* hosepipe; windpipe.

piobar *m* pepper.

pioc *vt* to pick.

Piocht *m* Pict.

pióg *f* pie.

piollaire *m* pill.

piolón *m* pylon.

píolóta *m* pilot.

pionós *m* penalty; punishment; **pionós báis** capital punishment.

píopa *f* pipe. • *m* **píopa sceite** overflow.

piorra *m* pear.

píosa *m* bit, piece.

piostal *m* pistol.

pirimid *f* pyramid.

pis *f* pea.

piseog *f* superstition.

piteogach *adj* effeminate.

plá *f* plague; pest.

plab *m* bang. • *vt* to bang.

plainéad *m* planet.

plaisteach *adj* plastic.

plámás *m* flattery. • *vt* **déan plámás le** to flatter.

planc *m* plank.

planda *m* plant.

plandáil *f* plantation.

plandlann *f* nursery.

plástar *m* plaster.

pláta *m* dish, plate.

pléadáil *vi vt* plead.

plean *m* plan; **plean aistir** itinerary.

pleanáil *vt* to plan.

pléasc *f* bang; blast. • *vi vt* to burst; to explode; to bang; to blast.

pléigh *vt* to debate; to discuss.

pléisiúr *m* pleasure.

pléisiúrtha *adj* agreeable; pleasant.

plocóid *f* (*elec*) plug.

plód *m* crowd; drove.

plódaigh *vi vt* to crowd.

plódú tráchta *m* traffic jam.

plota *m* plot.

plucamas: an plucamas *m* mumps.

pluma *m* plum.

plúr *m* flour.

pobal *m* community, people.

poblacht *f* republic.

póca *m* pocket.

póg *f* kiss. • *vt* to kiss.

poiblí *adj* public.

poiblíocht *f* publicity.

póilíní *mpl* police.

póirse *m* porch.

póit *f* hangover; excessive drinking. • *vi* **póit a dhéanamh** to booze.

poitigéir *m* chemist, pharmacist, druggist.

póitseáil *vt* to poach.

póitseálaí *m* poacher.

polasaí *m* policy; **polasaí árachais** insurance policy.

poll *m* aperture, hole; puncture. • *vt* to penetrate; to pierce; **tá poll sa teach** (*coded warning that someone is eavesdropping*).

pollta *adj* leaky; holed.
polltach *adj* biting (*wind*).
pónaí *m* pony.
pónaire *m* bean.
ponc *m* dot.
Poncánach *m* Yankee.
poncloisc *vt* to cauterise.
poncúil *adj* punctual.
pór *m* breed.
póraigh *vt* to breed.
port[1] *m* harbour, port.
port[2] *m* jig; tune.
portach *m* bog.
Portaingéil: An Phortaingéil *f* Portugal.
portán *m* crab; **An Portán** Cancer.
pós *vt* to marry, wed.
pósadh *m* marriage; matrimony.
post[1] *m* mail.
post[2] *m* job.
pósta *adj* married.
postáil *vt* to post.
postdíol *m* mail-order.
postúil *adj* officious.
pota *m* pot; **pota gliomach** lobster pot.
potaireacht *f* pottery.
prácás *m* mess.
praghas *m* price; **praghas luaite** quotation, price.
práinn *f* urgency.
práinneach *adj* imperative, urgent.
praiseach *f* potage; mess.
praiticiúil *adj* practical.
pras *adj* quick, prompt.
prás *m* brass.
práta *m* potato.

preab *vi* to start; to bound; to bounce; to flicker.
préachán *m* crow; **préachán dubh** rook (*bird*).
preasráiteas *m* press release.
priacal *m* peril; risk.
pribhléid *f* privilege.
printéir *m* (*comput*) printer.
príobháideach *adj* private.
prioc *vt* to prick; to prod.
príomh- *adj* capital; cardinal; chief, main.
príomhaisteoir *m* star (*movies*).
príomhchathair *f* capital city.
príomhchócaire *m* chef.
príomhshamhaltas *m* archetype.
prionsa *m* prince.
príosún *m* jail. • *vt* **duine a chur i bpríosún** to cage, imprison.
príosúnach *m* captive.
prochóg *f* cranny; den; hole; hovel.
proinnteach *m* canteen.
próiseas *m* process; **próiseálaí focal** word processor.
prós *m* prose.
Protastúnach *adj m* Protestant.
puball *m* tent.
púdar *m* powder.
puilpid *f* pulpit.
puisín *m* kitten.
pulc *vt* to stuff, gorge; to throng; to cram.
punt *m* pound.
purgaigh *vt* to purge.
purgóid *f* laxative.
putóg *f* gut; pudding (*sausage*).

R

rábach *adj* bold; dashing; rampant.
rabhadh *m* warning; caution.
racáil *vt* to rake.
racán *m* row, fight; scuffle; uproar.
rachmasaí *m* capitalist.
racht *m* fit (of anger, etc).
rachta *m* rafter.
radacach *adj* radical.
radaigh *vt vi* radiate.
radaitheoir *m* radiator.
radharc *m* scene; sight, vision; **radharc (na) súl** eyesight.
radharcach *adj* optical.
ráfla *m* rumour.
rafta *m* raft.
ragobair *f* overtime.
raicéad *m* racket.
raidhse *f* abundance.
raidhseach *adj* profuse.
raidió *m* radio.
raiméis *f* drivel, gibberish.
ráiteas *m* statement; **ráiteas bainc** bank statement.
ráithe *f* quarter (*season*).
raithneach *f* (*bot*) bracken; (*bot*) fern.
rámhaí *m* rower.
rámhaille *f* delirium; fanciful imaginings. • *vn* **ag rámhaille** raving (mad).
ramhar *adj* fat; plump; overweight.
randamach *adj* random.
rang *m* class; rank.
rangaigh *vt* to classify; to range.
rangú *m* classification.
rannpháirteach *adj* participating.

ransaigh *vi* to rummage. • *vt* to forage.
raon *m* range; **raon gailf** fairway.
rás *m* race.
rásúr *m* razor.
ráta *m* rate; **ráta malairte** exchange rate.
rath *m* prosperity.
ráth sneachta *m* snowdrift.
ráthaíocht *f* guarantee.
rathúil *adj* successful.
rathúnas *m* affluence.
ré *f* epoch; duration.
réab *vt* to tear, to shatter; to disrupt.
réabadh *m* tear; shattering; violation; disruption.
reacht *m* edict.
reachtaire *m* administrator; rector.
réalta *f* star.
réaltach *adj* starry.
réaltacht *f* reality.
réaltbhuíon *f* constellation.
réalteolaí *m* astronomer.
réalteolaíoch *adj* astronomical.
réalteolaíocht *f* astronomy.
réaltóg scannán *f* filmstar.
réamach *adj* phlegmatic(al).
réamh- *adj* ante-, pre-, fore-, preliminary.
réamhaisnéis *f* forecast.
réamhaithris *vt* to foretell, predict.
réamhbheartaithe *adj* deliberate.
réamhbhlas *m* foretaste.
réamhchantóir *m* precentor.
réamhchlaonadh *m* prejudice.

réamhchúram *m* precaution.

réamhchúramach *adj* precautionary.

réamhfhéachaint *f* foresight.

réamhfhios *m* foreknowledge.

réamhfhocal *m* foreword.

réamhghabh *vt* to anticipate.

réamhíocaíocht *f* financial advance.

réamhionad *m* foreground.

réamhrá *m* preface.

réamhsmaoineamh: gan réamhsmaoineamh *adj* unpremeditated.

réamhstairiúil *adj* prehistorical.

réamhtheachtaí *m* forerunner.

réasún *m* reason.

réasúnta *adj* reasonable, amenable.

reatha *adj* current.

reic *f* sale.

réidh *adj* ready.

réidhe *f* readiness.

reilig *f* graveyard, cemetery.

réiltín *m* asterisk.

réimnigh *vt* (*gram*) to conjugate.

reiptíl *f* reptile.

réir *f* will, wish; **de réir** accordingly. • *adv* **de réir a chéile** gradually; **de réir dátaí** chronologically; **faoi réir** ready; free; available; subject (to).

réiteoir *m* referee.

reithe *m* ram, tup.

réitigh *vt* to smooth, level; to disentangle.

reoán *m* icing.

reoigh *vi vt* to freeze.

reoite *adj* frosty (frozen).

reoiteoir *m* freezer.

rí *m* king.

rí (na) láimhe *f* forearm.

riachtanach *adj* necessary, vital.

riachtanas *m* necessity, need.

riail (rialach) *f* rule.

rialaigh *vi* to reign. • *vt* to govern, rule; to regulate.

rialtas *m* government; **rialtas dúchais** home rule.

riamh *adv* (*in past*) ever; (*in past*) always; never.

rian *m* dent; mark; track.

riar *vt* to administer. • *vi* **riar ar** to cater. • *vt* to minister; to serve.

riarachán *m* administration.

riaráiste *npl* arrears.

riarthach *adj* administrative.

riarthóir *m* administrator.

riascach *adj* marshy.

ribeog *f* shred.

ribín *m* ribbon.

ridire *m* knight.

ridireacht *f* knighthood; chivalry.

rige ola *m* oil rig.

righin *adj* tough.

righnigh *vi vt* to stiffen.

ríl *f* (*dance*) reel; **ríl ochtair** eightsome reel.

rím *f* rhyme. • *vi* **déan rím** to rhyme.

ríméadach *adj* jubilant.

rinn *f* point, tip, apex; promontory.

ríocht *f* kingdom.

ríogach *adj* spasmodic; impulsive.

ríomh *vt* to compute, calculate.

ríomhaire *m* computer.

ríomhaireacht *f* computer science.

ríomhchlár *m* (*comput*) program.

ríomhchláraitheoir *m* (*comput*) programmer.

ríomhchlárú *m* computer programming.

ríomhphost *m* email.

ríon *f* queen.

ríora *m* dynasty.

rí-rá *m* clamour.

rís *f* rice.

ríshliocht *m* dynasty.

rite *adj* taut; tense; steep, precipitous.

rith *vi* to run.

róba *m* robe.

robáil *vt* to rob.

robálaí *m* robber.

roc *m* wrinkle. • *vt* to wrinkle.

rocach *adj* corrugated.

rochtain *f* access.

ród *m* road.

rógaire *m* rogue.

rogha *f* alternative; best; choice; **rogha gach bia agus togha gach dí** choice of food and drink.

roghnaigh *vt* to choose.

roimh *adv* ahead; before; **roimh an díle** antediluvian; **roimhe sin** previously.

roinn *f* department; portion; **mór-roinn** continent. • *vt* to deal (*cards*); to apportion, dispense; to distribute; to share. • *vt vi* to divide.

roinnt *f* some (*separate items*); share; (*math*) division. • *adj* some. • *adv* **roinnt blianta ó shin** a few years back.

roithleán *m* wheel; pulley; fishing reel.

roll *vt* to roll.

rolla *m* roll.

rómánsach *adj* romantic.

rómánsaíocht *f* romance.

rón *m* seal.

ronnach *m* mackerel.

rópa *m* rope.

ros *m* promontory.

rós *m* rose.

rósach *adj* rosy.

róst *vt vi* roast.

rosualt *m* walrus.

roth *m* wheel; **roth fiaclach** cogwheel.

rothaíocht *f* cycling.

rothar *m* bicycle, cycle.

rothlaigh *vt* to spin.

rua *adj* red.

ruadhóigh *vt* to scorch.

ruaig *f* rout. • *vt* to dislodge; to dispel; to repel.

ruaigeadh *m* dispersal.

ruathar *m* (*milit*) charge; raid. • *vt* **ruathar a thabhairt faoi** to charge.

rud *m* object; thing; **gach rud** everything; **rud ar bith** anything. • *adv* **an rud céanna** ditto. • *vt* **bain rud de dhuine** *or* **caith rud ó dhuine** to deprive somebody of something; **rud a bheith de ghustal agat** to afford (to be able to afford); **rud a bheith i do sheilbh** to possess something. • *pn* **rud éigin** something.

rud a chomóradh *vt* to commemorate.

rud ársa *m* antique.

rufa *m* frill.

ruga *m* rug.

rúitín *m* ankle.

rún *m* intention; secret. • *vt* **tá de rún ag** to intend.

rúnaí *m* secretary.

rúnda *adj* esoteric; secret.

rúndacht *f* secrecy.

rúndiamhair *adj* mysterious. • *f* mystery.

S

sa *prep* in the (*sing*).

sábh *m* saw. • *vt* to saw.

sábháil *vt* to rescue; to save.

sábháilte *adj* safe.

sábháilteacht *f* safety.

sabhaircín *m* (*bot*) primrose.

sabóid *f* Sabbath.

sac *m* sack.

sacraimint *f* sacrament.

sagart *m* priest.

saibhir *adj* affluent, rich, wealthy.

saibhreas *m* riches.

saifír *f* sapphire.

sáigh *vt* to jab; **sáigh (le hadharc)** to gore.

saighdeadh *m* provocation.

saighdiúir *m* soldier; campaigner.

saighead *f* arrow.

sáil[1] *f* heel.

sáil[2] *adj* luscious.

sail chnis *f* dandruff.

sáile *m* brine.

saileach *f* sallow; willow.

sailéad *m* salad.

sáiltéar *m* salt cellar.

sainaicme *f* caste.

sainchónaí *m* domicile.

saineolach *adj* expert.

saineolaí *m* expert.

sainmhínigh *vt* to define.

sainmhíniú *m* definition.

sáinn *f* deadlock.

saint *f* avarice, cupidity, greed.

sáirsint *m* sergeant.

sáith *f* fill; feed; sufficiency. • *vi* **do**

sháith a ithe to feast.

salach *adj* dirty.

salachar *m* dirt, grime, muck.

salaigh *vt* to dirty; to soil.

salann *m* salt.

salm *m* psalm.

saltair *f* psalter.

sámh *adj* serene, peaceful; tranquil.

samhail *f* model.

samhailteach *adj* imaginary.

samhalta *adj* virtual.

samhlaigh *vt* to imagine; **samhlaigh rud le rud eile** to associate one thing with another.

samhlaíocht *f* imagination.

samhnas *m* disgust; nausea.

samhnasach *adj* disgusting; nauseous.

samhradh *m* summer.

sampla *m* example; instance; sample.

samplach *adj* typical.

sannadh *m* (*law*) assignment.

santach *adj* avaricious; greedy.

santaigh *vt* to desire.

saobh *adj* slanted; twisted; perverse.

saofóir *m* pervert.

saoire *f* holiday; leave.

saoirse *f* freedom.

saoirseacht chloiche *f* masonry.

saoirsigh *vt* to cheapen.

saoiste *m* boss.

saoithínteacht *f* pedantry.

saoithiúlacht *f* eccentricity.

saol *m* life; **saol an teaghlaigh** domestic life.

saolaigh *vt* to deliver (baby).

saolta *adj* earthly; secular; worldly.

saonta *adj* naïve.

saor[1] *adj* cheap, inexpensive; free; vacant; **saor in aisce** free (without cost); **saor ó dhleacht** duty-free; **saor-raoin** free-range. • *vt* to free; to acquit; to extricate.

saor[2] *m* craftsman; **saor adhmaid** carpenter; **saor cloiche** mason.

saoráidí *npl* facilities.

saoránach *m* citizen.

saorga *adj* artificial.

saorthrádáil *f* free trade.

saothar *m* work, toil; stress; exertion.

saotharlann *f* laboratory.

saothrach *adj* industrious; laborious.

saothraigh *vi vt* to graft; to cultivate; to earn.

sáraigh *vt* to violate; to infringe, contravene; to excel, outdo; to foil, frustrate; to rape; **sáraigh (dlí)** to trespass.

sárálainn *adj* gorgeous.

sárintleachtach *m* genius (person).

sárshaothar *m* masterpiece.

sásaigh *vt* to indulge; to please; to satiate, sate; to satisfy.

sásamh *m* approval; satisfaction.

Sasana *m* England.

Sasanach *adj m* English (wo)man.

sáspan *m* saucepan, pan.

sásta *adj* content; satisfied.

sásúil *adj* adequate; satisfactory.

satailít *f* satellite.

Satharn *m* Saturday; **Dé Sathairn** on Saturday.

scabhta *m* (*milit*) scout.

scadán *m* herring; **faoileán scadán** herring gull; **scadán leasaithe** kipper.

scag *vt* to filter.

scagaire *m* filter.

scaif *f* scarf.

scailleagánta *adj* lanky.

scaip *vt* to dispel; to dissipate; to scatter.

scaipeadh *adj* scattering. • *m* dispersal.

scaipthe *adj* scattered; disjointed.

scairbhileog *f* (*comput*) spreadsheet.

scaird *vi* to flush; to squirt.

scairdeitleán *m* jet plane.

scairt *f* shout. • *vt* to call.

scairteoir *m* caller.

scála *m* scale; (*mus*) scale.

scall *vt* to scald.

scalltán *m* chick.

scamall *m* cloud.

scamallach *adj* cloudy; webbed.

scamh *vt* to peel.

scamhóg *f* lung.

scannal *m* scandal.

scannalach *adj* disgraceful; scandalous.

scannalaigh *vt* to scandalise.

scannán *m* film. • *f* **scannán faisnéise** documentary.

scanradh *m* fright.

scanraigh *vt* to appal; to frighten.

scanrúil *adj* alarming; formidable; frightful.

scaoil *adj* loose. • *vt* to disconnect; to disengage; to fire; to relax; to release; to untie; **scaoil (amach)** to unfurl; **scaoil (duine ó dhualgas)** to absolve; **scaoil (duine ó mhóid)** to absolve; **scaoil (le)** to shoot. • *vi* **scaoil (speirm** *f***)** to ejaculate.

scaoileadh *m* discharge.

scaoilte *adj* loose.

scaoll *m* panic, fright.

scar *vi* to diverge. • *vt* to detach; to part, separate.

scaradh *m* separation, parting. • *adv* **ar scaradh gabhail** astride.

scartha (ó chéile) *adv* separated.

scata *m* drove.

scáta *m* skate.

scátáil *vi* to skate.

scáth *m* shade; shadow. • *f* **scáth fearthainne** umbrella.

scáthach *adj* shady.

scáthaigh *vt* to shade.

scáthán *m* looking glass, mirror.

scéal *m* narrative, story, tale, yarn; **scéal béaloidis** folktale; **scéal scéil** hearsay.

sceall *m* chip.

sceallóg *f* chip.

sceamh *f* yelp.

sceanra *m* cutlery.

scéim *f* scheme.

scéimh *f* beauty.

scéimhiúil *adj* beautiful.

sceimhlitheoireacht *f* terrorism.

scéiniúil *adj* lurid.

sceir *f* skerry; (*mar*) reef.

sceirdiúil *adj* bleak.

sceith *vi* *vt* to spawn; to overflow.

sceitimíní *npl* ecstasy; excitement. • *adj* **tá sceitimíní orm** I am ecstatic.

sceitse *m* sketch.

sciáil *vi* to ski.

sciamhach *adj* elegant.

sciamhacht *f* elegance.

sciamhaigh *vt* to deck; to embellish.

scian *f* knife, dirk.

sciata *m* skate (fish).

sciath *f* shield.

sciathán *m* wing; **sciathán leathair** (*zool*) bat.

scigaithris *f* burlesque; parody.

scigmhagadh *m* derision.

scigphictiúr *m* caricature.

scil *f* skill.

scilléad *m* pan, skillet.

scimeáil *vt* to skim.

sciob *vt* to grab; to snatch.

scióbol *m* barn.

sciollach *m* scree.

sciomraigh *vt* to burnish.

sciorradh *m* slip, skid.

sciorta *m* skirt.

scíth *f* rest. • *vi* **déan scíth** to relax.

sciuird *f* dash; rush.

sciúirse *m* scourge; tall thin wiry person.

sciúr *vt* to scour; to scrub.

sclábhaí *m* slave.

sclábhaíocht *f* slavery; drudgery.

scliúchas *m* skirmish.

scoil *f* school; shoal.

scoill *vt* to scold.

scoilt *f* cleft; crack; cranny. • *vt* to crack; to split.

scoilteacha dathacha *fpl* rheumatism.

scoir *vi* *vt* to detach; to disconnect; to come to rest; to terminate.

scoirr *vi* to skid.

scoith *vt* to pass; to overtake.

scoláire *m* academic.

scóna *m* scone.

sconna *m* tap.

sconsa *m* fence.

scor *m* separation; termination; retirement.

scór *m* score.

scornach f throat.

scréach f shriek.

scread f scream.

screamhóg f flake.

scríbhneoir m writer.

scríbhneoireacht f writing.

scríob vt vi to scrape. • vt to grate; to chafe; to graze; to score; to scratch.

scríobach adj abrasive.

scríobadh m scratch, scrape. • npl scrapings.

scríobán m grater.

scríobh vt to write.

scrioptúrach adj biblical.

scrios m destruction; devastation; ruin. • vt to demolish; to destroy; to devastate; to erase;.to ravage; to wreck.

script f script.

scrolla m scroll.

scrúdaigh vt to examine; to inspect.

scrúdú m examination.

scrupall m scruple.

scrupallach adj scrupulous.

scuab f broom; brush. • vt to brush, sweep.

scuaine f queue.

sé[1] pn m he; **sé féin** himself.

sé[2] adj six. • adj m **sé déag** sixteen.

seabhac m hawk.

séabra m zebra.

Seacaibíteach adj m Jacobite.

seach: faoi seach adj respective.

seachadadh m delivery.

seachaid vt to deliver.

seachain vi to beware. • vt to avoid.

seachmall m illusion.

seachnaigh vt to dodge.

seachrán m wandering; delusion. • adv **ar seachrán** astray.

seachránach adj wandering, straying; misguided.

seachród m bypass.

seacht adj seven. • adj m **seacht déag** seventeen.

seachtain f week.

seachtar m seven (people).

seachtó adj m seventy.

seachtú adj m seventh.

seacláid f chocolate.

séadchomhartha m monument.

seadóg f grapefruit.

seafóid f absurdity; rubbish (idea).

seafóideach adj absurd.

seál m shawl.

séala m (official) seal.

sealadach adj temporary; provisional.

séalaigh vt to seal.

sealbhaigh vt to possess; to gain possession of; to occupy.

sealgaire m hunter.

Sealtainn f Shetland.

sealúchas m property.

seamair (seimre) f clover.

sean adj aged, old.

séan vt to deny; to disclaim; to disown; **séan creideamh** to abjure.

seanad m senate.

séanadh m denial; **séanadh (creidimh)** abnegation.

seanaimseartha adj out-of-date, old-fashioned.

seanaoiseach adj senile.

seanársa adj primitive.

seanathair m granddad, grandfather.

seanchaite adj worn out, obsolete, banal.

seanchas m lore, storytelling.

seanchríonna adj precocious.

seanda *adj* antique.

seandálaí *m* archaeologist.

seandéanamh: den tseandéanamh *adj* quaint.

seanfhaiseanta *adj* old-fashioned.

seanfhocal *m* proverb; saying.

seangán *m* ant.

seanmháthair *m* grandmother.

seanóir *m* elder (church).

seans *m* chance.

seansailéir *m* chancellor.

seantán *m* shanty, shack.

séarachas *m* sewer, sewerage.

searbh *adj* acerbic; acid; sour, tart; wry.

searbhasach *adj* cynical; sarcastic.

searbhónta *m* servant.

searg *vi* to wither; to shrivel; to decline.

searmanas *m* ceremony.

searrach *m* foal.

seas *vi* to stand.

seas ar *vi* to insist.

seas le *vt* to uphold.

seascair *adj* cosy, snug.

seascann *m* marsh; swamp.

seasmhach *adj* constant.

seasmhacht *f* consistency; constancy.

séasúr *m* season.

seic *m* cheque.

seiceadóir *m* executor; warden.

seiceáil *f* check; checkup. • *vt* to check.

seict *f* sect.

seicteach *m* sectarian.

séid *vi* to hoot; to blow. • *vt* to blow; to inflate.

séideán *m* gust.

SEIF *m* AIDS.

seift *f* device; resource.

seilbh *f* possession; occupancy. • *vt* **glac seilbh ar** to appropriate.

seile *f* saliva, spit.

seilf *f* shelf.

seilg *f* hunt; game. • *vt vi* to hunt. • *vi* to prey on. • *vt* to chase.

séimh *adj* mild; (*sound*) mellow.

seineafóbach *m* xenophobe.

seineafóibe *f* xenophobia.

seinn (ar) *vt* to play (instrument).

seinnteoir caiséad *m* cassette player.

séipéal *m* chapel.

seipteach *adj* septic.

seirbhe *f* acerbity; acrimony.

seirbhís *f* service.

seircín *m* jerkin.

seisear *m* six (people).

seisiún *m* session; **seisiún teagaisc** teach-in.

séitéir *m* cheat.

seo *pn* this. • *adj* **an mhí seo chugainn** next month. • *adv* **as seo amach** henceforth; **mar seo** thus. • *pn pl* **seo (iad)** these.

seobhaineach *m* chauvinist.

seodóir *m* jeweller.

seoid *f* gem; jewel.

seol¹ *m* sail; **seol cinn** jib; **seol tosaigh** foresail. • *vt vi* to sail.

seol² *vt* to send.

seol (duine) chuig *vt* to refer.

seoladh *m* address.

seomra *m* room, chamber; **seomra bia** dining room; **seomra folctha** bathroom; **seomra leapa** bedroom; **seomra ranga** classroom; **seomra suí** sitting room, lounge.

séú *adj m* sixth.

sí¹ *adj* fairy.

sí² *f pn* she; her.

siad *pn pl* they.

siamsa *m* amusement; entertainment. • *vt* **déan siamsa do** to amuse.

siar *adv* backwards; westward, to the west.

sibh *pn pl* you. • *pn* **sibh féin** yourselves. *See* **féin**.

sibhialta *adj* civil.

sibhialtach *m* civilian.

sibhialtacht *f* civilisation.

síceach *adj* psychic.

sicín *m* chick, chicken.

sil *vi* to dribble; to drip; to trickle.

síl *vt vi* to suppose. • *vt* to consider.

síleáil *f* ceiling.

siléar *m* cellar.

silín *m* cherry.

silteach *adj* fluid; dripping; running.

simléar *m* chimney.

simplí *adj* homespun; plain; simple.

simpligh *vt* to simplify.

sin *pn* that. • *adv* **mar sin** so; **mar sin de** hence; **mar sin féin** nevertheless. • *conj* yet. • *adv* **ó shin** ago.

sín *vt* to stretch.

sine *f* nipple.

sine: is sine *adj* elder, oldest.

singil *adj* single.

siniciúil *adj* cynical.

síniú *m* signature.

sinn *pn* we; us. • *pn pl* **sinn féin** ourselves.

sinsear *m* ancestor, forefather.

sinsearach *adj* senior.

sinsearacht *f* ancestry.

sinseartha *adj* ancestral.

sínte *adj* stretched out; prostrate.

síntiús *m* contribution; subscription.

síobadh sneachta *m* blizzard.

sioc (seaca) *m* frost; **sioc bán** hoarfrost.

siocán *m* ice.

siocdhóite *adj* frostbitten.

síocháin *f* peace.

síochánachas *m* pacifism.

síochánaí *m* pacifist.

síochánta *adj* passive; peaceful.

sioctha *adj* icy, frozen.

síoda *m* silk.

sióg *f* fairy.

síol *m* seed.

síolaigh *vt vi* to seed.

síolraitheoir *m* breeder.

siombail *f* symbol.

siombalach *adj* symbolic.

sionnach *m* fox.

siopa *m* shop; **siopa leabhar** bookshop, bookstore.

sioráf *m* giraffe.

síoraí *adj* endless, eternal, everlasting; perennial. • *adv* **go síoraí** ceaselessly.

síoraíocht *f* eternity; **an tsíoraíocht** the hereafter.

siorc *m* shark.

síorghlas *adj* evergreen.

síoróip *f* syrup.

siorradh *m* draught (*wind*).

sios *vi* to hiss.

síos *adv* downward(s). • *prep* down.

siosúr *m* scissors.

síothlaigh *vt* to strain, filter; drain away.

síothlán *m* colander; percolator.

sip *f* zip, zipper.

sír *f* shire.

sirriam *m* sheriff.

siséal *m* chisel.

siúcra *m* sugar.

siúd *pn* that.

siúil *vi* to walk; **siúil de chois** to hike; **siúil go costrom** to plod; **siúil trí to** wade through. • *adv* **ar shiúl** away.

siúinéir *m* joiner.

siúinéireacht *f* joinery.

siúl *m* walk.

slabhra *m* chain.

slachtmhar *adj* neat.

slad *m* robbery; plunder, pillage. • *vt* to ravage.

sladaí *m* brigand; vandal.

sladmhargadh *m* bargain.

slaghdán *m* (*med*) cold.

sláinte *f* health.

sláinteachas *m* hygiene.

sláintiúil *adj* healthy; safe.

slán[1] *m* farewell. • *excl* **slán (go fóill)!** goodbye! au revoir!.

slán[2] *adj* safe.

slándáil *f* security.

slat[1] *f* yard (0.914m)

slat[2] *f* rod; **slat iascaigh** fishing rod; **slat tomhais** criterion.

slatbhalla *m* parapet.

sleá *f* spear.

sléacht *vi* to kneel.

sleamhain *adj* slippery.

sleamhnaigh *vi* to slide; to slip.

sleamhnán *m* slide.

sléibhteoir *m* mountaineer.

slí *f* way; **slí bheatha** livelihood; profession; career.

sliabh *m* mountain.

sliabhraon *m* range.

slinn *f* slate.

slíoc *vt* to pat; to stroke.

sliocht (sleachta) *m* issue, descendents; tribe; passage (in book); quotation.

slíoctha *adj* sleek.

slipéar *m* slipper.

slis *f* chip.

slisín *m* slice.

slítheánta *adj* sly, sneaky, devious.

slodán *m* pool (rain); puddle.

slog *vt vi* to gulp. • *vt* to swallow.

slogóg *f* gulp.

sloinne *m* surname.

slua *m* crowd, host.

sluaghairm *f* slogan.

smacht *m* control.

smachtaigh *vt* to control; to castigate; to chastise; to quell.

smachtú *m* control; chastisement.

smailc *f* snack.

smál *m* blemish; blot; mark. • *adj* **gan smál** immaculate.

smaoineamh *m* idea; thought. • *vt* **smaoineamh a chur i gceann duine** to imbue someone with an idea.

smaoinigh *vi* to think. • *vt* **smaoinigh ar** to contemplate, consider, reflect.

smaragaid *f* emerald.

smear *vt* to daub, smear.

sméar *f* berry; **sméar dhubh** bramble berry, blackberry.

smearadh *m* smear, daub; smattering.

sméid ar *vt* to beckon.

sméideadh cinn *m* nod.

smideadh *m* make-up.

smig *f* chin.

smólach *m* mavis, thrush.

smolchaite *adj* fusty.

smúdáil *vt* to smooth.

smugairle *m* thick spittle; snivel.

smugairle róin *m* jellyfish.

smuigleáil *vt* to smuggle.

smuigléir *m* smuggler.
smúr *vt vi* to sniff.
smúrthacht: bheith ag smúrthacht thart *vi* to prowl.
smut *m* snout.
sna *prep pl* in the.
snag *m* hiccup.
snag breac *m* magpie.
snagach *adj* inarticulate.
snaidhm *f* knot. • *vt* to knot.
snaidhmeach *adj* knotted, knotty.
snáithín *m* fibre.
snáithíneach *adj* fibrous.
snámh *vt vi* to swim. • *vi* to crawl; to float. • *adv* **ar snámh** afloat.
snámhach *adj* buoyant.
snámhacht *f* buoyancy.
snas *m* polish.
snasta *adj* glossy; cut, trimmed; well-finished.
snáth *m* yarn.
snáthaid *f* needle.
sneachta *m* snow.
sníomh *vt* to spin (thread).
snoigh *vt* to carve.
snoíodóireacht *f* carving.
sobal *m* foam, froth, lather.
sobhriste *adj* fragile.
socadán *m* busybody.
socair *adj* calm; impassive. • *adj* **go socair** leisurely.
sochaí *f* society.
sochar *m* benefit.
sochma *adj* easy-going; calm.
sóchmhainneach *adj* solvent.
sochraid *f* funeral.
sócmhainn *f* asset.
socraigh *vt* to decide; to arrange; to set; to settle; to sort; **socraigh ar** to determine.

socraíocht *f* settlement.
socrú *m* arrangement.
sócúlacht *f* ease.
sodar: bheith ag sodar *vi* to trot.
sofaisticiúil *adj* sophisticated.
soghabhála *adj* receptive.
soghonta *adj* vulnerable.
soiléir *adj* apparent, clear, obvious.
soiléireacht *f* clarity.
soiléirigh *vt* to clarify.
soiléiriú *m* clarification.
soilire *m* celery.
soilseach *adj* lucid.
soilsigh *vt* to illuminate; to enlighten.
soilsiú *m* illumination.
soirbhíoch *adj* optimistic.
soirbhíochas *m* optimism.
soiscéal *m* gospel.
sóisearach *adj* junior.
sóisialachas *m* socialism.
soitheach *m* container; dish.
soithí *m* crockery.
sól *m* sole (*fish*).
soláimhsithe *adj* manageable.
soláistí *npl* refreshments.
solamar *m* abundance of good things.
solas *m* light; **solas an lae** daylight.
sólás *m* solace, consolation. • *vt* **sólás a thabhairt (do)** to console.
sólásach *adj* consolatory.
soláthair *vt* to provide.
soléirithe *adj* demonstrable.
sollúnta *adj* solemn.
solúbtha *adj* adaptable; flexible.
solúbthacht *f* adaptability; flexibility.
somheasta *adj* calculable.
son: ar son Dé *m* for God's sake.
sona *adj* happy.
sonas *m* happiness.

sonóg f mascot.

sonra m detail.

sonrach adj particular; impressive.

sonraíoch adj remarkable.

sonrasc m (comm) invoice.

sonrúil adj definable.

sorcas m circus.

sorn m cooker, furnace; **sorn gáis** gas cooker.

sornóg f stove.

sórt m sort.

sos f pause; rest; (mus) rest. • m **sos cogaidh** armistice; **sos lámhaigh** ceasefire.

sotaire m brat.

sotal m arrogance; impertinence, impudence.

sotalach adj arrogant; impertinent.

sothuigthe adj intelligible.

spadánta adj listless.

spailpín m migratory labourer; vagabond.

Spáinn: An Spáinn f Spain.

spáinnéar m spaniel.

Spáinnis f Spanish;.

spaisteoir m rambler.

spaisteoireacht f stroll.

spáráil vt to spare.

sparán m purse; sporran.

spás m space.

spásaire m astronaut.

spásas m (law) reprieve.

spéaclaí npl spectacles.

speal f scythe. • vt to scythe.

spéir f sky.

speisialta adj special.

spiagaí adj flashy, showy, gaudy.

spiaire m spy.

spiara m partition (wall).

spideog f **bhronndearg** f robin (redbreast).

spíonán m gooseberry.

spiorad m spirit.

splanc f flash; spark.

spleách adj dependent.

spléachadh m glimpse; peep.

spleáchas m dependence.

spleodar m cheerfulness; exuberance.

spleodrach adj exuberant.

spoch vt to castrate.

spochadh m castration.

spoch (as) vt to tease; to boast.

spor m spur.

spórt m fun; sport.

spraoi m fun; spree; sport.

spré f dowry.

spreag vt to excite.

sprioc f landmark; target.

sprionlóir m miser.

spuaic f blister.

spúnóg f spoon.

srac vt to dismember.

srac (ó) vt to wrest; **srac (rud) ó (dhuine)** to wrench.

sracfhéachaint f glance.

sráid f street.

sráidbhaile m hamlet, village.

sraith f sequence; series; (sport) league.

sraoilleán m streamer.

sraon vt to deflect.

srath m strath, valley.

sreabhán m fluid.

sreabhlach m shrimp.

sreang f cord; string; wire; **sreang bogha** bowstring.

sreangach adj stringed.

srian m rein. • vt to curb.

sroich *vt* to attain; to reach.

sról *m* satin.

srón *f* nose; (*mar*) prow.

srónach *adj* nasal.

srónaíl: bí ag srónaíl *vi* to pry.

srónbheannach *m* rhinoceros.

sruth *m* current; stream.

sruthaigh *vi* to flow.

sruthán *m* brook, burn, stream, rivulet.

sruthlaigh *vt* to flush (toilet); to rinse.

sruthlán *m* runnel.

stábla *m* stable.

stad *m* stop, pause; standstill. • *vt vi* to halt. • *vi* to cease. • *vt* to stop. • *adj* **gan stad** ceaseless, nonstop. • *adv* ceaselessly. • *vt* **stad (de)** to cease.

stad tacsaithe *m* cabstand.

staid *f* state.

staidéar *m* study.

staighre *m* stairs; **staighre beo** escalator; **staighre éalaithe** fire escape. • *adv* **thíos staighre** downstairs; **thuas staighre** upstairs.

stail *f* stallion.

stailc *f* strike; **stailc ocrais** hunger strike.

stair *f* history.

stairiúil *adj* historic, historical.

stáisiún *m* station; **stáisiún cumhachta** power station.

Stáit Aontaithe (Mheiriceá) (SAM) *npl* United States (of America).

stálaithe *adj* stale.

stampa *m* embossing stamp.

stán *vi* to stare; to gape.

stangadh *m* jolt.

staonadh *m* abstinence.

staon (ó rud) *vi* to abstain, refrain (from something).

staraí *m* historian.

stát *m* state, country.

steallaire *m* syringe.

stéig *f* intestine; steak.

stiall *vt* to cut in strips; to lacerate.

stialladh *m* laceration.

stil *f* still.

stíl *f* style; **stíl bheatha** lifestyle.

stipeach *adj* astringent.

stiúgtha (leis an ocras) *adj* famished.

stiúir *f* rudder. • *vt* to manage; to steer.

stiúrthóir *m* director.

stoca *m* sock; stocking.

stócach *m* boy, young man.

stocaí *npl* hose (socks).

stoidiaca *m* zodiac.

stoirm *f* storm, tempest; **stoirm ghaoithe** hurricane.

stoirmeach *adj* stormy.

stól *m* stool.

stopadán *m* bung.

stopadh *m* cessation.

stopallán *m* plug.

stór *m* hoard, store; warehouse; treasure.

stóráil *vt* to store.

stráice tuirlingthe *m* landing strip.

strainc *f* grimace.

strainséir *m* stranger.

straois *f* grin.

streachail *vi* to struggle.

streachailt *f* struggle.

striapach *f* prostitute.

stríoc *f* parting (in hair).

stríocach *adj* streaky.

stróic *vt* to rend; to tear.

stroighin *f* cement.

stroighnigh *vt* to cement.

strus *m* (mental) strain, stress.

stua *m* arch.

stuaic *f* peak.

stuama *adj* sober; demure.

stuif *m* stuff.

sú *m* juice; soup.

sú craobh *f* raspberry.

sú leachta *m* absorption.

sú talún *f* strawberry.

suáilce *f* virtue.

suáilceach *adj* virtuous.

suaimhneach *adj* calm; quiet; restful; content.

suaimhneas *m* calmness; peace; tranquility.

suaimhnigh *vt* to quieten; to mollify.

suainíocht *f* dozing. • *vn* **ag suanaíocht** dozing.

suairc *adj* convivial; pleasant; cheerful.

suaith *vt* to mix; to knead; to shuffle (*cards*).

suaitheadh *m* mix; shake; upset.

suaitheantas *m* badge.

Sualainn: An tSualainn *f* Sweden.

suantraí *f* lullaby.

suarach *adj* despicable; mean; sordid, squalid; trivial.

suas *adj* upward. • *adv* up; **suas staighre** upstairs.

suasóg *f* yuppie.

suathaireacht *f* massage.

subh *m* jam.

substaint *f* substance.

súch *adj* fruity.

súgach *adj* tipsy.

suigh *vi* to sit; **suigh ar** to perch.

súigh *vt vi* to suck. • *vt* to absorb.

súgradh: *m* playing. • *vn* **ag súgradh (le)** playing (with).

súil *f* eye. • *vi* **do shúil a chaitheamh thar (rud)** to browse; **tá súil agam (go)** to hope.

suim *f* amount; sum; interest.

suimín *m* sip.

suimiú *m* (*math*) addition.

suimiúil *adj* interesting.

suíochán *m* pew; seat.

suipéar *m* supper.

súiteach *adj* absorbent.

suiteáil *vt* to instal.

sula *conj* before (+ *indir*).

súlach *m* gravy.

súmaire *m* leech.

súmhar *adj* juicy.

suntasach *adj* memorable; prominent.

sursaing *f* girdle, corset.

suth *m* embryo.

svaeid *m* swede, turnip.

T

tábhacht *f* importance. • *adj* **gan tábhacht** unimportant.

tábhachtach *adj* major; important; significant; **an-tábhachtach** momentous.

tabhair *vi vt* to contribute. • *vt* to give; to bring; to devote.

tabhair aire do rud *vt* to attend to.

tabhair amach do *vt* to nag.

tabhair an chíoch do *vt* to suckle.

tabhair ar (dhuine) (rud a dhéanamh) *vt* to force; to cause someone (to do something).

tabhair ar iasacht do (rud) *vt* to lend (something).

tabhair breith ar *vt* to judge.

tabhair broideadh do *vi* to jog.

tabhair bualadh bos (do) *vt vi* to applaud.

tabhair catsúil ar *vt* to ogle.

tabhair chun críche (obair, beart) *vt* to accomplish; to finalise.

tabhair chun suntais *vt* to highlight.

tabhair cuairt ar *vt* to visit.

tabhair cuireadh (do) *vt* to invite.

tabhair dídean (do) *vt* to house.

tabhair drochfhéachaint (ar) *vi* to glower.

tabhair drochíde do (dhuine, ainmhí) *vt* to abuse (a person, an animal).

tabhair dúshlán do *vt* to defy; **tabhair dúshlán duine (rud a dhéanamh)** to dare.

tabhair faoi *vt* to try.

tabhair faoi deara *vt* to apprehend; to detect; to note; to notice.

tabhair iarraidh *vt* to attempt.

tabhair íde béil do *vt* to abuse.

tabhair le fios *vt* to disclose; to imply; to indicate.

tabhair leat *vt* to bring; to take.

tabhair mionchuntas ar *vt* to detail.

tabhair pardún do *vt* to pardon.

tabhair rabhadh (do) *vt* to caution; forewarn, warn.

tabhair rabhadh do *vt* to warn.

tabhair rud ar iasacht do *vt* to lend.

tabhair seanmóir *vi* to preach.

tabhair spléachadh ar *vt* to peep.

tabhairt suas (corónach) *m* abdication.

tabhall *m* tablet.

tábla *m* table.

taca *n* support.

tacaigh (le) *vt* to back; to bolster; to prop.

tacas *m* easel.

tacht *vt* to choke.

tacóid *f* tack; tacket; **tacóid ordóige** drawing-pin.

tacsaí *m* cab.

tadhall *m* (*phys*) contact.

Tadhg: Tadhg an dá thaobh *m* two-faced person; **Tadhg an mhargaidh** the man on the street.

tae *m* tea.

taechupán *m* teacup.

tafann *m* bark (of a dog). • *vi* **déan tafann** to bark.

tagair (do) *vt* to refer.

tagairt *f* reference; allusion.

taibhse *f* ghost, phantom, apparition.

taibhsiúil *adj* ghostly.

taibléad *m* tablet.

taidhleoireacht *f* diplomacy.

taifead *m* record. • *vt* to record.

taighd *vt* to research.

taighdeoir *m* researcher.

táille *f* charge; fare; fee; rate.

taipéis *f* tapestry.

táiplis *f* draughts; **táiplis mhór** back-gammon.

táir *adj* vile; mean; base.

tairbheach *adj* advantageous; beneficial; salutary.

tairg *vi* to bid.

táirg *vt* to produce; to yield.

táirgeoir *m* producer.

tairiscint *f* offer; bid.

tairne *m* nail.

tairngir *vt* to prophesy.

tais *adj* damp; humid; moist.

taisc *vt* to deposit (in bank); to reserve; to treasure.

taisce *f* cache; deposit. • *vt* **cuir i dtaisce** to hoard; **cur i dtaisce** to deposit.

taiscéal *vt* to explore.

taiscumar *m* reservoir.

taisme *f* accident; crash. • *adj* **de thaisme** by chance; fortuitous.

taispeáin *vt* to display; to manifest; to show; to point.

taispeánadh *m* manifestation.

taispeántach *adj* demonstrative.

taispeántas *m* display.

taisrigh *vt* dampen.

taisteal *m* travel.

taistil *vt* *vi* to travel.

taithí *f* experience. • *adj* **gan taithí** inexperienced. • *vt* **gabh i dtaithí le** to accustom.

taithigh *vt* to frequent; to experience; to practise; to haunt.

taitin le *vt* to please.

taitneamh *m* enjoyment.

talamh *m* earth, ground; land; **talamh coille** woodland. • *adv* **ar talamh** (*mar*) aground. • *adj* **faoi thalamh** underground.

talamhiata *adj* landlocked.

tallann *f* talent.

talmhaíoch *adj* agricultural.

talmhaíocht *f* agriculture.

tamall[1] *m* while, spell, period of time

tamall[2] *m* short loan.

támhach *adj* comatose; sluggish, torpid.

támhnéal *m* coma; trance.

tanaí *adj* flimsy; shallow; thin.

tanaigh *vt* to thin; to attenuate; to dilute.

tánaiste *m* deputy prime minister; second in command.

tánaisteach *adj* secondary.

tancaer *m* tanker.

taobh *m* facet; side. • *prep* **ar an taobh thall (de)** beyond. • *adv* **le taobh** (+ *gen*) alongside; **taobh amuigh** outside.

taobh an fhoscaidh *m* lee, lee-side.

taobh istigh *m* inside.

taobh le *prep* beside.

taobh na gaoithe *f* windward.

taobh na láimhe clé *f* left-hand side.

taobh thiar de *prep* behind.

taobh thiar de long *adv* (*mar*) astern.

taobhaí *m* adherent.

taobhroinn *f* aisle.

taoide f tide.

taoiseach m chief; chieftain; leader.

taom vt to decant; to drain.

taom croí m heart attack.

taom histéire npl hysterics.

taomach adj erratic.

taos m dough.

taosrán m pastry.

tapaidh adj fast; rapid.

tapúlacht f rapidity.

tar vi to come; **tar amach as** to emerge; **tar anuas** to come down. • vi vt to descend.

tar aniar aduaidh ar vt to surprise.

tar ar vt to come across or upon, to discover.

tar ar chomhréiteach vt to negotiate.

tar i dtír (ar) vt to exploit.

tar le vt to make do with.

tar ó vi to originate.

tarbh m bull.

tarbhghadhar m bulldog.

tarcaisne f sarcasm; scorn.

tarcaisneach adj scornful; insulting.

tarchuradóir m transmitter.

tarlaigh vi to happen.

tarlú m happening.

tarmachan m ptarmigan.

tarraiceán m drawer.

tarraing vt to drag; to haul; to pull; to draw; to attract.

tarraingt f (charm) appeal; attraction; drawing.

tarraingteach adj attractive.

tarrtháil f salvage. • vt to save.

tart m thirst. • vt **tá tart orm** I am thirsty.

tasc m task.

tátal m deduction.

tathag m substance.

táthaigh vi vt coalesce.

te adj hot; warm.

té m person; **an té** whoever.

teach m house; **teach banaltrachta** nursing home; **teach cúirte** courthouse; **teach lóistín** boarding house; **teach mór** mansion; **teach na ngealt** asylum; **teach solais** lighthouse; **teach stórais** storehouse; **teach striapachais** brothel; **teach tábhairne** pub.

teachín m cottage.

teacht m appearance, arrival, coming. • adj **le teacht** coming; future.

teacht isteach m income.

téacht vi vt to curdle; to coagulate; to freeze; to set.

teachtaire m messenger.

teachtaireacht f errand, message.

téad f rope.

téagartha adj burly; sturdy.

teagasc m teaching; doctrine. • vt to edify. • vt vi to teach.

teaghlach m family; household.

teagmháil f (message) contact; communication.

teagmhasach adj contingent.

teallach m fireside.

téamh domhanda m global warming.

teampall m temple.

teanchair f forceps; tongs.

teanga f language, tongue.

teangeolaí m linguist.

teann vt to strain.

teann (duine) le do chroí vt to embrace. • vi **teann isteach (le chéile)** to huddle.

teannas m strain.

teanntán m clamp.

tearc adj few; scarce.

téarma *m* term.

tearmann *m* refuge, sanctuary.

tearmannaigh *vt* to harbour.

téarnamhach *adj* convalescent.

teas *m* heat; warmth; heating.

teasaí *adj* fiery; impetuous.

teasc *f* discus; disk.

teasc *vt* to amputate; to sever.

teascadh *m* amputation.

teastas *m* certificate; **teastas beireatais** birth certificate.

teicneolaíocht *f* technology; **teicneolaíocht an eolais** information technology.

teideal *m* title.

teidhe *m* fad.

téigh[1] *vi* to go; **téigh amach** to exit.

téigh[2] *vt* to heat; to warm.

téigh ar (bord) *vt* to board.

téigh ar cosa in airde *vi* to gallop.

téigh ar do ghlúine *vi* to kneel.

téigh ar fheachtas *vi* to campaign.

téigh ar foluain *vi* (*aviat*) to glide.

téigh ar imirce *vi* to emigrate; to migrate.

téigh as radharc *vi* to vanish.

téigh chun spairne (le) *vi* grapple.

téigh chun tosaigh *vi* to advance.

téigh creathán trí *vi* to shudder.

téigh go tóin poill *vi* to sink; (*mar*) to founder.

téigh i bhfeidhm ar *vt* to influence; to affect; to effect.

téigh i dtír *vi* to disembark.

téigh i gcomhairle le *vt* to consult.

téigh i mbannaí ar *vt* to bail.

téigh i measc *vi* to mingle.

téigh in olcas *vi* to worsen.

téigh in urra ar *vt* to indemnify.

téigh isteach i *vt* to enter.

téigh le thine *vt* to catch fire.

téigh síos *vi vt* to descend.

téigh thar *vt* to exceed; to overtake.

téigh thart *vi* to circulate.

teilg *vt* to cast.

teilifís *f* television; **teilifís chábla** cable television.

teilifíseán *m* television (set).

teip *f* failure. • *vt* **theip orm** I failed.

téipthaifeadán *m* cassette player.

teirce *f* rarity.

teiripe *f* therapy.

teisteán *m* decanter.

teistiméireacht *f* reference (for job); testimony; certificate.

teith *vi* to flee.

téitheoir *m* heater.

telefón *m* telephone.

teocht *f* temperature.

teoiric *f* theory.

teorainn *f* border; limit. • *adj* **gan teorainn** bottomless.

teoranta (Teo) *adj* limited (Ltd).

thall *adv* yonder.

thall ansin *adv* over here.

thar *prep* over; past. • *adv* **thar gach rud** above all.

thart *adv* around, round; **thart ar** about.

theas *adj* southerly, southern.

thiar *adv* behind; west.

thíos *adv* beneath; underneath; below; (*in writing*) hereafter; below; **thíos staighre** downstairs. • *prep* **thíos faoi** beneath.

thoir *adj* easterly.

thuas *adv* above; up; **thuas staighre** upstairs.

thuasluaite *adj* aforementioned. • *adv* above mentioned.

tí: ar tí (rud a dhéanamh) *prep* about to (do something). • *conj* **go dtí** until. • *prep* till, until; to. • *adv* **go dtí seo** hitherto.

tiarna *m* lord.

tiarna talún *m* landlord.

tiarnas *m* dominion.

ticéad *m* ticket.

ticeáil *f* ticking.

timpeall *m* round; roundabout; circuit. • *adv* about; around, round. • *prep* around (+ *gen*).

timpeallacht *f* environment.

timpeallaigh *vt* to circle; to surround.

timpiste *f* accident.

timpisteach *adj* accidental.

tincéir *m* tinker.

tine *f* fire; **arm tine** firearm; **tine chnámha** bonfire; **tine gháis** gas fire; **tine ghealáin** phosphorescence.

tinedhíonach *adj* fireproof.

tinn *adj* ailing, ill, sick.

tinneas *m* ache; (*med*) complaint; illness, sickness; **tinneas cinn** headache.

tinteán *m* hearth.

tintreach *f* lightning.

tíogar *m* tiger.

tíolacas *m* conveyance.

tíolacthóir *m* conveyancer.

tiomáin *vt* to drive.

tiomáint *f* drive; propulsion.

tiománaí *m/f* chauffeur (-euse), driver.

tiomna *m* testament.

tiomnacht *f* bequest.

tiomnaigh *vt* to bequeath; to dedicate; to devote; to depute.

tiomsaigh *vt* to accumulate, gather, collect.

tionchar *m* influence.

tionlacaí *m* (*mus*) accompanist.

tionlacan *m* (*mus*) accompaniment.

tionóil *vt* to convene.

tionól *m* assembly.

tionónta *m* tenant.

tionscal *m* (*abstract*) industry.

tionsclaíoch *adj* industrial.

tiontaigh *vt* to convert; to turn. • *vi* to turn.

tíos *m* domestic economy.

tír *f* country. • *vt* **cuir i dtír** to land. • *adv* **i dtír** ashore.

tírdhreach *m* landscape.

tíreolaíocht *f* geography.

tirim *adj* arid; dried; dry.

tit *vi* to fall; to sag; to tumble; to collapse; **tit go talamh** to collapse; **tit i laige** to faint. • *vt* **tit amach le** to fall out with.

tit in éadóchas *vi* to despair.

titeann (luach) *vi* to depreciate.

titim *f* collapse; fall.

tiubh *adj* dense; thick.

tiúin *vt* to tune.

tiús *m* density.

tnúth *m* aspiration; envy; desire; longing; **ag tnúth le** hoping for. • *vi* **bheith ag tnúth (le)** to long (for), to yearn.

tnúthán *m* yearning.

tobac *m* tobacco.

tobán *m* tub.

tobann *adj* impetuous; rash; sudden; abrupt. • *adv* **go tobann** suddenly.

tobar *m* well.

tochail *vt* to dig; to excavate.

tochailt *f* excavation.

tochas *m* itch.

tochasach *adj* itchy.

tocht *m* mattress.

todhchaí f future.

todóg f cigar.

tofa adj choice.

tóg vt to build, construct; to heave; to capture; to contract; to erect; to lift; to raise.

tóg croí vt to elate.

tóg meán ar vt to average.

tógáil f lifting; breeding; upbringing; construction; erection; capture; absorption. • m **tógáil intinne** absorption.

tógálaí m builder.

togh vt to elect; to select.

togha m choice.

toghair vi vt to conjure.

toghchán m election.

toghchánaíocht f electioneering.

toghlach m (parliament, etc) constituency.

tógtha adj lifted; **an-tógtha** agog.

toghthóir m elector.

toghthóirí npl electorate.

toil f will; **toil shaor** free will.

toiliú m acquiescence.

toilleadh m capacity.

toilteanach adj acquiescent; willing. • adv **go toilteanach** readily.

tóin f backside, behind.

tóir f chase, pursuit.

tóireadóir spáis m space probe.

toirmeasc vt to ban.

toirmisc vt debar.

toirneach f thunder.

toirniúil adj thunderous.

tóirse m torch.

toirt f mass; bulk. • adj **ar an toirt** instantly, immediately.

toirtín m tart.

toirtís f tortoise.

toirtiúil adj bulky.

toisc f factor. • conj **toisc (go)** because.

toise m dimension.

toitín m cigarette.

tolg m couch.

tolg vt to contract (disease).

tomhais vt to fathom; to measure; **tomhais doimhneacht** to plumb (+ gen). • vt vi to guess.

tomhaltachas m consumerism.

tomhaltóir m consumer.

tomhas m measure; measurement; riddle.

tomhsaire m gauge.

ton m tone.

tonn f wave.

tor m bush.

torach adj bushy.

toradh m consequence; fruit; produce; result.

tóraí m bandit, outlaw; (pol) Tory.

tóraigh vt to pursue.

torathar m freak.

torbán m tadpole.

torc m boar.

tormán m din, noise (generally from objects).

tormas m grumbling; sulking; **fuair sé tormas ar a chuid** he grumbled at his food.

torrthach adj pregnant.

torthúil adj fertile, prolific.

torthúlacht f fertility.

tosach m beginning, start; bow (of ship). • adv **i dtosach báire** (time) first.

tosaigh adj preliminary; initial. • vt vi to begin; to start. • vt **tosaigh ar** to embark.

tosca *mpl* circumstances.

toscaire *m* delegate.

toscaireacht *f* delegation.

tostach *adj* quiet; reticent; taciturn; tacit.

tóstal *m* pageant.

trá *f* beach; ebb.

trácht *m* traffic.

trácht *m* comment. • *vt* **trácht (ar)** to comment.

tráchtáil *f* commerce.

tráchtála *adj* commercial.

tráchtas *m* dissertation.

trádáil *m* trade.

traein (traenach) *f* train.

traenáil *vt* to coach, train.

tráidire *m* tray.

traidisiún *m* tradition.

tráigh *vi* to ebb; to subside.

tranglam *m* confusion; disorder.

traoch *vt* to exhaust.

traochadh *m* exhaustion.

trasna *adv* across; athwart (+ *gen*). • *prep* (+ *gen*) across.

trasnaigh *vt* to cross; to heckle.

trastomhas *m* diameter.

tráth ceisteanna *m* quiz.

tráthnóna *m* evening.

tráthúil *adj* felicitous; opportune; seasonable; timely; appropriate.

treabh *vt* to plough.

tréad *m* flock; herd.

trealamh *m* equipment, kit.

trealmhaigh *vt* to furnish.

tréan *adj* strong; vehement.

tréanas *m* abstinence.

trédhearcach *adj* transparent.

treibh *f* tribe.

tréidlia *m* vet.

tréig *vt* to abandon, desert, forsake; to jilt.

tréigthe *adj* derelict; forsaken.

tréimhse *f* period; **tréimhse iompair** gestation.

treisigh *vt* to reinforce, strengthen.

tréith *f* quality.

tréithe *npl* accomplishments.

tréitheach *adj* characteristic.

treo *m* direction; **treo-aimsí** direction-finder. • *prep* **i dtreo** (+ *gen*) toward(s). • *adv* **i dtreo na talún** landward.

treoir (treorach) *f* direction, guidance.

treoraí *m* guide.

treoraigh *vt* to lead, guide.

trí[1] *prep* by (via); through.

trí[2] *adj m* three; **trí déag** thirteen.

triail (trialach) *f* test; trial.

trilseán *m* plait.

trioblóid *f* trouble.

tríocha *adj m* thirty.

triomach *m* drought.

triomadóir gruaige *m* hairdryer.

triomaigh *vt* to dry.

tríthi: sna tríthi gáire *adj* laughing uproariously.

tríú *adj* third.

triúr *adj m* three (persons).

triús *npl* trews.

trócaire *f* clemency, mercy.

trócaireach *adj* clement; merciful.

trodach *adj* quarrelsome.

trodaí *m* combatant.

troid *f* fight; quarrel. • *vi* to quarrel. • *vt vi* to fight.

troid i gcoinne *vt* (+ *gen*) to combat.

troigh *f* foot (measurement).

troime *f* heaviness.

troitheán *m* pedal.

trom *adj* heavy.

trom *m* elder tree.

tromchroíoch *adj* disconsolate.

tromchúiseach *adj* grave.

trosc *m* cod.

troscán *m* furniture.

trua *f* compassion, pity.

truacánta *adj* pitiful.

truaill *vt* to taint.

truailligh *vt* to debase; to pollute.

truaillíocht *f* depravity.

truaillithe *adj* corrupt; contaminated.

truaillmheasc *vt* to adulterate.

truaillmheascadh *m* adulteration.

truamhéalach *adj* deplorable, wretched, pathetic.

trucáil *f* cart.

trup *m* din, noise (*often footsteps*).

truslóg *f* hop.

tú *pn sing* you.

tua *f* axe, hatchet.

tuairgnín *m* pestle.

tuairisc *f* account, report.

tuairisceoir *m* reporter.

tuairiscigh *vt* to report.

tuairisciú *m* coverage.

tuairt *f* (*car*) bump, collision.

tuairteáil *vi* to collide.

tuaisceart *m* north.

tuaisceartach *adj* north, northern.

tuaithe *adj* rural.

tuama *m* tomb.

tuamúil *adj* sepulchral.

tuar *m* omen; premonition; sign. • *vi* to augur. • *vt* to forecast; to foresee; to foreshadow.

tuarúil *adj* ominous.

tuaslaig *vt* to dissolve.

tuata *m* layman.

tuathal *adv* counter-clockwise.

tubaiste *f* disaster, calamity, catastrophe.

tubaisteach *adj* calamitous.

tuí *m* straw; thatch.

tuig *vi vt* to understand, comprehend; to apprehend, infer. • *vt* **tuig as** to deduce.

tuile *f* flood; torrent.

tuill *vt* to deserve; **tá sé tuillte aige** he deserves it.

tuilleadh *m* more.

tuilleamaí: bheith i dtuilleamaí *vi* depend.

tuilsolas *m* floodlight.

tuirling *vi* to alight; to descend. • *vt* to descend.

tuirlingt *f* descent; landing (of aeroplane).

tuirne *m* spinning wheel.

tuirse *f* tiredness, fatigue.

tuirseach *adj* tired.

tuirsigh *vt* to fatigue; to bore.

tuirsiúil *adj* tiresome.

túis *f* incense.

tuisle *m* stumble, trip. • *vi* **baineadh tuisle asam** I tripped (up).

tuisligh *vi* to falter.

tuismeá *f* horoscope.

tuismitheoir *m* parent.

tulach *m* hillock.

tum *vi* to dive. • *vt* to immerse; to dip. • *vi* **tum in uisce** to duck.

tumadóir *m* diver.

tur *adj* bland.

túr *m* tower.

turas *m* jaunt; journey; tour; **turas farraige** voyage. • *adj* **d'aon turas** intentional.

turasóir *m* tourist.

turgnamh *m* experiment.

turnamh (impireachta) *m* downfall (of empire).
turraing *f* lurch; (*elec*) shock.
turtar *m* turtle.
tús *m* beginning. • *adv* **ar dtús** first (sequence).

tusa *pn* you.
túslitir *f* initial.
tútach *adj* boorish.
tuthóg *f* fart.

U

uabhar *m* pride.

uachais *f* lair.

uacht *f* (last) will.

uachtar *m* cream; **uachtar reoite** ice cream.

uachtarach *adj* upper.

uachtarán *m* president; provost.

uafás *m* terror; horror.

uafásach *adj* abysmal; atrocious; awful; deplorable, very bad; horrible.

uaibhreach *adj* haughty; luxuriant.

uaidh sin *adv* thence.

uaigh *f* grave.

uaigneas *m* loneliness; solitude.

uaillbhreas *m* exclamation.

uaillmhian *f* ambition.

uaillmhianach *adj* ambitious.

uaim *f* alliteration.

uaimh *f* cave.

uaine *adj* green. • *f* greenness.

uaineoil *f* (culin) lamb.

uair *f* time; hour. • *adv* once; **an uair** whenever; **cén uair** (*direct*) when; **gach uair** hourly; **uair amháin** once.

uaireadóir *m* watch; wristwatch; **uaireadóir láimhe** wristwatch.

uaireanta *adv* sometimes.

ualach *m* load, burden.

ualaigh *vt* to burden.

uamhnach *adj* awesome.

uan *m* lamb.

uasal *adj* noble; dignified. • *m* **An tUasal** Mister; **na huaisle** gentry.

uaschamóg *f* apostrophe.

uasmhéid *f* maximum.

uatha *adj* singular.

uathoibríoch *adj* automatic.

ubh *f* egg.

úc *vt* to waulk.

úcadh *m* waulking.

ucht *m* bosom; lap.

uchtach *adj* pectoral.

uchtaigh *vt* to adopt.

uchtóg *f* bump (on road, on head).

uchtú *m* adoption.

údar *m* author; cause.

údaraigh *vt* to authorise.

údarás *m* authority.

uige *f* fabric.

uile *adj* all; entire.

uilechumhachtach *adj* almighty.

uilíoch *adj* universal.

uillinn *f* angle; elbow.

uimhir (uimhreach) *f* number; numeral; **Uimhir Aitheantais Phearsanta** PIN (number).

uimhríocht *f* arithmetic.

úinéir *m* owner, proprietor.

uirbeach *adj* urban.

uiríseal *adj* lowly.

uirlis *f* implement, tool.

uisce *m* water; **uisce beatha** whisky; **uisce coisricthe** holy water.

uiscedhíonach *adj* impervious (to water); waterproof; watertight.

uiscigh *vt* to irrigate.

uisciú *m* irrigation.

ulchabhán *m* owl.

úll *m* apple.

ullmhaigh *vt* to prepare.

úllord *m* orchard.

um *prep* about.

umha *m* bronze.

umhal *adj* dutiful; humble.

umhlaíocht *f* deference; obedience.

umhlú *m* bow (of the head).

uncail *m* uncle.

ung *vt* to anoint.

ungadh *m* ointment; unction.

unsa *m* ounce.

úr *adj* (*air, food*) fresh; (*weather*) crisp; new.

uraigh *vt* to eclipse.

úraigh *vt* to refresh.

urchar *m* shot.

urchóideach *adj* sinister; wicked; (*med*) malignant.

urchoilleadh *m* inhibition.

urlár *m* floor.

urraim *f* honour.

urramach *adj* respectful; reverend; reverent.

urróg *f* heave.

urrúnta *adj* able-bodied.

urú *m* eclipse; **urú gealaí** lunar eclipse.

úsáid *f* usage; use; usefulness. • *vt* to use; **úsáid a bhaint as** to avail oneself of.

úsáideach *adj* useful.

úsc *vi* to ooze.

úscra *m* essence.

útamáil *f* fumbling. • *vt* to lay.

úth *m* udder.

V

vác *m* quack.
vacsaínigh *vt* to vaccinate.
vaigín *m* wagon.
vardrús *m* wardrobe.
vás *m* vase.
veain *f* van.
véarsa *m* verse (*stanza*).
véarsaíocht *f* verse.
VED *m* HIV.

veidhleadóir *m* violinist.
veidhlín *m* (*mus*) violin.
veilbhit *f* velvet.
veist *f* vest.
víreas *m* virus.
vóta *m* vote. • *vt* **vótaí a iarraidh** to canvass.
vótáil *vt* to vote.

X Y Z

x-gha *m* X-ray.
x-ghathú *m* X-ray.
yes *adv (gram: repeat verb and tense used in question in positive—see also no).*
zú *m* zoo.

English-Irish

Béarla-Gaeilge

A

abacus *n* abacás *m.*
abandon *vt* tréig.
abate *vt* laghdaigh.
abbess *n* ban-ab *f.*
abbey *n* mainistir *f.*
abbot *n* ab *m.*
abbreviate *vt* giorraigh.
abbreviation *n* giorrú *m.*
abdicate *vt* tugaim suas (coróin); éi-rím as (post).
abdication *n* tabhairt suas (corónach) *m.*
abdomen *n* bolg *m.*
abdominal *adj* bolgach.
abduct *vt* fuadaigh.
abductor *n* fuadaitheoir *m.*
abed *adv* ar an leaba.
abet *vt*: **to aid and abet** cabhrú agus neartú le duine.
abhor *vt* tá gráin agam ar.
abhorrence *n* dearg-ghráin *f,* fuath *m.*
abide *vt* cónaigh.
ability *n* cumas *m,* ábaltacht *f.*
abject *adj* ainniseach, cloíte.
abjure *vt* diúltaigh do (eiriceacht), séan creideamh.
ablative *n* (*gr*) ochslaíoch *m.*
able *adj* ábalta, cumasach; **to be able** bheith ábalta, in inmhe.
able-bodied *adj* láidir, urrúnta.

ablution *n* ionnladh *m.*
abnegation *n* diúltú do (mhian) *m,* séanadh (creidimh) *m.*
abnormal *adj* neamhghnách, mínormálta.
abnormality *n* gné *m* mhínormálta (de rud), ainriocht *m.*
aboard *adv* ar bord.
abode *n* áit *f* chónaithe.
abolish *vt* díobhaigh, cuir ar ceal.
abolition *n* díobhadh *m,* cur ar ceal *m.*
abominable *adj* gráinniúil, dé-istineach.
abomination *n* adhfhuafaireacht *f.*
aboriginal *adj* bunúsach.
aborigines *npl* bunstoc *m;* bundúchas-aigh *npl.*
abortion *n* ginmhilleadh *m.*
abortive *adj* anabaí.
abound *vi* tá a lán, ag cur thar maoil (**in, with**) le.
about *adv* timpeall, thart ar. • *prep* faoi, um; **to go about a thing** dul i gceann ruda; **about to (do something)** ar tí (rud a dhéanamh).
above *prep* os cionn. • *adv* thuas; **above all** os cionn gach uile ní, thar gach rud; **above mentioned** thuasluaite.
abrasive *adj* scríobach.
abreast *adv* ar aon líne *f.*

abridge vt giorraigh.

abridgment n giorrú m, laghdú m, co-imre f.

abroad adv thar lear; **to go abroad** imeacht thar sáile.

abrogate vt aisghair.

abrogation n aisghairm m.

abrupt adj tobann, giorraisc.

abscess n easpa f.

abscond vi teith (ón dlí).

absence n easpa f, éagmais f.

absent adj as láthair.

absentee n neamhláithrí m; **absentee landlord** tiarna neamhchónaitheach m.

absent-minded adj dearmadach.

absolute adj absalóideach, leithlise-ach, iomlán.

absolution n aspalóid f.

absolutism n absalóideachas m.

absolve vt scaoil (duine ó mhóid, ó dhualgas).

absorb vt súigh.

absorbent adj súiteach.

absorption n sú m (leachta, teasa), tógáil f (intinne), maolú m (fuaime).

abstain vi staon ó rud, ó rud a dhéanamh.

abstemious adj measartha, barraineach.

abstemiousness n measarthacht f.

abstinence n tréanas m, staonadh m.

abstract n coimriú m.

abstracted adj seachránach.

abstraction n tógáil f.

abstractly adv go neamhairdiúil.

abstruse adj diamhair, dothuigthe, domhain.

absurd adj míréasúnta, seafóideach, áiféiseach.

absurdity n seafóid f, áiféis f.

abundance n fairsingeacht f, raidhse f, flúirse f.

abundant adj flúirseach, fras, fairsing.

abuse vt bain mí-úsáid f as (cum-hacht f), tabhair drochíde f do (dhuine, ainmhí), tabhair íde f béil do, maslaigh. • n mí-úsáid f; (verbal) masla m.

abysmal adj uafásach.

abyss n duibheagán m.

academic adj acadúil. • n scoláire m.

academician n acadamhaí m, ball d'acadamh m.

academy n acadamh m.

accelerate vt luasghéaraigh.

accelerator n luasaire m.

acceleration n luathú m.

accent n blas m.

accept vt glac le.

acceptable adj inghlactha.

acceptability n inghlacthacht f.

acceptance n glacadh m.

access n bealach m isteach, rochtain f.

accessible adj insroichte.

accident n timpiste f, taisme f.

accidental adj timpisteach, de thaisme.

acclaim vt déan ollghairdeas do.

acclamation n gáir f mholta.

accommodate vt déan garaíocht f do.

accommodating adj garach, oibleagáideach.

accommodation n lóistín m.

accompaniment n (mus) tionlacan m.

accompanist n (mus) tionlacaí m.

accomplice n comhchoirí m, cuid-itheoir m.

accomplish vt cuir i gcrích, crío-chnaigh, tabhair chun críche (obair f, beart).

accomplished *adj* curtha i gcrích, déanta, críochnaithe.

accomplishment *n* críochnú *m*, cur i gcrích *m*; **accomplishments** *pl* tréithe *mpl*, buanna *mpl*.

accord *n* aontú *m*, aontoil *f*.

accordion *n* (*mus*) cairdín *m*.

accost *vt* agaill; cuir forrán ar.

account *n* cuntas *m*, tuairisc *f*; **to account for** *vt* mínigh.

accountability *n* freagracht *f*.

accountable *adj* freagrach.

accountancy *n* cuntasóireacht *f*.

accountant *n* cuntasóir *m*.

accounts book *n* leabhar *m* cuntais.

accumulate *vt* carn, tiomsaigh, bailigh.

accumulation *n* carnadh *m*, cruachadh *m*, bailiú *m*.

accuracy *n* cruinneas *m*.

accurate *adj* cruinn, beacht.

accursed *adj* mallaithe.

accusation *n* gearán *m*, cúiseamh *m*.

accusative *n* (*gr*) cuspóireach *m*.

accuse *vt* cuir i leith duine; cúisigh.

accused *n* cúisí *m*.

accuser *n* cúiseoir *m*.

accustom *vt* gabh i dtaithí *f* le.

accustomed *adj* coitianta, gnách.

ace *n* aon *m*; **within an ace of** faoi aon do, faoi orlach do.

acerbic *adj* searbh.

acerbity *n* seirbhe *f*.

ache *n* pian *f*, tinneas *m*.

achieve *vt* bain amach.

achievement *n* éacht *m*.

acid *adj* searbh. • *n* aigéad *m*.

acidity *n* aigéadacht *f*.

acknowledge *vt* admhaigh; glac le.

acknowledgment *n* admháil *f*.

acme *n* dígeann *m*.

acne *n* aicne *f*.

acorn *n* dearcán *m*.

acoustics *n* fuaimeolaíocht *f*, fuaimíocht *f*.

acquaintance *n* duine *m* aitheantais.

acquainted *adj* eolach.

acquiescence *n* toiliú *m*.

acquiescent *adj* toilteanach.

acquire *vt* faigh.

acquisition *n* fáil *f*.

acquit *vt* saor.

acre *n* acra *m*.

acrimonious *adj* gairgeach.

acrimony *n* gairgeacht *f*, seirbhe *f*.

across *adv* anonn, anall. • *prep* trasna (+ *gen*).

act *vi* gníomhaigh; (*theat*) bheith ag aisteoireacht. • *n* gníomh *m*.

action *n* aicsean *m*.

active *adj* gníomhach.

activity *n* gníomhaíocht *f*.

actor *n* aisteoir *m*.

actress *n* ban-aisteoir *m*.

actual *adj* dearbh, fíor.

actuary *n* achtúire *m*.

acumen *n* géire *f* intinne, grinneas *m*.

acute *adj* géar.

adage *n* nath *m*.

adamant *adj* dáigh.

adapt *vt* cuir rud in oiriúint (do).

adaptability *n* oiriúnacht *f*, solúbthacht *f*.

adaptable *adj* inathraithe; solúbtha.

adaptation *n* athchóiriú *m*.

add *vt* cuir le.

addendum *n* aguisín *m*, forlíonadh *m*.

adder *n* nathair *f* nimhe.

addict *n* andúileach *m*.

addiction *n* andúil *f*.

addition n (math) suimiú m; breis f.

additional adj breise.

address vt cuir seoladh ar; (speak to) cuir forrán ar. • n seoladh; (oration) óráid f.

adequate adj sásúil.

adhere vi greamaigh (do).

adherent n taobhaí m.

adhesive n greamachán m.

adjacent adj cóngarach (do).

adjective n aidiacht f.

adjudication n breithiúnas m.

adjust vt ceartaigh, cóirigh.

adjustable adj incheartaithe.

administer vt riar.

administration n riarachán m.

administrative adj riarthach.

administrator n riarthóir m.

admirable adj inmholta.

admiration n meas m.

admire vt (I admire) tá meas mór agam ar.

admissible adj inghlactha.

admission n cead m isteach; (confession) admháil f.

admit vt lig isteach; (confess) admhaigh.

ado n fuadar m.

adolescence n óigeantacht f.

adolescent n óganach m.

adopt vt uchtaigh.

adoption n uchtú m.

adore vt gráigh.

adorn vt maisigh.

adrift adv ar imeacht le sruth.

adult adj fásta. • n aosach m.

adulterate vt truaillmheasc.

adulteration n truaillmheascadh m.

adulterer n adhaltrach m.

adultery n adhaltranas m.

advance vt cuir chun cinn. • vi téigh chun tosaigh. • n (fin) réamhíocaíocht f.

advanced adj forbartha.

advancement n forbairt f.

advantage n buntáiste m.

advantageous adj tairbheach.

adventure n eachtra f.

adventurous adj eachtrúil.

adverb n dobhriathar m.

adverse adj aimhleasach.

adversity n mí-ádh m.

advertise vt vi fógair.

advertisement n fógra m.

advice n comhairle f.

advise vt comhairligh.

adviser, advisor n comhairleoir m.

advocacy n abhcóideacht f.

advocate n abhcóide m. • vt pléideáil ar son (duine).

aerial n aeróg f.

aeronaut n aerloingseoir m.

aeroplane n eitleán m.

affable adj lách.

affair n gnó m.

affect vt téigh i bhfeidhm f ar; (let on) lig ar.

affection n cion m.

affectionate adj ceanúil.

affinity n (I have an affinity for) tá dáimh f agam le.

affirm vt dearbhaigh, deimhnigh.

affirmative adj dearfach.

afflict vt caith ar.

affliction n léan m.

affluence n rathúnas m.

affluent adj saibhir.

afford: to be able to afford vt rud a bheith de ghustal agat.

affront vt maslaigh.

afloat *adv* ar snámh.

afoot *adv* ar cois

aforementioned *adj* thuasluaite.

afraid *adj* eaglach; **I am afraid** tá eagla orm.

afresh *adv* as an nua.

Africa *n* An Afraic *f*.

African *adj n* Afracach *m*.

after *prep adv* i ndiaidh (+ *gen*).

afternoon *n* iarnóin *f*.

afterthought *n* athsmaoineamh *m*.

again *adv* arís.

against *prep* in aghaidh (+ *gen*).

age *n* aois *f*. • *vt vi* cuir aois ar.

aged *adj* sean, aosta.

agency *n* áisíneacht *f*.

agent *n* gníomhaire *m*.

aggravate *vt* cuir in olcas.

aggression *n* (*phys*) ionsaí *m*.

aggressive *adj* ionsaitheach.

agile *adj* lúfar.

agitate *vt* corraigh.

agitation *n* corraíl *f*.

ago *adv* ó shin.

agog *adv* an-tógtha.

agonise *vt* céasaigh.

agony *n* céasadh *m*.

agree *vi* aontaigh (le).

agreeable *adj* pléisiúrtha.

agreement *n* comhaontú *m*.

agricultural *adj* talmhaíoch.

agriculture *n* talmhaíocht *f*.

aground *adv* (*mar*) ar talamh.

ahead *adv* roimh.

aid *vt* cuidigh le. • *n* cuidiú.

AIDS *n* SEIF.

ailment *n* easláinte *f*.

ailing *adj* tinn.

aim *vt* dírigh ar. • *n* aidhm *f*; (*gun*) amas *m*.

air *n* aer *m*; (*mus*) fonn *m*. • *vt* aeráil.

airborne *adj* ar eitilt.

airline *n* aerlíne *f*.

airmail *n* aerphost *m*.

airport *n* aerfort *m*.

airwave *n* aerthonn *f*.

aisle *n* taobhroinn *f*.

ajar *adj* ar leathoscailt.

akin *adv* cosúil (le).

alacrity *n* lfofacht *f*.

alarm *vt* cuir scaoll i.

alarming *adj* scanrúil.

album *n* albam *m*.

alcohol *n* alcól *m*.

alcoholic *n* alcólach *m*.

alcoholism *n* alcólacht *f*.

alder *n* fearnóg *f*.

ale *n* leann *m*.

alert *adj* airdeallach.

algebra *n* ailgéabar *m*.

alias *n* ainm *m* bréige.

alien *adj* coimhthíoch. • *n* coimhthíoch; (*outer space*) neach *m* neamhshaolta.

alienate *vt* cuir duine in aghaidh (duine eile).

alight *vi* tuirling.

alike *adj* cosúil.

alimony *n* (*law*) ailiúnas *m*.

alive *adj* beo.

all *adj* uile, iomlán

allay *vt* maolaigh.

allegation *n* líomhain *f*.

allegiance *n* dílseacht *f*.

allegory *n* fá-ithscéal *m*.

alleviate *vt* maolaigh.

alleviation *n* maolú *m*.

alliance *n* comhaontas *m*.

alliteration *n* uaim *f*.

allow *vt* ceadaigh.

allowance *n* liúntas *m*.
allusion *n* tagairt *f* (*do*).
ally *n* comhghuaillí *m*.
almanac *n* almanag *m*.
almighty *adj* uilechumhachtach.
almost *adv* beagnach.
alms *n* déirc *f*.
aloft *adv* in airde.
alone *adj* aonarach.
along *adv* feadh; (*pers*) i gcuideachta (+ *gen*).
alongside *adv* le taobh (+ *gen*).
aloud *adv* os ard.
alphabet *n* aibítir *f*.
alphabetical *adj* aibítreach.
already *adv* cheana (féin).
also *adv* fosta, chomh maith.
altar *n* altóir *m*.
alteration *n* athrú *m*.
alternative *n* rogha *f*. • *adj* eile.
although *conj* cé go.
altitude *n* airde *f*.
altogether *adv* go hiomlán, ar fad.
aluminium *n* alúmanam *m*.
always *adv* i gcónaí; (*in past*) riamh.
amalgamate *vt vi* cónaisc.
amateur *n* amaitéarach *m*.
amaze *vt* cuir iontas ar.
amazement *n* iontas *m*.
amazing *adj* iontach.
ambassador *n* ambasadóir *m*.
ambidextrous *adj* comhdheas.
ambiguity *n* athbhrí *f*.
ambiguous *adj* athbhríoch.
ambit *n* timpeall *m*.
ambition *n* uaillmhian *f*.
ambitious *adj* uaillmhianach.
ambulance *n* otharcharr *m*.
ambush *n* luíochán *m*.
ameliorate *vt* feabhsaigh.

amen *excl* áiméan.
amenable *adj* réasúnta.
amend *vt* leasaigh.
amendment *n* leasú *m*.
amenity *n* áis *f*.
America *n* Meiriceá *m*.
American *adj n* Meiriceánach *m*.
amiable *adj* lách.
amid, amidst *prep* i measc (+ *gen*).
amiss *adv*: **something's amis** tá rud éigin cearr.
ammunition *n* armlón *m*.
amnesty *n* pardún *m* ginearálta.
among, amongst *prep* i measc (+ *gen*).
amorous *adj* grámhar.
amount *n* méid *f*, suim *f*.
amphibian *n adj* amfaibiach *m*.
ample *adj* fairsing.
amplification *n* fairsingiú; (*audio*) aimpliú *m*.
amputate *vt* teasc, gearr de.
amputation *n* teascadh *m*.
amuse *vt* déan siamsa do.
amusement *n* siamsa *m*.
amusing *adj* greannmhar.
anachronism *n* iomrall aimsire *m*.
anaemic *adj* (*med*) neamhfholach.
anaesthetic *n* ainéistéiseach *m*.
analogy *n* cosúlacht *f*.
analyse *vt* déan anailís *f* ar, déan mionscrúdú ar.
analysis *n* anailís *f*.
analyst *n* anailísí *m*.
anarchist *n* ainrialaí *m*.
anarchy *n* ainriail *f*, anlathas.
anatomical *adj* anatamaíoch.
anatomy *n* anatamaíocht *f*.
ancestor *n* sinsear *m*.
ancestral *adj* sinseartha.
ancestry *n* sinsearacht *f*.

anchor *n* ancaire *m*.

anchorage *n* leaba *f* ancaire.

ancient *adj* ársa.

and *conj* agus, is.

anew *adv* as an nua.

angel *n* aingeal *m*.

angelic *adj* ainglí.

anger *n* fearg *f*.

angina *n* aingíne *f*.

angle *n* uillinn *f*.

angler *n* iascaire *m* slaite.

angling *n* iascaireacht *f* slaite.

angry *adj* feargach.

anguish *n* crá *m*; léan *m*.

animal *n* ainmhí *m*.

animate *vt* beoigh.

animated *adj* beo.

animation *n* beochan *f*.

ankle *n* rúitín *m*.

annex *n* fortheach *m*.

annihilate *vt* díothaigh.

annihilation *n* díothú *m*.

anniversary *n* cothrom *m* an lae.

annotate *vt* cuir nótaí le.

announce *vi vt* fógair.

announcement *n* fógra *m*.

annoy *vt* buair, ciap.

annoyance *n* crá *m*, ciapadh *m*.

annoying *adj* ciapach.

annual *adj* bliantúil.

annually *adv* gach bliain

annul *vt* cealaigh.

anoint *vt* ung.

anonymous *adj* gan ainm.

another *adj* eile.

answer *vt* freagair. • *n* freagra *m*.

answering machine *n* gléas *m* freagartha.

ant *n* seangán *m*.

antagonist *n* céile *m* comhraic.

antediluvian *adj* roimh an díle.

anthem *n* aintiún *m*.

anthology *n* duanaire *m*, cnuasach *m*.

anthropology *n* antraipeolaíocht *f*.

anticipate *vt* réamhghabh.

anticipation *n* feitheamh *m*.

antidote *n* nimhíoc *f*.

antipathy *n* fuath *m*.

antiquary *n* ársaitheoir *m*.

antique *n* rud *m* ársa. • *adj* seanda.

antiseptic *n* frithsheipteán *m*.

antler *n* beann *f*.

anvil *n* inneoin *f*.

anxiety *n* imní *f*, buairt *f*.

anxious *adj* imníoch, buartha.

any *adj pn* aon, ar bith; **anymore** a thuilleadh; **anyplace** áit *f* ar bith; **anything** rud *m* ar bith.

anyone *n* duine *m* ar bith.

apartheid *n* cinedheighilt *f*.

apartment *n* árasán *m*.

apathy *n* patuaire *f*.

ape *n* ápa *m*.

aperture *n* poll *m*, oscailt *f*.

apex *n* buaic *f*.

apiece *adv* (*person*) an duine; (*thing*) an ceann.

apologise *vi* gabh do leithscéal.

apology *n* leithscéal *m*.

apostle *n* aspal *m*.

apostrophe *n* uaschamóg *f*.

appall *vt* scanraigh.

apparatus *n* gaireas *m*.

apparent *adj* follasach, soiléir.

apparition *n* taibhse *f*.

appeal *vi* déan achomharc. • *n* (*law*) achomharc *m*; (*charm*) tarraingt *f*.

appear *vi* nocht.

appearance *n* cuma *f*; (*arrival*) teacht *m*.

appease vt ceansaigh.

append vt cuir le.

appendage n géagán m.

appendix n (anat) aipindic f, (book) aguisín m.

appetite n goile m.

applaud vt vi tabhair bualadh bos (do).

apple n úll m.

apple tree n crann m úll.

appliance n gaireas m.

applicable adj oiriúnach (do).

applicant n iarrthóir m.

application n (use) feidhm f; iarratas m.

applications npl (comput) feidhmiúcháin mpl.

apply vt cuir le.

appoint vt ceap.

appointment n ceapachán m; (meeting) coinne f.

apportion vt roinn.

appraise vt meas.

appreciate vt cuir luach ar, measúnaigh. • vi (grow) ardaigh.

appreciation n léirthuiscint f.

apprehend vt (infer) tuig; tabhair faoi deara; (arrest) gabh.

approach vi vt druid le. • n modh m oibre.

appropriate vt glac seilbh f ar. • adj tráthúil; cuí.

approval n sásamh m.

approve vt ceadaigh; **to approve of** bí i bhfách le.

approximate adj gar.

apricot n aibreog f.

April n Aibreán m.

apron n naprún m.

apropos adv go feiltech.

apt adj feiliúnach, cuí.

aptitude n éirim f, mianach m.

Arab n adj Arabach m.

Arabic adj Arabach.

arable adj curaíochta.

arbitrate vt eadránaigh.

arbitrator n eadránaí m.

arch n stua m.

archaeologist n seandálaí m.

archbishop n ardeaspag m.

archetype n príomhshamhaltas m.

architect n ailtire m.

architecture n ailtireacht f.

archive n cartlann f.

ardent adj gorthach.

arduous adj dian.

area n ceantar m, limistéar m.

argue vi áitigh.

argument n argóint f.

argumentative adj conspóideach.

arid adj tirim.

arise vi éirigh.

arithmetic n uimhríocht f.

ark n áirc f.

arm n géag f. • vt armáil.

armchair n cathaoir f uilleach.

armistice n sos m cogaidh.

armour n cathéide f.

armpit n ascaill f.

army n arm m.

around prep timpeall (+ gen). • adv timpeall, thart.

arouse vt múscail.

arrange vt socraigh; cóirigh.

arrangement n socrú; (mus) cóiriú m.

array n cuir (rudaí) in eagar.

arrears npl riaráiste m.

arrest vt gabh.

arrival n teacht m.

arrive vi sroich, bain amach.

arrogance *n* sotal *m*.
arrogant *adj* sotalach.
arrow *n* saighead *f*.
arsenal *n* (*mil*) armlann *f*.
arsenic *n* airsinic *f*.
arson *n* dó *m* coiriúil.
art *n* ealaín *f*.
artery *n* artaire *m*.
artful *adj* cleasach, beartach.
arthritis *n* airtríteas *m*.
article *n* alt *m*, airteagal *m*.
articulate *adj* deisbhéalach.
artifice *n* gléas *m*.
artificial *adj* saorga.
artist *n* ealaíontóir *m*.
as *conj* chomh ... le; mar, cionn is (go).
ascend *vt* ardaigh.
ascent *n* éirí *m*.
ascertain *vt* faigh amach, cinntigh.
ascribe *vt* cuir rud síos do dhuine.
ash *n* luaith *f*; (*bot*) fuinseog *f*.
ashamed *adj* náirithe.
ashore *adv* i dtír.
ashtray *n* luaithreadán *m*.
Asia *n* An Áise *m*.
Asiatic, Asian *adj n* Áiseach *m*.
aside *adv* i leataobh.
ask *vt* (*request*) iarr; (*enquire*) fiafraigh (de).
askew *adv* ar fiarsceabha.
asleep *adj*: **I am asleep** tá mé i mo chodladh.
asparagus *n* lus súgach *m*.
aspect *n* dreach *m*.
aspen *n* (*bot*) crann *m* creathach.
asperity *n* gairbhe *f*.
aspiration *n* tnúth *m*.
aspire *vi* bí ag tnúth le rud.
aspirin *n* aspairín *m*.

ass *n* asal *m*.
assail *vt* ionsaigh.
assailant *n* ionsaitheoir *m*.
assassin *n* feallmharfóir *m*.
assassinate *vt* feallmharaigh.
assault *n* ionsaí *m*.
assemble *vt* bailigh.
assembly *n* tionól *m*.
assent *n* aontú *m*.
assert *vt* dearbhaigh.
assertion *n* dearbhú *m*.
assertive *adj* ceannasach.
assess *vt* measúnaigh, meas.
assessment *n* measúnacht *m*, measúnú *m*; **tax assessment** cáinmheas *m*.
assessor *n* measúnóir *m*.
asset *n* sócmhainn *f*.
assiduity *n* dúthracht *f*.
assiduous *adj* dúthrachtach.
assign *vt* ainmnigh.
assignation *n* ainmniú *m*; (*tryst*) coinne *f*.
assignment *n* (*law*) sannadh *m*.
assimilate *vt* comhshamhlaigh.
assist *vt* cuidigh le.
assistance *n* cuidiú *m*; garaíocht *f*.
assistant *n* cúntóir *m*.
associate *vt* samhlaigh rud le rud eile.
association *n* (*people*) caidreamh *m*; comhluadar *m*; (*club*) cumann *m*.
assonance *n* comhshondas *m*.
assortment *n* meascán *m*.
assuage *vt* maolaigh.
assume *vt* gabh ar.
assumption *n* gabháil *f*; (*supposition*) glacadh *m*.
assurance *n* dearbhú *m*.
assure *vt* dearbhaigh.
assuredly *adv* go cinnte.

asterisk n réiltín m.

astern adv (mar) taobh thiar de long.

asthma n asma m.

astonish vt cuir ionadh ar.

astonishment n ionadh m.

astray adv ar seachrán.

astride adv ar scaradh gabhail.

astringent adj ceangailteach, stipeach.

astrologer n astralaí m.

astrology n astralaíocht f.

astronaut n spásaire m.

astronomer n réalteolaí m.

astronomical adj réalteolaíoch.

astronomy n réalteolaíocht f.

asunder adv scartha (ó chéile).

asylum n teach m na ngealt.

at prep ag; (time) ar.

atheism n aindiachas m.

atheist n aindiachaí m.

athletic adj lúfar.

athletics n lúthchleasaíocht f.

athwart adv trasna (+gen).

Atlantic Ocean n An tAigéan m Atlantach.

atlas n atlas m.

atmosphere n atmaisféar m.

atom n adamh m.

atomic adj adamhach.

atone vt déan cúiteamh i.

atonement n cúiteamh m.

atrocious adj uafásach.

atrocity n gníomh m uafáis.

attach vt greamaigh (rud de rud eile).

attached adj greamaithe.

attack vt ionsaigh. • n ionsaí m.

attain vt sroich, bain amach.

attainable adj inbhainte amach.

attainment n baint f amach.

attempt vt tabhair iarraidh f. • n iarraidh f.

attend vt freastail (ar); **to attend to** tabhair aire do rud.

attendance n freastal m.

attendant n freastalaí m.

attentive adj aireach.

attenuate vt tanaigh.

attest vt déan fianaise f le.

attic n áiléar m.

attire n feisteas m.

attitude n dearcadh m.

attract vt tarraing, meall.

attraction n tarraingt f.

attractive adj tarraingteach.

attribute vt cuir rud i leith duine.

attrition n cuimilt f.

attune vt cuir i gcomhréir (le).

auburn adj órdhonn.

auction n ceant m.

audible adj inchloiste.

audience n lucht éisteachta m.

audiovisual adj closamhairc.

audit n iniúchadh m. • vt iniúch.

auditor n iniúchóir m.

augment vt vi méadaigh.

augur vi tuar (**it augurs well**) is maith an tuar é.

August n Lúnasa m.

aunt n aint f.

aurora borealis n an fáinne m ó thuaidh.

auspicious adj fabhrach.

austere adj géar.

austerity n géire f.

Australasia n An Astráláise f.

Australia n An Astráil f.

Austria n An Ostair f.

authentic adj barántúil.

author n údar m.

authorise vt údaraigh.

authority n údarás m.

autobiography n dírbheathaisnéis f.
automatic adj uathoibríoch.
autumn n Fómhar m.
auxiliary adj cúnta.
avail vt: **to avail oneself of** úsáid f a bhaint as.
available adj ar fáil.
avarice n saint f.
avaricious adj santach.
avenge vt bain díoltas amach.
average vt tóg meán ar. • n meán.
aversion n gráin f.
avid adj cíocrach.
avoid vt seachain.

await vt fan le.
awake vt vi múscail. • adj múscailte.
awakening n múscailt f.
award vt tabhair duais f do. • n duais f.
aware adj eolach (ar).
away adv ar shiúl.
awesome adj uamhnach.
awful adj uafásach, millteanach.
awhile adv ar feadh bomaite; (**wait awhile**) fan go fóill.
awkward adj ciotach.
awry adv cearr.
ax, axe n tua f.
axle n fearsaid f.

B

babble *n* cabaireacht *f*.
babe, baby *n* leanbh *m*.
bachelor *n* baitsiléir *m*.
back *n* cúl *m*; (*of person*) droim *m*.
• *adv* ar ais; **a few years back** roinnt
blianta ó shin. • *vt* tacaigh le. • *vi*
cúlaigh.
backbone *n* cnámh *f* droma.
backgammon *n* táiplis *f* mhór.
background *n* cúlra *m*.
backside *n* tóin *f*.
backward *adj* siar, ar gcúl; (*person*)
cúthail.
backwards *adv* siar, ar gcúl.
bacon *n* bagún *m*.
bacterial *adj* baictéarach.
bad *adj* olc, dona.
badge *n* suaitheantas *m*.
badger *n* broc *m*.
badminton *n* badmantan *m*.
badness *n* olcas *m*, donacht *f*.
bad-tempered *adj* confach.
baffle *vt* cuir mearbhall ar.
bag *n* mála *m*.
baggage *n* bagáiste *m*.
bagpipe *n* píb *f* mhór.
bail *n* bannaí *mpl*. • *vt* lig amach ar
bannaí; téigh i mbannaí ar.
bailiff *n* báille *m*.
bait *vt* ciap. • *n* baoite *m*.
bake *vt* bácáil.
baker *n* báicéir *m*.
bakery *n* bacús *m*.
balance *n* cothrom *m*; (*fin*) iarmhéid *m*.
• *vt* cothromaigh; (*fin*) comhardaigh.

balance sheet *n* clár *m* comhardaithe.
balcony *n* balcóin *f*.
bald *adj* maol.
baldness *n* maoile *f*.
baleful *adj* millteach.
ball *n* liathróid *f*, (*dance*) bál *m*.
ballad *n* bailéad *m*.
ballast *n* ballasta *m*.
balloon *n* éadromán *m* (*also person*).
ballot *n* ballóid *f*.
balm, balsam *n* íocshláinte *f*.
bamboo *n* bambú *m*.
bamboozle *vt* cuir dallach dubh ar.
ban *n* cosc *m*. • *vt* cosc, toirmeasc.
banal *adj* seanchaite.
banana *n* banana *m*.
band *n* banda *m*; (*mus*) buíon *f*
cheoil.
bandage *n* bindealán *m*.
bandy-legged *adj* camchosach.
baneful *adj* millteach.
bang *n* pléasc *f*; plab *m*. • *vt* pléasc;
plab.
banish *vt* díbir.
banishment *n* díbirt *f*.
banjo *n* bainseó *m*.
bank *n* banc *m*; (*river, etc*) bruach *m*.
bank account *n* cuntas *m* bainc.
bank card *n* cárta *m* baincéara.
banker *n* baincéir *m*.
banknote *n* nóta *m* bainc.
bank statement *n* ráiteas bainc *m*.
baptise *vt* baist.
baptism *n* baisteadh *m*.
bar *n* barra *m*; (*in pub*) beár *m*.

barbecue n barbaiciú m.
barber n bearbóir m.
bare adj nocht, lom.
barefoot(ed) adj cosnochta.
bargain n sladmhargadh m.
bark n (tree) coirt f, (dog) tafann m.
• vi déan tafann.
barn n scioból m.
barracks npl beairic fsg.
barrel n bairille m.
barren adj aimrid.
bartender n freastalaí m beáir.
base n bun m; (foundation) bonn m;
(milit) bunáit f.
basement n íoslach m.
bashful adj cúthail.
basic adj bunúsach.
basin n mias f.
basis n bunús m.
basket n ciseán m.
basketball n cispheil f.
basking shark n cearbhán m.
bat n buailteoir m; (zool) sciathán m
leathair.
bath n folcadh m, folcadán m.
bathing suit n culaith f shnámha.
bathroom n seomra m folctha.
battery n cadhnra m, ceallra m.
battle n cath m.
bawdy adj gáirsiúil.
bay n bá f.
bazaar n basár m.
be vi bí; is (see grammar notes).
beach n trá f.
bead n coirnín m.
beak n gob m.
bean n pónaire m.
bear vt iompair.
bear n béar m.
beard n féasóg f.

beast n beithíoch m.
beat vt vi buail. • n bualadh m.
beating n bualadh m, greasáil f.
beautiful adj álainn, scéimhiúil.
beauty n áilleacht f, scéimh f.
because conj mar, toisc (go).
beckon vt sméid ar.
bed n leaba f.
bedroom n seomra m leapa.
bee n beach f.
beef n mairteoil f.
beefburger n burgar m.
beer n beoir f.
beetle n ciaróg f, daol m.
before adv roimh. • conj sula (+ in-
dir).
beg vt impigh ar; iarr déirc.
beggar n fear m or bean f déirce.
begin vt vi tosaigh.
beginning n tús m.
behave vi iompair.
behaviour n iompar m.
behind prep taobh thiar de. • adv
thiar. • n tóin f.
being n neach m; (existence) bheith f.
belief n creideamh m.
believable adj inchrheidte.
believe vi vt creid.
bell n clog m, cloigín m.
bellow vi béic.
bellows npl boilg f.
belly n bolg m.
belong vi (it belongs to me) is liom-
sa é.
beloved adj ionúin.
below adv thíos. • prep faoi.
belt n crios m.
bench n binse m.
bend vi vt lúb. • n lúb f.
beneath adv thíos. • prep thíos faoi.

benediction *n* beannacht *f.*

benefaction *n* dea-ghníomh *m.*

benefactor *n* patrún *m.*

beneficent *adj* carthanach.

beneficial *adj* tairbheach.

benefit *n* sochar *m*, leas *m.*

benevolence *n* dea-mhéin *f.*

benevolent *adj* dea-mhéineach.

benign *adj* (*person*) caoin; (*med*) neamhurchóideach.

bent *n* cam *m.*

benumb *vt* cuir eanglach ar.

bequeath *vt* tiomnaigh.

bequest *n* tiomnacht *f.*

bereave *vt* bain de.

berry *n* caor *f*, sméar *f.*

beseech *vt* agair ar.

beside *prep* taobh le, in aice le.

besides *adv* le cois.

besiege *vt* (*fort*) cuir faoi léigear.

best *adj* is fearr. • *n* rogha *f.* • *vt* faigh an ceann is fearr ar

bestial *adj* brúidiúil.

bestow *vt* bronn (rud) ar.

bet *n* geall *m.* • *vi vt* cuir geall ar.

betray *vt* braith *m.*

betrayal *n* feall *m.*

betroth *vt* déan cleamhnas idir.

better *adj* níos fearr.

between *adv* idir. • *prep* idir.

bewail *vi* caoin.

beware *vi* seachain.

bewitch *vt* cuir faoi gheasa.

beyond *prep* ar an taobh thall (de); (*more than*) os cionn.

bias *n* claonadh *m.*

bible *n* bíobla *m.*

biblical *adj* scioptúrach.

bibliography *n* leabharliosta *m.*

bicycle *n* rothar *m.*

bid *n* tairiscint *f.* • *vi* tairg.

bidding *n* (*invitation*) cuireadh *m.*

bide *vi vt* fan leis an am ceart.

biennial *adj* débhliantúil.

bier *n* cróchar *m.*

big *adj* mór.

bigamist *n* déchéileach *m.*

bigot *n* biogóid *m.*

bigotry *n* biogóideacht *f.*

bikini *n* bicíní *m.*

bilateral *adj* déthaobhach.

bile *n* domlas *m.*

bilingual *adj* dátheangach.

bill *n* bille *m.*

billion *n* billiún *m.*

bin *n* bosca *m* bruscair.

bind *vt* ceangail.

binding *n* greamú *m.*

binoculars *npl* déshúiligh *mpl.*

biochemist *n* bithcheimicí *m.*

biochemistry *n* bithcheimic *f.*

biography *n* beathaisnéis *f.*

biological *adj* bitheolaíoch.

biology *n* bitheolaíocht *f.*

biped *n* déchosach *m.*

birch *n* beith *f.*

bird *n* éan *m.*

birdsong *n* ceol *m* na n-éan, ceiliúr *m* éan.

birth *n* breith *f.*

birth certificate *n* teastas *m* beireatais.

birth control *n* (*method*) frithghin-iúint *f.*

birthday *n* breithlá *m.*

birthright *n* ceart *m* oidhreachta.

biscuit *n* briosca *m.*

bisect *vt* déroinn.

bishop *n* easpag *m.*

bit *n* giota *m*, píosa *m*; (*comput*) giotán *m*; (*horse*) béalbhach *f.*

bitch n bitseach f.

bite vt bain greim as.

biting adj (wind) polltach.

bitter adj géar.

black adj dubh.

blackbird n lon dubh m.

blackboard n clár m dubh.

blacken vt dubhaigh.

black-humoured adj (morose) grua-ma.

blackleg n cúl m le stailc f.

blacklist n liosta m dubh.

blackmail n dúmhál m.

blackness n duibhe f.

blacksmith n gabha m.

bladder n lamhnán m.

blade n (grass) gas m (féir); (weapon) lann f.

blame n locht m, milleán m. • vt an locht a chur ar.

blameless adj gan locht.

blanch vt geal.

bland adj tur, leamh.

blank adj bán, folamh.

blanket n blaincéad m.

blasphemy n diamhasla m.

blast n pléasc f. • vt pléasc.

blaze n dóiteán m. • vi bheith ag bladhmadh.

bleach vt bánaigh.

bleak adj sceirdiúil; (prospects) gruama.

bleat n bheith ag méileach.

bleed vi cuir fuil f.

bleeper n blípire m.

blemish n smál m.

blend n cumasc m. • vt cumaisc, measc.

bless vt beannaigh.

blessed adj beannaithe.

blessing n beannacht f.

blight vt mill.

blind adj dall. • n (window) dallóg f.

blind man/woman n dall m.

blindness n daille m.

blink vi caoch (na súile).

bliss n aoibhneas m.

blissful adj aoibhneach.

blister n spuaic f, clog m. • vi clog.

blithe adj gliondrach.

blizzard n síobadh m sneachta.

bloated adj ata.

block n bloc m. • vt coisc.

blockhead n dundalán m.

blond(e) adj fionn.

blood n fuil f.

blood feud n fíoch m bunaidh.

blood group n fuilghrúpa m.

blood pressure n brú m fola.

bloodshed n doirteadh m fola.

blood transfusion n fuilaistriú m.

blood vessel n fuileadán m.

bloody adj fuilteach.

bloom n bláth m.

blot n smál m.

blotting paper n páipéar m súite.

blouse n blús m.

blow vi vt séid.

blubber n blonag f (míl mhóir).

blue adj gorm.

blueness n goirme f.

bluff n cur i gcéill f.

blunder n botún m.

blunt adj maol. • vt maolaigh.

blur vt doiléirigh.

blush n luisne f.

bluster vt déan bagairt f.

boar n torc m.

board n clár m; bord m. • vt téigh ar (bord).

boarding house n teach m lóistín.

boarding pass n cárta m bordála.

boast n mórtas m. • vi déan mórtas (as).

boaster n bladhmaire m.

boastful adj mórtasach.

boat n bád m.

body n corp m, colainn f; (band) buíon f.

bog n portach m.

bog-cotton n ceannbhán m.

boggle vi loic.

boil vi vt bruith.

boiled adj bruite.

boiler n coire m.

boisterous adj callánach.

bold adj dalba, dána.

boldness n dalbacht f, dánacht f.

bolster vt tacaigh le.

bolt n bolta m. • vt boltáil.

bomb n buama m. • vt buamáil.

bond n ceangal m.

bondage n braighdeanas m.

bone n cnámh f.

boneless adj gan chnámh f.

bonfire n tine f chnámha.

bonnet n boinéad m.

bonny adj dóighiúil.

bonus n bónas m.

bony adj cnámhach.

book n leabhar m.

bookcase n leabhragán m.

bookish adj leabhrach.

bookkeeper n cuntasóir m.

bookkeeping n cuntasaíocht f.

bookseller n díoltóir leabhar m.

bookshop, bookstore n siopa m leabhar.

boor n amhas m.

boorish adj tútach.

boot n buatais f.

booth n both f.

booty n creach f.

booze vi póit a dhéanamh. • n biotáille f.

border n críoch f, teorainn f.

borderer n fear m teorann

bore vt tuirsigh.

boring adj leadránach.

borrow vt rud a fháil ar iasacht f.

borrower n iasachtaí m.

bosom n ucht m.

boss n saoiste m.

botanise vt staidéar a dhéanamh ar luibheolaíocht f.

botanist n luibheolaí m.

botany n luibheolaíocht f.

both pn an bheirt f. • adj araon.

bother vt cráigh. • n crá m, buairt f.

bottle n buidéal m.

bottom n bun m, íochtar m; (of sea, loch) grinneall m.

bottomless adj gan teorainn.

bough n craobh f.

bound n (jump) léim f. • vi léim.

bounteous, bountiful adj fial.

bourgeois adj meánaicmeach.

bow n bogha m; (ship) tosach m; (head) umhlú m.

bowels npl inní mpl.

bowl n babhla m.

bowsprit n crann m cinn.

bowstring n sreang f bogha.

box n bosca m. • vi dornáil.

boxer n dornálaí m.

boxer shorts npl bríste m gairid.

boy n buachaill m; (young man) stócach m.

boycott n baghcat m.

bra n cíochbheart m.

brace n (pair) péire m.

braces npl guailleáin m.

bracken n (bot) raithneach f.

bracket n lúibín f.

brae n mala f.

brag vi déan mórtas.

bragging n mórtas m.

brain n inchinn f.

brainy adj éirimiúil.

brake n coscán m.

bramble n dris f.

bramble-berry n sméar f dhubh.

branch n craobh f, géag f. • vi imeacht ó.

brandish vt beartaigh.

brandy n branda m.

brass n prás m.

brat n sotaire m.

brave adj cróga.

bravery n crógacht f.

brawl n maicín m. • vi callán a thógáil.

bray vi bheith ag grágáil.

breach n bearna f. • vt bearnaigh

bread n arán m.

breadcrumbs npl grabhróga f aráin.

breadth n leithead m.

break vt bris.

breakfast n bricfeasta m.

breast n cíoch f.

breath n anáil f.

breathe vt (out) anáil f a chur amach; (in) anáil f a tharraingt isteach.

breathless adj as anáil f.

breed n pór m. • vt póraigh.

breeder n síolraitheoir m.

breeding n tógáil f.

breeze n feothan m.

brevity n gontacht f.

brew vt (beer) grúdaigh. • n grúd-

aireacht f.

brewer n grúdaire m.

brewery n grúdlann f.

bribe n breab f. • vt breab.

bribery n breabaireacht f.

brick n bríce m.

bricklayer n bríceadóir m.

bridal adj bainise.

bride n brídeach f.

bridegroom n grúm m.

bridesmaid n cailín m coimhdeachta.

bridge n droichead m.

brief adj gearr.

brigand n sladaí m.

bright adj geal; (clever) cliste.

brighten vt geal.

brightness n gile f.

brilliant adj lonrach; (mind) tá ardintleacht f aige.

brim n béal m.

brine n sáile m.

bring vt tabhair (leat).

brink n bruach m.

brisk adj briosc; beoga.

briskness n beogacht f.

bristle n colg m. • vi (he bristled with anger) d'éirigh colg feirge air.

bristly adj colgach.

Britain n An Bhreatain f (Mhór).

British adj Briotanach.

brittle adj briosc.

broach vt (to broach a question) an ceann a bhaint de scéal.

broad adj leathan.

broadcast vt vi craolaigh.

broadcaster n craoltóir m.

broad-minded adj leathanaigeanta.

broccoli n brocailí m.

brochure n bróisiúr m.

brogue n bróg f; (language) blas m.

broken *adj* briste.
broker *n* bróicéir *m*.
brokerage *n* bróicéireacht *f*.
bronchial *adj* broncach.
bronchitis *n* broincíteas *m*.
bronze *n* umha *m*.
bronzed *adj* donn, griandóite.
brooch *n* bróiste *m*.
brood *vi* gor a dhéanamh (ar rud). • *n* ál *m*.
brook *n* sruthán *m*.
broom *n* scuab *f*.
broth *n* anraith *m*.
brothel *n* teach *m* striapachais.
brother *n* deartháir *m*.
brotherhood *n* bráithreachas *m*.
brotherly *adj* bráithriúil.
brow *n* mala *f*; (*of hill*) maoileann *m*.
brown *adj* donn.
brownness *n* doinne *f*.
browse *vi* do shúil a chaitheamh thar (rud); (*book*) mearspléachadh a thabhairt ar leabhar.
bruise *vt* brúigh. • *n* ball *m* gorm.
brush *n* scuab *f*. • *vt* scuab.
brushwood *n* caschoill *f*.
Brussels *n* An Bhruiséil *f*.
brutal *adj* brúidiúil.
brutality *n* brúidiúlacht *f*.
brute *n* brúid *f*.
bubble *n* boilgeog *f*.
bubblegum *n* guma coganta *m*.
buck *n* boc *m*.
bucket *n* buicéad *m*.
buckle *n* búcla *f*.
bud *n* bachlóg *f*.
Buddhism *n* Búdachas *m*.
budge *vi vt* bog.
budget *n* buiséad *m*; (*govt*) cáinaisnéis *f*.

buffet *n* cuntar bia *m*.
bug *n* feithid *f*.
bugle(horn) *n* buabhall *m*.
bugler *n* buabhallaí *m*.
build *vt* tóg.
builder *n* tógálaí *m*.
building *n* foirgneamh *m*.
building society *n* cumann *m* foirgníochta.
bulb *n* bolgán *m*.
bulk *n* toirt *f*.
bulky *adj* toirtiúil.
bull *n* tarbh *m*.
bulldog *n* tarbhghadhar *m*.
bulldozer *n* ollscartaire *m*.
bullet *n* piléar *m*.
bulletin *n* bileog *f* nuachta; (*broadcast*) feasachán *m*.
bulletin board *n* clár *m* fógraí.
bullock *n* bullán *m*.
bully *n* bulaí *m*.
bum *n* tóin *f*.
bump *n* (*car*) tuairt *f*; (*swelling*) cnapán *m*; (*on road, head*) uchtóg *f*.
bumper *n* cosantóir *m*.
bun *n* bonnóg *f*.
bunch *n* dos *m*, dornán *m*.
bundle *n* beart *m*.
bung *n* stopadán *m*.
bungalow *n* bungaló *m*.
bungle *vt* praiseach *f* a dhéanamh de.
bungler *n* ciotachán *m*.
buoy *n* (*mar*) baoi *m*.
buoyancy *n* snámhacht *f*.
buoyant *adj* snámhach.
burden *n* ualach *m*. • *vt* ualaigh.
bureau *n* biúró *m*.
bureaucracy *n* maorlathas *m*.
burgh *n* burg *m*.
burglar *n* buirgléir *m*.

burglary n buirgléireacht f.
burial n adhlacadh m.
burlesque n scigaithris f.
burly adj téagartha.
burn vt dóigh. • n dó m.
burn n (stream) sruthán m.
burning adj loiscneach
burnish vt sciomraigh.
burst vi vt pléasc.
bury vt adhlaic.
bus n bus m.
bush n tor m.
bushy adj torach.
business n gnólacht f.
businesslike adj críochnúil.
businessperson n fear m gnó/bean f ghnó.
bust n busta m.
bustle n fuadar m.
busy adj gnóthach.
busybody n socadán m.
but conj ach.
butcher n búistéir m.
butler n buitléir m.

butt n bun m toitín; (wine) bairille m; (target) ceap m. • vt buail sonc ar.
butter n im m.
buttercup n (bot) cam an ime m.
butterfly n féileacán m.
buttery adj butrach.
buttocks npl mása mpl.
button n cnaipe m. • vt cnaipí a cheangal.
buxom adj bloiscíneach.
buy vt ceannaigh.
buyer n ceannaí m.
buzz n crónán m. • vt (to buzz someone) glaoch a chur ar dhuine.
buzzard n clamhán m.
by prep in aice le; by and by ar ball; by bus ar an bhus; (via) trí.
by-election n fothoghchán m.
bypass n seachród m.
byre n cró m.
bystander n féachadóir m.
byte n (comput) beart m.
byword n leathfhocal m.

C

cab *n* tacsaí *m*.

cabbage *n* cabáiste *m*.

cabin *n* bothán *m*; bothóg *f*; cabán *m*.

cabinet *n* caibinéad *m*.

cable *n* cábla *m*.

cable television *n* teilifís *f* chábla.

cabstand *n* stad *m* tacsaithe.

cache *n* taisce *f*.

cactus *n* cachtas *m*.

café *n* caife *m*.

cafeteria *n* caifitéire *m*.

caffein(e) *n* caiféin *f*.

cage *n* cás *m*; caighean *m*. • *vt* (rud/duine) a chur isteach i gcás; duine a chur i bpríosún.

cajole *vt* bréag (duine a bhréagadh le rud a dhéanamh).

cake *n* cáca *m*.

calamitous *adj* tubaisteach.

calamity *n* tubaiste *f*.

calculable *adj* ináirithe; somheasta.

calculate *vt* áirigh; comháirigh; ríomh.

calculation *n* áireamh *m*.

calculator *n* áireamhán *m*.

calculus *n* (*math, med*) calcalas *m*.

calendar *n* féilire *m*.

calf *n* lao *m*; gamhain *m*.

call *vt* scairt; glaoigh; **to call for** iarr; **to call on** cuairt a thabhairt ar; **to call attention** aird a dhíriú; **to call names** maslaigh. • *n* cuairt *f*; gairm *f*.

caller *n* scairteoir *m*, cuairteoir *m*.

calling *n* gairm *f*.

callous *adj* faurchroíoch, cruachroíoch.

calm *n* ciúnas *m*. • *adj* ciúin; suaimhneach; socair; sochma. • *vt* ciúnaigh.

calmness *n* ciúnas *m*; suaimhneas *m*.

calorie *n* calra *m*.

Calvary *n* Calvaire *m*.

Calvinist *n* Cailvíneach *m*.

camel *n* camall *m*.

camera *n* ceamara *m*.

camera operator *n* ceamaradóir *m*.

camouflage *n* duaithníocht *f*.

camp *n* campa *m*. • *vi* campáil.

campaign *n* feachtas *m*. • *vi* téigh ar fheachtas.

campaigner *n* saighdiúir *m*.

camper *n* campálaí *m*.

campsite *n* láithreán campála *m*.

can *vb aux* féad, is féidir le (féadaim/is féidir liom é a dhéanamh). • *n* canna *m*.

canal *n* canáil *f*.

cancel *vt* cealaigh, cuir ar ceal.

cancellation *n* cealú *m*.

cancer *n* ailse *f*.

Cancer *n* An Portán *m*.

candid *adj* díreach, fírinneach.

candidate *n* iarrthóir *m*.

candidly *adv* go díreach, go fírinneach.

candle *n* coinneal *f*.

candour *n* oscailteacht *f*.

candy *n* milseán *m*, candaí *m*.

cane *n* cána *m*.

cannabis *n* canabhas *m*.

cannon *n* canóin *f.*

canoe *n* curach *m.*

canon *n* canóin *f.*

canopy *n* ceannbhrat *m.*

cantankerous *adj* cantalach.

canteen *n* proinnteach *m.*

canvas *n* canbhás *m.*

canvass *vt* vótaí a iarraidh.

cap *n* caipín *m.*

capability *n* cumas *m*, acmhainn *f.*

capacity *n* toilleadh *m.*

cape *n* clóca *m.*

capital *adj* príomh-, ceann-, mór, ard.

capital city *n* príomhchathair *f.*

capitalism *n* caipitleachas *m.*

capitalist *n* caiptlí *m*, rachmasaí *m.*

capital letter *n* ceannlitir *f.*

capital punishment *n* pionós *m* báis.

capitulate *vi* géill (ar choinníollacha).

capricious *adj* guagach.

Capricorn *n* An Gabhar *m.*

capsize *vt* (*mar*) iompaigh (an bád) béal faoi.

capsule *n* capsúl *m*, (*bot*) cochall *m.*

captain *n* captaen *m*; ceann *m* feadhna.

captivate *vt* draíocht *f* a chur ar.

captivation *n* mealltóireacht *f.*

captive *n* cime *m*, príosúnach *m.*

captivity *n* géibheann *m*, braighdeanas *m.*

capture *n* tógáil *f*, gabháil *f*. • *vt* tóg, gabh.

car *n* carr *m*, gluaisteán *m.*

caravan *n* carabhán *m.*

carbohydrate *n* carbaihiodráit *f.*

carbon *n* carbón *m.*

carcass *n* conablach *m.*

card *n* cárta *m.*

cardboard *n* cairtchlár *m.*

card game *n* cluiche *m* cártaí.

cardinal *adj* bunúsach, príomh-. • *n* cairdinéal *m.*

care *n* imní *f*, buaireamh *m*, cúram *m*. • *vi* **I don't care** is cuma liom; **to care for** *vt* aire *f* a thabhairt do.

career *n* slí *f* bheatha. • *vi* imeacht de rúchladh.

careful *adj* cúramach, faichilleach.

careless *adj* míchúramach, leibideach.

carelessness *n* neamhaird *f.*

caress *n* muirniú *m*. • *vt* muirnigh.

caretaker *n* airíoch *m.*

cargo *n* lasta *m*, lucht báid *m.*

caricature *n* scigphictiúr *m.*

caries *n* lobhadh *m.*

carnage *n* ár *m.*

carnal *adj* collaí, drúisiúil.

carnival *n* feis *f*, carnabhal *m.*

carnivorous *adj* feoiliteach.

carpenter *n* saor adhmaid *m.*

carpentry *n* adhmadóireacht *f.*

carpet *n* brat *m* urláir, cairpéad *m.*

carriage *n* carráiste *m*, cóiste *m.*

carrion *n* ablach *m.*

carrot *n* meacan dearg *m*, cairéad *m.*

carry *vt* iompair; **to carry the day** an bua a fháil; **to carry on** lean de.

cart *n* cairt *f*, trucáil *f.*

cartilage *n* loingeán *m.*

cartoon *n* cartún *m.*

cartridge *n* cartús *m.*

carve *vt* snoigh, gearr.

carving *n* snoíodóireacht *f.*

case *n* cás *m*, cúis *f*, **in case** ar eagla (go).

cash *n* airgead *m* (tirim).

cash card *n* cárta *m* airgid.

cash dispenser *n* dáileoir airgid *m.*

cashier *n* airgeadóir *m*.

casino *n* caisiné *m*.

casket *n* cisteog *f*.

casserole *n* casaról *m*.

cassette *n* caiséad *m*.

cassette player *n* seinnteoir caiséad *m*, téipthaifeadán *m*.

cast¹ *vt* caith, teilg.

cast² *n* foireann *f*.

caste *n* sainaicme *f*.

castigate *vt* smachtaigh, íde *f* béil a thabhairt do.

castle *n* caisleán *m*.

castrate *vt* spoch, coill.

castration *n* spochadh *m*, coilleadh *m*.

casual *adj* fánach, neamhchúiseach, neamhfhoirmiúil.

casually *adv* go fánach, etc.

cat *n* cat *m*.

catalogue *n* catalóg *f*, clár *m*.

catapult *n* crann *m* tabhaill.

cataract *n* cataracht *f*, fionn *m*.

catastrophe *n* tubaiste *f*.

catch *vt* beir ar, gabh; **to catch cold** slaghdán a tholgadh; **to catch fire** téigh le thine. • *n* gabháil *f*, cleas *m*.

catchword *n* leathfhocal *m*.

catechism *n* caiticeasma *m*.

categorical *adj* dearfa, follasach.

categorically *adv* go dearfa, etc.

category *n* catagóir *f*, earnáil *f*.

cater *vi* riar ar, freastail ar.

catering *n* lónadóireacht *f*.

caterpillar *n* cruimh *f*.

cathedral *n* ardeaglais *f*.

Catholic *adj n* (*relig*) Caitliceach *m*.

Catholicism *n* Caitliceachas *m*.

cattle *n* eallach *m sg*.

cauliflower *n* cóilis *f*.

cause *n* údar *m*, fáth *m*, cúis *f*, **cause for complaint** ábhar *m* gearáin. • *vt* tabhairt ar dhuine (rud a dhéanamh).

causeway *n* cabhsa *m*.

cauterise *vt* poncloisc.

caution *n* faicheall *m*, rabhadh *m*. • *vt* tabhair rabhadh (do).

cautious *adj* faichilleach.

cavalry *n* marcshlua.

cave *n* uaimh *f*.

cavity *n* log *m*, cuas *m*, béalchuas *m*.

cease *vt* stad (de), éirigh as. • *vi* stad, éirigh as.

ceasefire *n* sos *m* lámhaigh.

ceaseless *adj* gan stad.

ceaselessly *adv* gan stad, go síoraí.

cede *vt* géill.

ceiling *n* síleáil *f*.

celebrate *vt* ceiliúir.

celebration *n* ceiliúradh *m*.

celery *n* soilire *m*.

celibate *adj* aontumha.

cell *n* cill *f*.

cellar *n* siléar *m*.

cement *n* stroighin *f*. • *vt* stroighnigh.

cemetery *n* reilig *f*.

censor *n* cinsire *m*.

censorship *n* cinsireacht *f*.

censure *n* cáineadh *m*. • *vt* cáin; locht a fháil ar.

census *n* daonáireamh *m*.

centenary *n* ceiliúradh *m* céad bliain.

centigrade *n* ceinteagrád *m*.

centimetre *n* ceintiméadar *m*.

central *adj* lárnach.

centralise *vt* lárnaigh.

centre *n* lár *m*, (*bldg*) lárionad *m*. • *vt* rud a chur i lár báire.

century *n* céad *m*, aois *f*.

ceramic *adj* ceirmeach.

cereal n arbhar m.

ceremonial adj deasghnách.

ceremony n deasghnáth m, searmanas m.

certain adj cinnte, dearfa.

certainty, certitude n cinnteacht f, dearfacht f.

certificate n teastas m.

certification n deimhniú m.

certify vt deimhnigh.

cessation n stopadh m.

chafe vt scríob.

chagrin n díomá f.

chain n slabhra m. • vt cuir ar slabhra.

chair n cathaoir f. • vt bheith sa chathaoir.

chairman, chairperson n cathaoirleach m.

chalk n cailc f.

challenge n dúshlán m. • vt dúshlán a thabhairt ar dhuine (rud a dhéanamh).

chamber n seomra m.

champion n curadh m. • vt cosain.

championship n craobh f.

chance n seans m, faill f; **by chance** de thaisme.

chancellor n seansailéir m.

change vt athraigh. • vi athraigh. • n athrú m.

changeable adj inathraithe.

channel n cainéal m; (TV) bealach m. • vt dírigh ar.

chant n coigeadal m, cantaireacht f. • vt cantaireacht f a dhéanamh.

chaos n anord m.

chaotic adj anordúil, bunoscionn.

chapel n séipéal m.

chapter n caibidil f.

character n carachtar m.

characteristic adj tréitheach.

charcoal n gualach m.

charge vt (elec) luchtaigh, ruathar a thabhairt faoi. • n táille f; (milit) ruathar m.

charitable adj carthanach.

charity n cumann m carthanachta.

charm n meallacacht f. • vt meall.

chart n cairt f.

charter n cairt f. • vt cairtfhostaigh.

chase vt seilg. • n tóir f.

chaste adj geanmnaí, glan.

chastise vt smachtaigh.

chastisement n smachtú m.

chastity n geanmnaíocht f.

chat vi déan dreas comhrá le duine. • n comhrá m.

chatter vi déan cabaireacht f.

chauffeur (-euse) n tiománaí m.

chauvinist n seobhaineach m.

cheap adj saor.

cheapen vt saoirsigh.

cheat vt déan séitéireacht f ar. • n séitéir m.

check vt deimhnigh; seiceáil. • n seiceáil f.

checkup n seiceáil f.

cheek n leiceann m.

cheer n gáir f mholta. • vt cuir gáir f mholta asat do (dhuine).

cheerful adj gealgháireach; croíúil.

cheerfulness n croíúlacht f.

cheeriness n croíúlacht f.

cheese n cáis f.

chef n príomhchócaire m.

chemist n ceimiceoir m, poitigéir m.

chemistry n ceimic f.

cheque n seic m.

cherish vt muirnigh.

cherry n silín m.

chess *n* ficheall *f.*

chest *n* (*anat*) cliabh *m,* (*furn*) cófra *m.*

chew *vt* cogain.

chewing gum *n* guma coganta *m.*

chick *n* scalltán *m,* sicín *m.*

chicken *n* circeoil *f,* sicín *m.*

chief *adj* príomh-, ard-. • *n* taoiseach *m,* ceann *m* urra.

chieftain *n* taoiseach *m.*

child *n* leanbh *m,* páiste *m.*

childbirth *n* breith *f* clainne.

childhood *n* leanbaíocht *f.*

childish *adj* leanbaí, páistiúil.

children *n* (*of family*) clann *f.*

chill *n* fuacht *m.* • *vt* fuaraigh.

chilly *adj* fuar, féithuar.

chimney *n* simléar *m.*

chin *n* smig *f.*

chip *vt* bain slis *f* de. • *n* sceallóg *f,* slis *f,* sceall *m.*

chirp *vi* gíog *f* a ligint asat. • *n* gíog *f.*

chisel *n* siséal *m.*

chivalry *n* ridireacht *f.*

chocolate *n* seacláid *f.*

choice *n* rogha *f,* togha *m;* **choice of food and drink** rogha gach bia agus togha gach dí. • *adj* tofa.

choir *n* cór *m.*

choke *vt* tacht.

choose *vt* roghnaigh.

chop *vt* gearr. • *n* gríscín *m;* **chops** *npl* (*sl*) geolbhaigh *m.*

chore *n* creachlaois *f.*

chorus *n* curfá *m.*

christen *vt* baist.

christening *n* baisteadh *m.*

Christian *adj n* Críostaí *m.*

Christmas *n* Nollaig *f.*

Christmas Eve *n* Oíche *f* Nollag *f.*

chronic *adj* ainsealach.

chronicle *n* croinic *f.*

chronicler *n* croinicí *m.*

chronological *adj* cróineolaíoch.

chronologically *adv* de réir dátaí.

chronology *n* cróineolaíocht *f.*

chuckle *n* maolgháire *m.*

chum *n* compánach *m.*

church *n* eaglais *f.*

cider *n* ceirtlis *f.*

cigar *n* todóg *f.*

cigarette *n* toitín *m.*

cinder *n* aibhleog *f* dhóite.

cinema *n* pictiúrlann *f.*

circle *n* ciorcal *m.* • *vt* timpeallaigh.

circuit *n* cúrsa *m;* (*elec*) ciorcad *m.*

circular *adj* ciorclach. • *n* ciorclán *m.*

circulate *vi* téigh thart.

circulation *n* (*anat*) imshruthú *m.*

circumference *n* imlíne *f.*

circumspect *adj* airdeallach.

circumstances *n* tosca *m.*

circumvent *vt* (*fig*) bob a bhualadh (ar dhuine).

circus *n* sorcas *m.*

cite *vt* luaigh.

citizen *n* saoránach *m.*

city *n* cathair *f.*

civic *adj* cathartha.

civil *adj* sibhialta.

civilian *n* sibhialtach *m.*

civilisation *n* sibhialtacht *f.*

civilise *vt* tabhair chun sibhialtachta.

claim *vt* éiligh; maígh. • *n* éileamh *m.*

claimant *n* éilitheoir *m.*

clamour *n* rí-rá *m.*

clamp *n* teanntán *m.* • *vt* clampaigh.

clandestine *adj* folaitheach.

clap *vi* tabhair bualadh bos.

clarification *n* soiléiriú *m.*

clarify *vt* soiléirigh.

clarity *n* soiléireacht *f*.

clasp *n* claspa *m*. • *vt* fáisc.

class *n* rang *m*.

classic, classical *adj* clasaiceach.

classification *n* rangú *m*.

classify *vt* rangaigh.

classroom *n* seomra *m* ranga.

clatter *vi* déan clagarnach *f*. • *n* clagarnach *f*.

claw *n* crúb *f*.

clean *adj* glan. • *vt* glan.

cleaning *n* glanadh *m*.

cleanliness *n* glaineacht *f*.

clear *adj* soiléir. • *vt* glan.

cleft *n* scoilt *f*.

clemency *n* trócaire *f*.

clement *adj* trócaireach; (*meteor*) breá.

clergy *n* cléir *f*.

clergyman *n* eaglaiseach *m*.

clerical *adj* cléiriúil.

clerk *n* cléireach *m*.

clever *adj* cliste, glic.

click *vt* cnag *m*. • *n* cniog *m*.

client *n* cliant *m*.

cliff *n* aill *f*.

climate *n* aeráid *f*; clíoma *m*.

climatic *adj* aeráideach.

climax *n* buaic *f*.

climb *vt vi* dreap.

climber *n* dreapadóir *m*.

cling *vi* greim a choinneáil (ar).

clinic *n* clinic *m*.

clip *vt* bearr.

cloak *n* clóca *m*. • *vt* ceil.

cloakroom *n* seomra *m* cótaí.

clock *n* clog *m*.

clog *n* paitín *m*.

close *vt* druid. • *n* clabhsúr *m*. • *adj* gar (do).

closeness *n* gaireacht *f*, foisceacht *f*.

cloth *n* éadach *m*; bréid *m*.

clothe *vt* gléas.

clothes *npl* éadaí *mpl*.

cloud *n* scamall *m*; néal *m*.

cloudy *adj* scamallach.

clover *n* seamair *f*.

clown *n* fear *m* grinn.

club *n* cumann *m*, club *m*.

clue *n* leid *f*.

clumsiness *n* ciotrúntacht *f*.

clumsy *adj* ciotach.

cluster *n* crobhaing *f*.

clutch *n* greim *m*. • *vt* greim a fháil ar.

coach *n* cóiste *m*. • *vt* traenáil.

coagulate *vt* téacht.

coal *n* gual *m*.

coalesce *vi vt* táthaigh.

coalition *n* comhcheangal *m*.

coarse *adj* garbh.

coast *n* cósta *m*.

coastal *adj* cósta.

coastguard *n* garda *m* cósta.

coat *n* cóta *m*.

coating *n* cumhdach *m*.

coax *vt* meall.

cobweb *n* líon *m* damhain alla.

cock *n* coileach *m*.

cockpit *n* cábán *m* (píolóta).

cocoa *n* cócó *m*.

coconut *n* cnó *m* cócó.

cocoon *n* cocún *m*.

cod *n* trosc *m*.

code *n* cód *m*.

coercion *n* comhéigean *m*.

coexistence *n* comhbheith *f*.

coffee *n* caife *m*.

coffer *n* cófra *m*.

coffin *n* cónra *f*.

cog *n* fiacail *f*.

cogency *n* éifeacht *f*.
cogent *adj* éifeachtach.
cognisance *n* eolas *m*; fios *m*.
cognisant *adj* is eol dom.
cogwheel *n* roth *m* fiaclach.
cohabit *vi* déan aontíos le.
cohabitation *n* aontíos *m*.
cohere *vi vt* comhtháthaigh.
coherent *adj* comhtháite.
cohesive *adj* comhtháite.
coil *n* lúb *f*. • *vt* corn.
coin *n* bonn *m*.
coincide *vi* comhtharlaigh (le).
coincidence *n* comhtharlú *m*.
colander *n* síothlán *m*.
cold *adj* fuar. • *n* fuacht *m*.
collaborate *vi* comhoibrigh (le).
collapse *vi* tit (go talamh). • *n* titim *f*.
collapsible *adj* infhillte.
collar *n* coiléar *m*.
collate *vt* rud a chur i gcomórtas le.
collateral *adj* comhthaobhach.
colleague *n* comhoibrí *m*.
collect *vt* bailigh.
collection *n* bailiúchán *m*.
collector *n* bailitheoir *m*.
college *n* coláiste *m*.
collide *vi* tuairteáil.
collision *n* tuairt *f*.
colloquial *adj* neamhfhoirmiúil.
colloquialism *n* gnáthleagan cainte *m*.
collusion *n* claonpháirteachas *m*.
colonial *adj* coilíneach.
colonise *vt* coilínigh.
colony *n* coilíneacht *f*.
colour *n* dath *m*. • *vt* dathaigh.
coloured *adj* daite.
colourful *adj* dathúil.
column *n* colún *m*.

columnist *n* colúnaí *m*.
coma *n* támhnéal *m*.
comatose *adj* támhach.
comb *n* cíor *f*. • *vt* cíor.
combat *n* comhrac *m*. • *vt* troid i gcoinne (+ *gen*).
combatant *n* trodaí *m*.
combination *n* comhcheangal *m*.
combine *vi vt* comhcheangail.
combustion *n* dó *m*.
come *vi* tar; to come across, to come upon tar ar; to come down *vi* tar anuas;
comedian *n* fear *m* grinn.
comedienne *n* bean *f* ghrinn.
comedy *n* coiméide *f*.
comet *n* coiméad *m*.
comfort *n* compord *m*.
comfortable *adj* compordach.
comic(al) *adj* greannmhar.
coming *n* teacht *m*. • *adj* le teacht.
comma *n* camóg *f*.
command *vt* ordaigh. • *n* ordú.
commemorate *vt* rud a chomóradh.
commend *vt* mol.
commendable *adj* inmholta.
comment *n* trácht *m*. • *vt* trácht (ar).
commerce *n* tráchtáil *f*.
commercial *adj* tráchtála.
commiserate *vt* comhbhrón a dhéanamh le duine (ar).
commission *n* coimisiún *m*. • *vt* coimisiúnaigh.
commit *vt* déan; (*crime, etc*) coir a dhéanamh.
committee *n* coiste *m*.
commodious *adj* fairsing.
commodity *n* earra *m*.
common *adj* coiteann, gnáth-.
Commonwealth *n* Comhlathas *m*.

communicate *vt* (scéal) a thabhairt (do).

communication *n* cumarsáid *f*.

communism *n* cumannachas *m*.

community *n* pobal *m*.

commute *vt* gearr.

compact *adj* dlúth.

compact disc *n* dlúthdhiosca *m*.

companion *n* compánach *m*.

company *n* cuideachta *f*; (*bus*) comhlacht *m*.

compare *vt* rud a chur i gcomparáid *f* le rud eile.

compass *n* compás *m*.

compassion *n* trua *f*.

compatible *adj* oiriúnach (do).

compatriot *n* comhthíreach *m*.

compel *vt* iallach a chur ar dhuine rud a dhéanamh.

compensate *vt* cúitigh.

compete *vi* dul san iomaíocht *f* (le).

competition *n* comórtas *m*.

competitor *n* iomaitheoir *m*.

compilation *n* cnuasach *m*.

complacent *adj* bogásach.

complain *vi* gearán a dhéanamh (faoi).

complaint *n* gearán *m*; (*med*) tinneas *m*.

complete *adj* iomlán. • *vt* críochnaigh.

complex *adj* casta.

compose *vt* cum.

comprehend *vt* tuig.

comprehensive *adj* cuimsitheach.

compromise *n* comhréiteach *m*.

compute *vt* comhairigh, ríomh.

computer *n* ríomhaire *m*.

computer programming *n* ríomhchlárú *m*.

computer science *n* ríomhaireacht *f*.

comrade *n* comrádaí *m*.

con *vt* bob a bhualadh (ar). • *n.* caimiléireacht *f*.

concentration camp *n* campa *m* géibhinn.

concept *n* coincheap *m*.

concern *n* cúram *m*.

concerning *prep* fá dtaobh de.

concerto *n* coinséartó *m*.

concise *adj* achomair.

conclude *vt* críochnaigh.

concrete *n* coincréit *f*. • *vt* coincréitigh.

condemn *vt* cáin.

condemnation *n* cáineadh *m*.

condom *n* coiscín *m*.

confection *n* milseog *f*.

conference *n* comhdháil *f*.

confident *adj* féinmhuiníneach.

confirm *vt* cinntigh.

confirmation *n* cinntiú *m*.

conflict *n* coimhlint *f*.

confuse *vt* mearbhall a chur (ar).

confusion *n* tranglam *m*; (*person*) mearbhall *m*.

congratulate *vt* comhghairdeas a dhéanamh (le).

congratulations *n* comhghairdeas *m*.

conjugate *vt* (*gr*) réimnigh.

conjunction *n* cónasc *m*.

conjure *vi vt* toghair.

connect *vt* nasc, ceangail.

connection *n* nasc *m*, ceangal *m*.

connoisseur *n* eolaí *m*.

conquer *vt* buail, buaigh ar.

conquest *n* gabháil *f*.

conscience *n* coinsias *m*.

conscientious *adj* coinsiasach.

conscious *adj* comhfhiosach.

consciousness *n* comhfhios *m*.

consecrate *vt* coisric.

consecutive *adj* leantach.

consent *n* cead *m*. • *vi* ceadaigh.

consequence *n* iarmhairt *f*, toradh *m*.

consequently *adv* ar an ábhar sin.

conservancy *n* caomhnú *m*.

conservation *n* caomhnú *m*.

conservative *adj* coimeádach.

conserve *vt* caomhnaigh.

consider *vt* smaoinigh ar; síl.

considerable *adj* maith; mór.

consideration *n* aird *f*.

consignment *n* coinsíneacht *f*.

consistency *n* seasmhacht *f*.

consolation *n* sólás *m*.

consolatory *adj* sólásach.

console *vt* sólás a thabhairt (do).

consonant *n* (*gr*) consan *m*.

consort *n* céile *m*.

conspicuous *adj* feiceálach.

conspiracy *n* comhcheilg *f*.

conspire *vi* déan uisce faoi thalamh.

constancy *n* daingneacht *f*, seasmhacht *f*.

constant *adj* seasmhach.

constellation *n* réaltbhuíon *f*.

constipation *n* iatacht *f*.

constituency *n* dáilcheantar *m*, toghlach *m* (parlaiminte, etc).

constitution *n* (*pol*) bunreacht *m*; (*phys*) comhdhéanamh *m*.

constriction *n* cúngú *m*.

construct *vt* tóg.

construction *n* tógáil *f*.

consult *vt* téigh i gcomhairle *f* le.

consume *vt* ith, caith; (*drink*) ól; (*use up*) ídigh.

consumer *n* tomhaltóir *m*.

consumer goods *npl* earraí *mpl* tomhaltais.

consumerism *n* tomhaltachas *m*.

consummate *vt* críochnaigh

consummation *n* foirfeacht *f*.

contact *n* (*phys*) tadhall *m*; (*message*) teagmháil *f*.

contain *vt* coinnigh.

container *n* soitheach *m*, gabhdán *m*.

contemplate *vt* smaoinigh ar.

contemporary *adj* comhaimseartha.

contempt *n* dímheas *m*.

contemptuous *adj* dímheasúil.

content *adj* suaimhneach; sásta.

contest *n* comórtas *m*.

context *n* comhthéacs *m*.

continent *n* mór-roinn *f*.

contingent *n* meitheal *f*. • *adj* teagmhasach.

continual *adj* leanúnach.

continue *vt* lean de. • *vi* lean (ar).

continuous *adj* leanúnach.

contour *n* (*map*) comhrian *m*.

contraception *n* frithghiniúint *f*.

contraceptive *n* frithghiniúnach *m*. • *adj* frithghiniúnach.

contract *vt* (*disease*) tolg, tóg. • *vi* crap. • *n* conradh *m*.

contraction *n* crapadh *m*.

contradict *vt* bréagnaigh.

contradiction *n* bréagnú *m*.

contrary *adj* contrártha.

contrast *vt* rud a chur i gcomparáid *f* (le rud eile).

contravene *vt* sáraigh.

contribute *vi vt* íoc; tabhair.

contribution *n* síntiús *m*.

contrivance *n* cumadh *m*; cleas *m*.

control *n* smacht *m*.

controversial *adj* conspóideach.

controversy *n* conspóid *f*.

convalescent *adj* téarnamhach.

convene *vt* tionóil.

convenient *adj* áisiúil, caothúil.
convent *n* clochar *m*.
converge *vi* comhdhírigh.
conversation *n* comhrá *m*.
converse *vi* comhrá a dhéanamh (le).
conversion *n* iompú *m*.
convert *vt* tiontaigh. • *vi* iompaigh.
convertible *adj* inathraithe. • *n* carr *m* cábán infhillte.
convex *adj* dronnach.
conveyance *n* tíolacas *m*; (*transport*) iompar *m*.
conveyancer *n* tíolacthóir *m*.
convict *vt* ciontaigh. • *n* ciontach *m*.
conviction *n* ciontú *m*; (*relig*) creideamh *m*.
convivial *adj* suairc.
convulsion *n* arraing *f*.
cook *n* cócaire *m*. • *vi vt* cócaráil.
cooker *n* cócaireán *m*.
cookery *n* cócaireacht *f*.
cool *vt* fuaraigh.
cooperate *vi* comhoibrigh (le).
cope *vi* an lámh *f* in uachtar a fháil ar (dheacracht *f*).
copious *adj* flúirseach.
copulate *vi* comhriachtain *f* a dhéanamh.
copy *n* cóip *f*. • *vt* cóipeáil.
copyright *n* cóipcheart *m*.
coral *n* coiréal *m*.
cord *n* sreang *f*; corda *m*.
cordial *adj* croíúil.
core *n* croí *m*.
cork *n* corc *m*. • *vt* corc a chur i mbuidéal.
corkscrew *n* corcscriú *m*.
corn *n* arbhar *m*.
corner *n* coirnéal *m*.
cornflakes *npl* calóga *fpl* arbhair.
cornice *n* coirnis *f*.

coronary *adj* corónach.
coronation *n* corónú *m*.
corporation *n* corparáid *f*.
corpse *n* marbhán *m*.
corpuscle *n* coirpín *m*.
correct *vt* ceartaigh. • *adj* ceart.
correspond *vi* freagraigh do.
correspondence *n* comhfhreagras *m*.
corridor *n* dorchla *m*.
corrie *n* coire *m*.
corrode *vt* creim.
corrosion *n* creimeadh *m*.
corrugated *adj* rocach.
corrupt *adj* truaillithe.
cosmetic *n* cosmaid *f*.
cosmopolitan *adj* iltíreach.
cost *n* costas *m*. • *vi* cosain.
costly *adj* costasach.
costume *n* culaith *f*.
cosy *adj* seascair.
cottage *n* teachín *m*.
cotton *n* cadás *m*.
couch *n* tolg *m*.
cough *n* casacht *f*. • *vi* déan casacht *f*.
council *n* comhairle *f*.
councillor *n* comhairleoir *m*.
count *vt* déan cuntas; comhair; áirigh.
countenance *n* gnúis *f*.
counter *n* áiritheoir *m*.
counteract *vt* cealaigh.
counter-clockwise *adv* tuathal.
counterfeit *adj* bréige.
countersign *vt* comhshínigh.
counting *n* cuntas *m*.
countless *adj* gan áireamh.
country *n* tír *f*.
countryman *n* fear *m* tuaithe.
county *n* contae *m*.
coup (d'état) *n* gabháil *f* ceannais.
couple *n* lánúin *f*.
couplet *n* leathrann *m*.

coupon *n* cúpón *m*.

courage *n* misneach *m*.

courageous *adj* misniúil.

courier *n* cúiréir *m*.

course *n* cúrsa *m*.

court *n* cúirt *f*. • *vt* déan suirí *f* (le).

courteous *adj* cúirtéiseach.

courthouse *n* teach *m* cúirte.

cousin *n* col ceathar *m*.

cove *n* (*mar*) camas *m*.

cover *n* clúdach *m*; (*culin*) barr *m*. • *vt* clúdaigh.

coverage *n* tuairisciú *m*.

cover-up *n* forcheilt *f*.

cow *n* bó *f*.

coward *n* cladhaire *m*.

cowardice *n* claidhreacht *f*.

cowherd *n* buachaill *m* bó.

coy *adj* cúthail.

crab *n* portán *m*.

crack *n* scoilt *f*. • *vt* scoilt.

cradle *n* cliabhán *m*.

craft *n* ceird *f*; (*cunning*) gliceas *m*; (*vessel*) árthach *m*.

craftsman *n* ceardaí *m*.

crag *n* creig *f*.

cram *vt* brúigh; ding.

crane *n* crann *m* tógála.

crannog *n* crannóg *f*.

cranny *n* scoilt *f*; prochóg *f*.

crash *vi* the car crashed into a wall bhuail an carr in éadan balla. • *n* taisme *f*.

craving *n* dúil *f* (i); cíocras (chun) *m*.

crawl *vi* snámh.

crazy *adj* ar mire.

creak *vi* díosc.

cream *n* uachtar *m*.

crease *n* filltín *m*.

create *vt* cruthaigh.

creation *n* cruthú *m*.

creature *n* créatúr *m*.

credible *adj* inchreidte.

cruche *n* naíolann *f*.

credit *n* creidmheas *m*. • *vt* (*believe*) creid.

credit card *n* cárta *m* creidmheasa.

creditor *n* creidiúnaí *m*.

creed *n* creideamh *m*.

creel *n* críol *m*, cliabh *m*.

cremate *vt* créam.

crew *n* foireann *f*.

crime *n* coir *f*.

criminal *adj* coiriúil. • *n* coirpeach *m*.

crimson *adj* corcairdhearg.

cringe *vi* lútáil.

cripple *n* bacach *m*.

crisis *n* géarchéim *f*.

crisp *adj* briosc; (*weather*) úr.

criterion *n* critéar *m*; slat *f* tomhais.

critic *n* léirmheastóir *m*.

critical *adj* cáinteach.

criticise *vt* cáin.

criticism *n* léirmheastóireacht *f*.

croak *vi* cuir grág *f* as.

crockery *n* soithí *m*.

croft *n* croit *f*.

crofter *n* croitéir.

crook *n* crúca *m*; (*pers*) bithiúnach *m*.

crooked *adj* cam.

croon *vt* can (amhrán) de chrónán.

crop *n* barr *m*. • *vt* barr.

cross *n* cros *f*. • *adj* cantalach. • *vt* trasnaigh.

crossbreed *n* cros-síolrú *m*.

cross-examine *vt* croscheistigh.

crossroad *n* crosbhealach *m*.

crossword *n* crosfhocal *m*.

crotch *n* gabhal *m*.

crotchet *n* (*mus*) croisín *m*.

crouch *vi* crom.
crow *n* préachán *m*.
crowd *n* slua *m*. • *vi vt* plódaigh.
crown *n* coróin *f*. • *vt* corónaigh.
crucible *n* breogán *m*.
crucifix *n* crois *f*.
cruciform *adj* croschruthach.
crude *adj* amh.
cruel *adj* cruálach.
cruelty *n* cruálacht *f*.
cruise *n* cúrsáil *m*.
crumb *n* grabhróg *f*.
crumple *vi vt* crap.
crush *vt* brúigh.
crust *n* crústa *m*.
crutch *n* maide *m* croise.
cub *n* (*animal*) coileán *m*.
cube *n* ciúb *m*.
cuckoo *n* cuach *f*.
cuff *n* cufa *m*.
culprit *n* ciontach *m*.
cult *n* cultas *m*.
cultivate *vt* saothraigh.
cultural *adj* cultúrtha.
culture *n* cultúr *m*.
cup *n* cupán *m*.
cupboard *n* cófra *m*.

cupidity *n* saint *f*.
curable *adj* inleighis.
curb *vt* srian.
curdle *vi vt* téacht.
cure *n* leigheas *m*. • *vt* leigheas.
curious *adj* fiosrach; (*strange*) aisteach
curl *n* coirnín *m*. • *vt* coirníní a chur i.
curlew *n* crotach *f*.
currency *n* airgeadra *m*.
current *adj* reatha. • *n* sruth *m*.
current affairs *npl* cúrsaí *mpl* reatha.
curse *vt* mallaigh. • *n* mallacht *f*.
curtain *n* cuirtín *m*.
curvature *n* lúbthacht *f*.
curve *vt* cuar, lúb. • *n* cuar *m*.
cushion *n* adhartán *m*.
custody *n* cúram *m*.
custom *n* nós *m*, gnás *m*.
customary *adj* gnáth-; iondúil.
cut *vi vt* gearr; *n* gearradh.
cutlery *n* sceanra *m*.
cycle *n* rothar *m*.
cycling *n* rothaíocht *f*.
cynical *adj* searbhasach; siniciúil.
cyst *n* cist *f*.

D

dabble *vi* bí ag súgradh le.
dad, daddy *n* daidí *m*.
daffodil *n* lus an chromchinn *m*.
dagger *n* miodóg *f*.
daily *adj* laethúil. • *adv* gach lá.
dainty *adj* mín.
dairy *n* déirí *m*.
daisy *n* nóinín *m*.
dale *n* gleanntán *m*.
dam *n* damba *m*.
damage *n* dochar *m*. • *vt* déan dochar
   do rud.
damnable *adj* damanta.
damnation *n* damnú *m*.
damp *adj* tais.
dampen *vt* taisrigh.
dance *n* damhsa *m*. • *vt vi* damhsaigh.
dandelion *n* caiscarbhán *m*.
dandruff *n* sail *f* chnis.
danger *n* contúirt *f*.
dangerous *adj* contúirteach.
dappled *adj* breactha.
dare *vt* tabhair dúshlán duine (rud a
   dhéanamh).
daring *n* dánacht *f*.
dark *adj* dorcha.
darken *vt* dorchaigh.
darkness *n* dorchadas *m*.
darling *n* muirnín *m*, grá *m*. • *adj*
   muirneach.
darn *vt* dearnaíl.
dash *vi* sciuird *f* a thabhairt.
database *n* bunachar sonraí *m*.
date *n* dáta *m*; (*bot*) dáta *m*.
daub *vt* smear.

daughter *n* iníon *f*.
daughter-in-law *n* banchliamhain *m*.
dawn *n* breacadh an lae *m*.
day *n* lá *m*.
daylight *n* solas *m* an lae.
daze *vt* caoch.
dazzle *vt* caoch.
dead *adj* marbh.
deadlock *n* sáinn *f*.
deadly *adj* marfach.
deaf *adj* bodhar.
deafen *vt* bodhraigh.
deafness *n* bodhaire *f*.
deal *n* margadh *m*. • *vt* (*cards*) roinn.
dealings *npl* déileáil *f*.
dear *adj* ionúin, (*cost*) daor.
dearness *n* (*cost*) daoire *f*.
dearth *n* gainne *f*.
death *n* bás *m*.
debar *vt* toirmisc.
debase *vt* truailligh.
debate *n* díospóireacht *f*. • *vt* pléigh.
debit *n* dochar *m*. • *vt* (*com*) breac do
   dhochar.
debt *n* fiach *m*; debts *npl* fiacha *mpl*.
decade *n* deich *m* mbliana.
decadent *adj* meatach.
decant *vt* taom.
decanter *n* teisteán *m*.
decay *vi* lobh. • *n* lobhadh *m*.
deceit *n* cealg *f*.
deceive *vt* cealg, meall.
December *n* Mí *f* na Nollag.
decency *n* cneastacht *f*.
decent *adj* cneasta, macánta.

deception n cealg f.
decide vt socraigh.
decimal adj deachúlach.
decision n cinneadh m.
decisive adj cinnitheach.
deck n deic f. • vt sciamhaigh
declaration n forógra m.
declare vt fógair.
decompose vi lobh.
decomposition n dianscaoileadh m.
decorate vt maisigh.
decoration n maisiúchán m.
decorous adj cuibhiúil.
decrease vt laghdaigh. • n laghdú m.
decrepit adj cranda.
decry vt cáin.
dedicate vt tiomnaigh.
deduce vt tuig as.
deduct vt bain de.
deduction n tátal m.
deed n beart m; (legal) gníomh.
deep adj domhain.
deepen vt doimhnigh.
deer n fia m.
deface vt mill.
defamation n clúmhilleadh m.
default n faillí f.
defeat n briseadh m. • vt cloígh.
defect n locht m.
defective adj lochtach.
defence n cosaint f.
defenceless adj gan chosaint f.
defend vt cosain.
defensive adj cosantach.
defer vt cuir ar athló.
deference n umhlaíocht f.
defiance n dúshlán n.
defiant adj dúshlánach.
deficiency n easpa f
deficit n easnamh m.

definable adj sonrúil.
define vt sainmhínigh.
definite adj dearfa.
definition n sainmhíniú m.
deflect vt sraon.
deform vt cuir (rud) ó chuma.
deformity n cithréim f.
defraud vt déan calaois f ar.
deft adj deaslámhach.
defy vt tabhair dúshlán do.
degenerate vi meath. • adj meata.
degree n céim f; (educ) céim f.
deign vi deonaigh (chun rud a dhéanamh).
deity n dia m.
dejected adj díomách.
delay vt moilligh. • n moill f.
delegate n toscaire m.
delegation n toscaireacht f.
delete vt cealaigh.
deliberate vt déan machnaimh ar. • adj réamhbheartaithe; (slow) malltriallach.
delicacy n fíneáltacht f.
delicate adj fíneálta.
delicious adj blasta.
delight vt cuir lúcháir f ar. • n lúcháir f.
delightful adj aoibhinn.
delinquency n ciontacht f.
delinquent n ciontóir m.
delirium n rámhaille f.
deliver vt seachaid; (baby) saolaigh.
delivery n seachadadh m; (baby) breith f.
dell n gleanntán m.
deluge n díle f.
demand n éileamh m. • vt éiligh.
demean vi ísligh tú féin.
demented adj néaltraithe.

dementia *n* gealtachas *m*.

demerit *n* díluaíocht *f*.

democracy *n* daonlathas *m*.

democrat *n* daonlathaí *m*.

democratic *adj* daonlathach.

demolish *vt* scrios.

demon *n* deamhan *m*.

demonstrable *adj* soléirithe.

demonstration *n* léiriú *m*.

demonstrative *adj* taispeántach.

demote *vt* ísligh, tabhair céim *f* síos do.

demure *adj* stuama.

den *n* prochóg *f*.

denial *n* ceilt *f*, séanadh *m*.

denigrate *vt* lochtaigh, caith dímheas ar.

dense *adj* dlúth, tiubh.

density *n* dlús *m*, tiús *m*.

dent *n* lorg *m*, rian *m*. • *vt* log *or* ding a chur i.

dentist *n* fiaclóir *m*.

dentistry *n* fiaclóireacht *f*.

denture *n* déadchíor *m*, cár bréagach *m*.

denude *vt* nocht, lom.

deny *vt* séan, diúltaigh.

depart *vi* imigh, fág.

department *n* roinn *f*.

departure *n* imeacht *m*, fágáil *f*.

depend *vi* **to depend on/upon** brath ar, bheith i dtuilleamaí.

dependence *n* spleáchas *m*.

dependent *adj* spleách.

depict *vt* léirigh, cuir síos ar.

deplorable *adj* (*wretched*) truamhéalach, ainnis; (*disgraceful*) náireach; (*very bad*) uafásach.

deplore *vt* caoin, casaigh.

deportment *n* iompar *m*.

depose *vt* bris, cuir as oifig.

deposit *vt* (*in bank*) taisc, cur i dtaisce; (*as part payment*) cur éarlais *f* ar; (*put down*) leag síos. • *n* taisce *f*, deascán *m*, dríodarm.

depravity *n* truaillíocht *f*.

depreciate *vi* titeann (luach).

depress *vt* cuir gruaim ar; (*press down*) brúigh síos.

depressant *n* dúlagrán *m*.

depression *n* gruaim *f*.

deprive *vt*: **to deprive somebody of something** rud a bhaint de dhuine *or* a choinneáil ó dhuine.

depth *n* doimhneacht *f*.

depute *vt* tiomnaigh.

derelict *adj* tréigthe.

deride *vt* fonóid *f or* scigmhagadh a dhéanamh faoi dhuine.

derision *n* fonóid *f*.

derivation *n* fréamhaí *m*.

derive *vi* **to derive from** fréamhú ó

descend *vi vt* tuirling; téigh síos; tar anuas.

descent *n* tuirlingt *f*.

describe *vt* cuir síos ar.

description *n* cur síos (ar) *m*.

desert *n* fásach *m*. • *vt* tréig.

deserve *vt* tuill; **he deserves it** tá sé tuillte aige.

design *vt* leag amach; ceap. • *n* dearadh *m*.

designer *n* dearthóir

desire *n* mian *f*. • *vt* santaigh.

desist *vi* éirigh as.

desk *n* deasc *f*.

despair *n* éadóchas *m*. • *vi* tit in éadóchas.

desperate *adj* éadóchasach.

despicable *adj* suarach, gránna.

despise *vt*: **to despise something** drochmheas a bheith agat ar rud.

despite *prep* d'ainneoin (+ *gen*).

dessert *n* milseog *f*.

destiny *n* cinniúint *f*.

destitute *adj* beo bocht, ar an anás.

destroy *vt* scrios, mill.

destruction *n* scrios *m*, millteanas *m*.

detach *vt* scar, scoir.

detail *n* sonra *m*; **in detail** go mion. • *vt* tabhair mionchuntas ar.

detain *vt* moill *f* a chur ar.

detect *vt* braith; tabhair faoi deara.

detective *n* bleachtaire *m*.

deter *vt* coisc.

determination *n* cinneadh *m*.

determine *vt* cinn ar, socraigh ar.

determinism *n* cinnteachas *m*.

detest *vt*: **to detest something** fuath a bheith agat ar rud.

detestation *n* dearg-ghráin *f*.

detonate *vt* maidhm.

detour *n* cor bealaigh *m*.

detract *vt*: **to detract from** baint ó.

detriment *n* aimhleas *m*.

devalue *vt* díluacháil.

devastate *vt* scrios, mill.

devastation *n* scrios *m*, millteanas *m*.

develop *vt* forbair.

development *n* forbairt *f*.

deviate *vi* claon.

device *n* gléas *m*.

devil *n* diabhal *m*, deamhan *m*.

devious *adj* slítheánta.

devise *vt* ceap; cum.

devolve *vt* cumhacht a chinneachadh.

devolution *n* dílárú *m*.

devote *vt* tiomnaigh, tabhair.

devotion *n* dúthracht *f* (*rel.*) cráifeacht *f*.

devour *vt* alp.

dew *n* drúcht *m*.

dexterity *n* aclaíocht *f*, deaslámhacht *f*.

diagnose *vt* fáithmheas, aithnigh.

diagnosis *n* (*med*) fáithmheas *m*.

diagonal *adj* fiar.

dial *n* diail *f*. • *vt* diailigh.

dialect *n* canúint *f*.

diameter *n* trastomhas *m*.

diamond *n* diamant *m*.

diarrhoea *n* buinneach *f*.

diary *n* dialann *f*, cín *f* lae.

dice *npl see* **die**.

dictate *vt* deachtaigh.

dictionary *n* foclóir *m*.

die *vi* faigh bás, éag. • *n* (*pl* **dice**) dísle *m* (*pl* díslí).

diesel *n* díosal *m*.

diet *n* aiste *f* bia.

differ *vi* difrigh.

difference *n* difear *m*.

different *adj* difriúil.

differentiate *vt* idirdhealú a dhéanamh ar.

differently *adv* ar dhóigh eile.

difficult *adj* doiligh, deacair.

difficulty *n* deacracht *f*.

dig *vt* tochail.

digest *vt* díleáigh.

digestible *adj* indíleáite.

digit *n* digit *f*.

digital *adj* digiteach.

dignified *adj* uasal, díníteach.

dilate *vt* méadaigh. • *vi* (*eyes*) leath.

dilemma *n* aincheist *f*.

diligent *adj* dícheallach.

dilute *vt* tanaigh, lagaigh.

dim *adj* doiléir, lag.

dimension *n* buntomhas *m*, méid *f*, toise *m*.

diminish *vt vi* laghdaigh.

dimple *n* loigín *m*

din *n* trup *m*, tormán *m*, callán *m*.

dine *vi* béile a ithe.

dining room *n* seomra *m* bia.

dinner *n* dinnéar *m*.

dinner time *n* am *m* dinnéir.

dip *vt* tum.

diplomacy *n* taidhleoireacht *f*.

dipsomania *n* diopsamáine *f*.

direct *adj* díreach. • *vt* dírigh(ar).

direction *n* treo *m*; (*guidance*) treoir *f*.

direction-finder *n* treo-aimsí *m*.

directly *adv* go díreach; láithreach bonn.

director *n* stiúrthóir *m*.

dirk *n* scian *f*, miodóg *f*.

dirt *n* salachar *m*.

dirty *adj* salach.

disability *n* míchumas *m*.

disadvantage *n* míbhuntáiste *m*.

disagree *vi* gan aontú le duine.

disagreement *n* easaontas *m*.

disappear *vi* imigh.

disappoint *vt* meall.

disapprove *vt* bheith míshásta le.

disaster *n* tubaiste *f*.

disbelieve *vt* díchreid.

disc *n* diosca *m*.

discard *vt* rud a chaitheamh uait.

discerning *adj* grinn.

discharge *vt* folmhaigh. • *n* folmhú *m*, scaoileadh *m*.

disclaim *vt* séan.

disclose *vt* tabhair le fios.

disco *n* dioscó *m*.

discomfort *n* míshuaimhneas *m*, míchompord *m*.

disconnect *vt* scaoil, scoir.

disconsolate *adj* dobrónach, dólásach, tromchroíoch.

discontented *adj* míshásta.

discord *n* easaontas *m*; (*mus*) díchorda *m*.

discount *n* lacáiste *m*. • *vt* díol ar lacáiste.

discourage *vt* cuir beaguchtach ar.

discover *vt* tar ar; fionn.

discovery *n* fionnachtain *f*.

discrepancy *n* difear *m*, difríocht *f*.

discretion *n* discréid *f*.

discriminate *vt* (*between*) idirdhealú a dhéanamh ar; (*against*) leatrom a dhéanamh ar (dhuine).

discrimination *n* breithiúnas *m*; leatrom *m*; idirdhealú *m*.

discuss *vt* pléigh.

discussion *n* díospóireacht *f*.

disease *n* galar *m*, aicíd *f*.

disembark *vi* téigh i dtír *f*.

disengage *vt* scaoil.

disentangle *vt* réitigh.

disfavour *n* míchlú *m*.

disgrace *n* náire *f*. • *vt* náirigh.

disgraceful *adj* náireach, scannalach.

disguise *vt* cuir bréagriocht ar. • *n* bréagriocht *m*.

disgust *n* samhnas *m*. • *vt* cuir samhnas ar.

disgusting *adj* samhnasach.

dish *n* pláta *m*, soitheach *m*, mias *f*.

dishcloth *n* éadach *m* soithí.

dishearten *vt* cuir beaguchtach ar.

dishonest *adj* mí-ionraic.

dishonesty *n* mímhacántacht *f*.

dishwasher *n* niteoir soithí *m*.

disillusion *vt* oscail na súile *f* do (dhuine).

disinclined *adj* mífhonnmhar.

disinherit vt cuir as oidhreacht f.

disinterested adj neamhchlaonta, cothrom.

disjointed adj curtha as alt; scaipthe; seachránach.

disk n diosca m, teasc f.

disk drive n dioscathiomáint f.

dislike n míthaitneamh m, míghnaoi f. • vt ní maith liom é.

dislodge vt cuir as áit f; ruaig.

disloyal adj mídhílis.

dismal adj duairc, gruama.

dismay n uafás m.

dismember vt srac.

dismiss vt bris as oifig f; cuir chun bóthair; diúltaigh do.

disobedience n easumhlaíocht f.

disobedient adj easumhal.

disobey vt bí easumhal do (dhuine).

disorder n mí-ord m, mí-eagar m.

disown vt séan.

disparity n difríocht f, neamhionannas m.

dispel vt ruaig, díbrigh, scaip.

dispensation n dáileadh m, dispeansáid f.

dispense vt dáil; roinn.

dispersal n scaipeadh m, ruaigeadh m.

displace vt dílaithrigh, cuir as áit f.

display vt taispeáin. • n taispeántas m.

displease vt cuir míshásamh ar (dhuine).

dispose vt cóirigh; cuir rud de láimh.

disprove vt bréagnaigh.

disputatious adj argóinteach.

dispute n conspóid f; argóint f. • vt conspóid, argóint a dhéanamh.

disqualification n dícháilíocht f.

disqualify vt dícháiligh.

disregard vt déan neamhshuim de.

disrepair n drochordú m.

disrespect n neamhhómós m.

disrupt vt réab.

disruption n réabadh m.

dissatisfaction n míshásamh m.

dissatisfied adj míshásta.

dissect vt mionscrúdaigh.

dissertation n tráchtas m.

disservice n dochar m.

dissimilar adj éagsúil.

dissipate vt scaip.

dissociate vt dealaigh ó.

dissolute adj ainrianta.

dissolve vt tuaslaig.

dissuade vt duine a chur ó rud a dhéanamh.

distance n achar m, fad m.

distant adj i bhfadó.

distaste n déistin f.

distasteful adj déistineach.

distil vt driog.

distiller n driogaire m.

distillery n drioglann f.

distinct adj éagsúil.

distinction n idirdhealú m; (merit) oirirceas m.

distinguish vt déan idirdhealú idir.

distort vt cuir rud as a chuma f.

distress n gátar m. • vt goill ar.

distribute vt dáil, roinn.

district n ceantar m.

district nurse n banaltra f ceantair.

distrust n amhras m.

disturb vt cuir isteach ar.

disturbance n cur isteach m; achrann m.

disunite vt easaontaigh.

disunity n easaontas m.

disuse n léig f.

ditch *n* díog *f.*

ditto *adv* (an rud) céanna.

ditty *n* lúibín *f.*

dive *vi* tum.

diver *n* tumadóir *m.*

diverge *vi* scar.

diverse *adj* éagsúil.

diversify *vt* déan éagsúil.

diversion *n* claonadh *m*; (*pastime*) caitheamh aimsire *m.*

diversity *n* éagsúlacht *f.*

divert *vt* claon.

divide *vt vi* roinn.

divination *n* fáistineacht *f.*

divine *adj* diaga.

divisible *adj* inroinnte.

division *n* (*math*) roinnt *f.*

divorce *n* colscaradh *m.* • *vt vi* colscaraigh.

dizzy *adj* meadhránach.

do *vt* déan.

dock *n* duga *m.*

docken *n* (*bot*) copóg *f.*

dockyard *n* longlann *f.*

doctor *n* dochtúir *m.*

doctrine *n* teagasc *m.*

document *n* doiciméad *m.*

documentary *n* scannán faisnéise *f.*

dodge *vt* seachnaigh

doe *n* eilit *f.*

dog *n* madadh *m.*

dogged *adj* ceanndána.

dogmatic *adj* dogmach.

dole *n* liúntas *m*, déirc *f.*

dollar *n* dollar *m.*

domain *n* fearannas *m.*

domestic *adj*: **domestic life** saol *m* an teaghlaigh; **domestic arts** ealaín *f* an tí; **domestic economy** *m* tíos.

domesticate *vt* (*animal*) ceansaigh.

domicile *n* áitreabh *m*, sainchónaí *m.*

dominate *vt* bheith i gceannas ar.

domineer *vi* máistreacht *f or* lámh *f* láidir, a imirt ar dhuine.

dominion *n* ceannas *m*, tiarnas *m*, críoch *f.*

donate *vt* bronn.

donor *n* bronntóir *m*; (*blood donor*) deontóir fola *m.*

doom *n* cinniúint *f*, míchinniúint *f.* • *vt* (**he is doomed**) tá a phort seinnte, tá a chosa nite.

Doomsday *n* Lá *m* an Luan, Luan an tSléibhe *m.*

door *n* doras *m.*

doorstep *n* leac *f* dorais.

dope *n* (*drug*) dóp *m*; (*fool*) amadán *m.*

dose *n* deoch *f* leighis; miosúr *m.*

dot *n* ponc *m.*

dotage *n* leanbaíocht *f.*

double *adj* dúbailte. • *vt* dúblaigh. • *n* dúbailt *f.*

double bass *n* olldord *m.*

double-breasted *adj* (*coat*) dúbailte.

doubt *n* amhras *m.* • *vt* bí in amhras faoi rud.

doubtful *adj* amhrasach.

dough *n* taos *m.*

dour *adj* dúrúnta, dúr.

dove *n* colm *m.*

down *prep* síos, (*from above*) anuas.

downfall *n* díl *m* (báistí); turnamh *m* (impireachta).

downhill *adv* dul le fána, (*of person*) bheith ag meath.

downright *adj* amach is amach.

downstairs *adv* thíos staighre.

downward(s) *adv* síos, (*from above*) anuas.

dowry n spré f.

doze vi bí ag suanaíocht f.

dozen n dosaen m.

drag vt tarraing.

drain vt taom. • n draein f.

drake n bardal m.

dram n braon m, dram m.

drama n dráma m.

dramatist n drámadóir m.

draught n (drink) bolgam m; (wind) siorradh m.

draughts npl táiplis f.

draughtsman n línitheoir m.

draw vt tarraing.

drawer n tarráceán m.

drawing n tarraingt f.

drawing-pin n tacóid f ordóige f.

dread n imeagla f. • vt imeagla f a bheith ar dhuine roimh rud.

dream n brionglóid f • vt vi brionglóid f a dhéanamh.

dreamer n aislingeach m.

dredge vi dreideáil f.

dregs npl deascadh m, dríodar m.

drench vt báigh.

dress vt gléas. • vi gléas; cóirigh. • n gúna m.

dresser n driosúr m.

dressing n gléasadh m, cóiriú m.

dribble vi sil.

dried adj tirim.

drift vi imigh gan treo.

drill vt druileáil.

drink vt vi ól. • n deoch f.

drinker n óltóir m.

drip vi sil.

drive vt tiomáin.

drivel n raiméis f.

driver n tiománaí m.

driving licence n ceadúnas m tiomána.

drizzle n ceobhrán m.

droll adj greannmhar, barrúil.

drone n liúdramán m; (of bee) crónán m; (sound) dordán m.

droop vi crom.

drop n braon m. • vt lig do rud titim.

drought n triomach m.

drove n plód m, scata m.

drover n dráibhéir m.

drown vi vt báigh.

drowsy adj codlatach.

drudgery n sclábhaíocht f.

drug n druga m.

drug addict n andúileach m drugaí.

druggist n drugadóir m, poitigéir m.

druid n draoi m.

druidism n draíocht f.

drum n druma m.

drum major n maor m druma.

drummer n drumadóir m.

drumstick n bata druma m.

drunk adj ólta, ar meisce.

drunkenness n meisce f.

dry adj tirim. • vt triomaigh.

dub vt ainm a thabhairt ar dhuine, (sound on film, etc) fuaimrian a chur.

duck n lacha f.

duck vi tum in uisce; crom síos.

dud adj gan mhaith; bréagach.

due adj iníoctha.

duel n comhrac aonair m.

duet n (mus) díséad m.

dull adj gruama, marbhánta; (stupid) bómánta.

dullness n gruaim f, marbhántacht f; bómántacht f.

duly adv mar is cóir; go cuí.

dumb adj balbh.

dummy n fear bréige f; balbhán m.

dump *n* carn fuílligh *m*. • *vt* caith amach.

dumpling *n* domplagán *m*.

dunce *n* dunsa *m*.

dung *n* cac *m*; aoileach *m*.

dunghill *n* carn aoiligh *m*.

duplicate *n* macasamhail *f*.

duplicity *n* caimiléireacht *f*.

durable *adj* buan, buanseasmhach.

duration *n* achar *m*, fad *m*, ré *f*.

during *prep* le linn.

dusk *n* clapsholas *m*.

dusky *adj* doiléir.

dust *n* dusta *m*. • *vt* dustáil.

dustbin *n* bosca *m* bruscair.

Dutch *adj* Ollanach.

dutiful *adj* umhal.

duty *n* dualgas *m*; (*customs*) dleacht *f*.

duty-free *adj* saor ó dhleacht.

dwarf *n* abhac *m*.

dwell *vi* cónaigh.

dwelling *n* áitreabh *m*, áit *f* chónaithe.

dwindle *vi* laghdaigh, meath.

dye *vt* dathaigh. • *n* dath *m*.

dyke *n* claí *m*, díog *f*.

dynamic *adj* dinimiciúil, bríomhar.

dynamite *n* dinimit *f*.

dynasty *n* ríora *m*, ríshliocht *m*.

dyspepsia *n* (*med*) mídhíleá *m*.

E

each pn gach aon. • adj gach.
eager adj cíocrach.
eagle n iolar m.
ear n cluas f.
earl n iarla m.
early adj luath.
earn vt saothraigh.
earnest adj dáiríre.
earphone n cluasán m.
earring n fáinne cluaise f.
earth n (ground) talamh m.
earthenware npl cré-earraí mpl.
earthly adj saolta.
earthquake n crith m talún.
earthworm n péist f talún.
ease n sócúlacht f.
easel n tacas m.
east n oirthear m.
Easter n Cáisc m.
easterly adj (wind) anoir; thoir.
easy adj furasta.
eat vt vi ith.
eatable adj inite.
ebb n trá f. • vi tráigh.
eccentric adj corr.
eccentricity n saoithiúlacht f.
echo n macalla m. • vi déan macalla.
eclipse n urú m. • vt uraigh.
ecology n éiceolaíocht f.
economics n eacnamaíocht f.
economise vt coigil.
economist n eacnamaí m.
economy n eacnamaíocht f.
ecstasy npl sceitimíní m.

ecstatic adj I am ecstatic tá sceit-
    imíní orm.
ecumenical adj éacúiméineach.
eddy n guairneán m.
edge n imeall m; faobhar m; ciúmhais
    f. • vt cuir ciúmhais f le.
edgewise adv ar faor.
edible adj inite.
edict n reacht m.
edifice n foirgneamh m.
edify vt teagasc.
Edinburgh n Dún Éideann m.
edit vt cuir in eagar.
edition n eagrán m.
editor n eagarthóir m.
educate vt múin.
education n oideachas m.
educational adj oideachais.
effect n éifeacht f. • vt téigh i bhfeid-
    hm f ar.
effective adj éifeachtach.
effeminate adj piteogach.
effervescent adj coipeach.
efficacy n éifeachtacht f.
efficient adj éifeachtach.
effigy n íomhá f.
effluent n eisilteach m.
effort n iarracht f.
egg n ubh f.
egghead n (sl) intleachtach.
egoism, egotism n féinspéis f.
Egypt n An Éigipt f.
eight n ocht m.
eighth n ochtú m.

eighteen *adj n* ocht *m* déag.
eightsome *n* ochtar *m*.
eightsome reel *n* ríl *f* ochtair.
eighty *adj n* ochtó *m*.
either *adv* ach oiread. • *conj* **either . . . or . . . . . .** nó . . .
ejaculate *vi* scaoil. • *f* speirm.
eject *vt* caith amach.
elaborate *adj* casta.
elapse *vi* imigh thart.
elastic *adj* leaisteach.
elate *vt* tóg croí.
elbow *n* uillinn *f*.
elder *n* (*church*) seanóir *m*; (*tree*) trom *m*. • *adj* is sine.
elderly *adj* cnagaosta.
elect *vt* togh.
election *n* toghchán *m*.
electioneering *n* toghchánaíocht *f*.
elector *n* toghthóir *m*.
electorate *npl* toghthóirí *mpl*.
electric *adj* leictreach.
electricity *n* leictreachas *m*.
electrification *n* leictriú *m*.
electrocute *vt* maraigh le leictreachas.
electron *n* leictreon *m*.
electronic *adj* leictreonach.
elegance *n* sciamhacht *f*.
elegant *adj* sciamhach.
elegiac *n* caointeach *m*.
elegy *n* caoineadh *m*.
element *n* dúil *f*.
elementary *adj* bunúsach.
elephant *n* eilifint *f*.
elevate *vt* ardaigh.
eleven *n* aon *m* déag.
elf *n* luacharachán *m*.
eligible *adj* incháilithe.
eliminate *vt* díothaigh.
elixir *n* íocshláinte *f*.

elm *n* leamhán *m*.
elongate *vt* fadaigh.
elope *vi* éalaigh.
eloquence *n* deis *f* labhartha.
else *pn* eile.
elude *vt* éalaigh ó.
elusive *adj* do-aimsithe.
email *n* ríomhphost *m*.
emancipate *vt* fuascail.
embalm *vt* balsamaigh.
embargo *n* lánchosc *m*.
embark *vt* tosaigh ar.
embarrass *vt* cuir aiféaltas ar.
embarrassment *n* aiféaltas *m*.
embassy *n* ambasáid *f*.
ember *n* aibhleog *f*.
embezzle *vt* cúigleáil.
emboss *vt* grabháil.
embrace *vt* teann (duine) le do chroí.
embroider *vt* bróidnigh.
embryo *n* suth *m*.
emerald *n* smaragaid *f*.
emerge *vi* tar amach as.
emergency *n* éigeandáil *f*.
emigrant *n* eisimirceach *m*.
emigrate *vi* téigh ar imirce *f*.
eminent *adj* céimiúil.
emit *vt* lig amach.
emotion *n* mothú(chán) *m*.
emotional *adj* corraitheach.
emphasis *n* béim *f*.
emphatic *adj* láidir.
empire *n* impireacht *f*.
empirical *adj* eimpíreach.
employ *vt* fostaigh.
employee *n* fostaí *m*.
employer *n* fostóir *m*.
empty *adj* folamh.
emulation *n* iomaíocht *f*.
enable *vt* cumasaigh.

enact *vt* achtaigh.
enamel *n* cruan *m*.
enchant *vt* cuir draíocht *f* ar.
enchantment *n* draíocht *f*.
enclosure *n* clós *m*.
encourage *vt* misnigh.
encroach *vi* cúngaigh ar.
encumbrance *n* ualach *m*.
end *n* deireadh *m*; críoch *f*. • *vt* críochnaigh.
endemic *adj* dúchasach.
endless *adj* síoraí.
endorse *vt* formhuinigh.
endowment *n* bronnadh *m*.
enemy *n* namhaid *f*.
energetic *adj* fuinniúil.
energy *n* fuinneamh *m*.
enforce *vt* cuir i bhfeidhm *f*.
engagement *n* gealltanas pósta *m*.
engine *n* inneall *m*.
engineer *n* innealtóir *m*. • *vt* innill.
England *n* Sasana *f*.
English *n* (*ling*) Béarla *m*.
English(wo)man *n* Sasanach *m*.
enhance *vt* méadaigh.
enigma *n* dúthomhas *m*.
enjoy *vt* bain sult as.
enlarge *vt* méadaigh.
enlighten *vt* soilsigh.
enlist *vi vt* liostáil.
enormous *adj* ollmhór.
enough *adv* go leor.
enquire *vt* fiosraigh.
enrage *vt* cuir fearg *f* ar.
ensue *vi* lean.
ensure *vt* cinntigh.
enter *vt* téigh isteach i.
enterprise *n* fiontar *m*, fiontraíocht *f*.
enterprising *adj* fiontrach.
entertainer *n* fuirseoir *m*.

entertainment *n* siamsa *m*.
enthusiasm *n* díograis *f*.
entice *vt* meall.
entire *adj* iomlán, uile.
entirely *adv* go léir.
entitle *vt* tabhair cóir *f* do.
entrance *n* bealach *m* isteach.
entreat *vt* guigh.
entrepreneur *n* fiontraí *m*.
envelope *n* clúdach *m*.
environment *n* timpeallacht *f*; (*ecology*) imshaol *m*.
envy *n* éad *m*.
ephemeral *adj* gearrshaolach.
episode *n* eachtra *f*.
epitaph *n* feartlaoi *f*.
epoch *n* ré *f*.
equal *adj* cothrom.
equalise *vt* comhardaigh; (*game*) cothromaigh.
equation *n* cothromóid *f*.
equator *n* meánchiorcal *m*.
equidistant *adj* chomh fada ar shiúl.
equinox *n* cónacht *f*.
equip *vt* feistigh.
equipment *n* trealamh *m*.
equipped *adj* feistithe.
equity *n* cóir *f*; (*fin*) cothromas *m*.
equivalent *adj* ar comhbhrí *f* (le). • *n* comhbhrí *f*.
erase *vt* scrios.
erect *vt* tóg.
erection *n* tógáil *f*.
erode *vt* creim.
erotic *adj* anghrách.
err *vi* déan earráid *f*.
errand *n* teachtaireacht *f*.
erratic *adj* taomach.
error *n* earráid *f*.
eruption *n* brúchtadh *m*.

escalator *n* staighre beo *m*.

escape *vi* éalaigh. • *n* éalú *m*.

esoteric *adj* rúnda.

essay *n* aiste *f*.

essence *n* úscra *m*.

essential *adj* bunúsach.

establish *vt* bunaigh.

estate *n* eastát *m*.

esteem *n* meas *m*.

estimate *vt* meas.

estrange *vt* tit amach le.

estuary *n* inbhear *m*.

eternal *adj* síoraí.

eternity *n* síoraíocht *f*.

ethical *adj* eiticiúil.

ethnic *adj* eitneach.

eunuch *n* coillteán *m*.

Europe *n* An Eoraip *f*.

European *adj* Eorpach.

evaporate *vi vt* galaigh.

even *adj* cothrom. • *adv* fiú.

evening *n* tráthnóna *m*, coineascar *m*.

event *n* imeacht *m*.

ever *adv* (*in past*) riamh; (*in future*) choíche; go deo.

evergreen *adj* síorghlas.

everlasting *adj* síoraí.

evermore *adv* go brách.

every *adj* gach.

everyday *adj* gnáth-.

everyone *pron* gach duine.

everything *n* gach rud *m*.

evict *vt* díshealbhaigh.

eviction *n* díshealbhú *m*.

evidence *n* fianaise *f*.

evident *adj* follasach.

evil *adj* olc. • *n* olc *m*.

ewe *n* caora *f*.

exact *adj* beacht. • *vt* bain (rud) de (dhuine).

exactly *adv* go beacht.

exaggerate *vt* déan aibhéil *f*.

examination *n* scrúdú *m*.

examine *vt* scrúdaigh.

example *n* sampla *m*.

excavate *vt* tochail.

excavation *n* tochailt *f*.

exceed *vt* téigh thar.

exceedingly *adv* thar a bheith.

excel *vt* sáraigh.

excellence *n* feabhas *m*.

excellent *adj* thar barr.

except *vt* fág as; *prep* ach; **except for** ach amháin.

exceptional *adj* eisceachtúil.

exchange *vt* malartaigh.

exchange rate *n* ráta *m* malairte.

excite *vt* spreag.

excitement *n* sceitimíní *mpl*.

exclaim *vi* gáir.

exclamation *n* uaillbhreas *m*.

exclamation mark *n* comhartha *m* uaillbhreasa.

exclusive *adj* eisiach.

excrement *n* cac *m*.

excrete *vt* fear.

excuse *vt* gabh leithscéal. • *n* leithscéal *m*.

executive *n* feidhmeannach *m*.

executor *n* seiceadóir *m*.

exercise *n* aclaíocht *f*. • *vi* déan aclaíocht *f*. • *vt* aclaigh.

exertion *n* saothar *m*.

exhaust *vt* traoch.

exhaustion *n* traochadh *m*.

exile *n* deoraíocht *f*.

exist *vi* bí ann.

existence *n* bheith *f*.

exit *vi* téigh amach.

exonerate *vt* saor (duine) ó.

exorbitant *adj* an-daor.

exotic *adj* coimhthíoch.

expand *vt* leathnaigh.

expatriate *adj* imirceach.

expect *vt* bí ag súil le.

expedient *adj* caothúil.

expedition *n* sluaíocht *f* (turais).

expeditious *adj* éasca.

expend *vt* caith.

expenditure *n* caiteachas *m*.

expensive *adj* daor.

experience *n* taithí *f*. • *vt* mothaigh.

experiment *n* turgnamh *m*.

expert *adj* saineolach. • *n* saineolaí *m*.

expire *vi* éag.

explain *vt* mínigh.

explanation *n* míniú *m*.

explicit *adj* follasach.

explode *vi vt* pléasc.

exploit *vt* tar i dtír *f* (ar). • *n* éacht *m*.

explore *vt* taiscéal.

export *vt* onnmhairigh• *n* onnmhaireiú *f*.

exportation *n* onnmhairiú *m*.

expose *vt* nocht.

exposure *n* nochtadh *m*.

express *vt* cuir in iúl. • *adj* luas-. • *n* (*rail*) luastraein *f*.

expression *n* leagan *m* cainte.

exquisite *adj* fíorálainn.

extensive *adj* fairsing.

exterior *adj* amuigh.

extinct *adj* in éag.

extinguish *vt* múch.

extinguisher *n* múchtóir (tine) *m*.

extra *adv* de bhreis *f*. • *n* breis *f*.

extraordinary *adj* iontach.

extravagant *adj* diomailteach.

extreme *adj* antoisceach.

extricate *vt* saor.

extrovert *n* eisdíritheoir *m*.

exuberance *n* spleodar *m*.

exuberant *adj* spleodrach.

eye *n* súil *f*. • *vt* breathnaigh ar.

eyesight *n* radharc *m* (na) súl.

eyrie *n* nead *f* (iolair).

F

fable n fabhal(scéal) m.
fabric n éadach m, uige f.
facade n aghaidh f.
face n aghaidh f; gnúis f.
facet n taobh m.
facilitate vt éascaigh.
facilities npl saoráidí fpl.
fact n fíric f.
factor n toisc f.
factory n monarcha f.
faculty n bua m; (university) dámh f.
fad n teidhe m.
fade vi meath.
fail vt I failed theip orm.
failure n teip f.
faint vi tit i laige f. • adj fann.
fair adj fionn. • n aonach m.
fairly adv go cothrom.
fairness n cothrom m.
fairway n raon m gailf.
fairy adj sí. • n sióg f.
faith n creideamh m.
faithful adj dílis.
fake m caimilér • adj bréige. • vt falsaigh
fall vi tit. • n titim f.
fallacy n fallás m.
fallow adj bán.
false adj bréige.
falsehood n bréag f.
falter vi tuisligh.
fame n clú m.
familiar adj aithnidiúil.
familiarise vt éirigh cleachta le.
family n teaghlach m; (offspring)
   clann f.

famine n gorta m.
famished adj stiúgtha (leis an ocras).
famous adj clúiteach.
fanatic n fanaiceach m.
fancy adj maisiúil. • vt taitneamh a
   thabhairt do.
fantastic adj iontach.
fantasy n fantasaíocht f.
far adv i bhfad. • adj fada.
fare n táille f; (food) beatha f.
farewell n slán m.
farm n feirm f.
farmer n feirmeoir m.
fart n tuthóg f, (noisy) broim m.
farther adv níos faide.
fascinate vt cuir faoi dhraíocht f.
fascination n iontas m.
fascism n faisisteachas m.
fashion n faisean m. • vt múnlaigh.
fashionable adj faiseanta.
fast adj gasta; tapaidh.
fasten vt ceangail.
fast food n mearbhia m.
fastidious adj nósúil.
fat adj ramhar. • n (cooking) geir f.
fatal adj marfach.
fate n dán m.
father n athair m. • vt bí mar athair.
father-in-law n athair m céile.
fatherly adj athartha.
fathom n tomhais.
fatigue n tuirse f. • vt tuirsigh.
fatuous adj baoth.
fault n locht m.
faultless adj gan locht.

faulty *adj* lochtach.

favour *vt* bí i bhfabhar (+ *gen*).

favourite *n* an duine *m* is ansa (le).

fawn *n* oisín *m*.

fax *n* facs *m*.

fear *vt* eagla *f* a bheith ort roimh. • *n* eagla *f*.

fearful *adj* eaglach.

fearless *adj* gan eagla.

feast *n* féasta *m*; (*festival*) féile *f*. • *vi* do sháith *f* a ithe.

feat *n* éacht *m*.

feather *n* cleite *m*.

February *n* Feabhra *m*.

federal *adj* cónaidhme.

fee *n* táille *f*.

feeble *adj* fann.

feed *vt* cothaigh.

feel *vt* mothaigh.

feeling *n* mothú *m*.

felicitous *adj* tráthúil.

feline *adj* mar chat.

fellowship *n* comhaltacht *f*.

felon *n* meirleach *m*.

female *adj* baineann.

feminine *adj* banda.

fence *n* sconsa *m*. • *vt* cuir fál ar.

fender *n* fiondar.

ferment *n* coipeadh *m*. • *vt vi* coip.

fermenation *n* coipeadh *m*.

fern *n* (*bot*) raithneach *f*.

ferret *n* firéad *m*.

ferry *n* faradh *m*. • *vt* (*carry*) iompair.

ferry-boat *n* bád farantóireachta *f*.

fertile *adj* torthúil.

fertility *n* torthúlacht *f*.

fertilise *vt* leasaigh.

fervent *adj* díograiseach.

fervour *n* díograis *f*.

fester *vi* ábhraigh.

festive *adj* féiltiúil.

fetch *vt* faigh.

feu *n* gabháil *m*.

feud *n* fíoch *m*.

fever *n* fiabhras *m*.

feverish *adj* fiabhrasach.

few *adj* tearc. • *n* beagán *m*.

fibre *n* snáithín *m*.

fibrous *adj* snáithíneach.

fickle *adj* guagach.

fiction *n* ficsean *m*.

fiddle *n* fidil *f*. • *vt* bí ag méiríinteacht *f*; (*accounts*) falsaigh.

fiddler *n* fidléir *m*.

fidelity *n* dílseacht *f*.

field *n* páirc *f*.

field-glasses *npl* déshúiligh *mpl*.

fieldmouse *n* luch *f* fhéir.

fierce *adj* fíochmhar.

fierceness *n* fíochmhaireacht *f*.

fiery *adj* teasaí.

fifteen *adj n* cúig *m* déag.

fifth *adj* cúigiú.

fiftieth *adj* caogadú.

fifty *adj n* caoga *m*.

fig *n* fíge *f*.

fight *vt vi* troid. • *n* troid *f*.

figure *n* (*number*) figiúr *m*.

file *n* líne *f*; (*documents*) comhad *m*. • *vi* comhadaigh.

filial *adj* bráithriúil.

fill *vt* líon.

fillet *vt* filléadaigh.

filly *n* cliobóg *f*.

film *n* scannán *m*.

filmstar *n* réaltóg *f* scannán.

filter *n* scagaire *m*. • *vt* scag.

filthy *adj* bréan.

final *adj* deireanach.

finalise *vt* tabhair chun críche *f*.

finance *n* airgeadas *m*.

financier *n* airgeadaí *m*.

find *vt* aimsigh.

fine *adj* breá. • *n* fíneáil *f*. • *vt* fíneáil.

finery *n* galántacht *f*.

finger *n* méar *f*.

fingernail *n* ionga *f* méire.

finish *vi vt* críochnaigh. • *n* críoch *f*.

fir *n* giúis *f*

fire *n* tine *f*. • *vt* scaoil.

firearm *n* arm tine *f*.

fire escape *n* staighre *m* éalaithe.

fireproof *adj* tinedhíonach.

fireside *n* teallach *m*.

firewood *n* brosna *m*.

firm *adj* daingean. • *n* (*com*) comh-lacht *m*.

first *adj* céad. • *adv* (*time*) i dtosach báire; (*sequence*) ar dtús.

first aid *n* garchabhair *f*.

first-born *n* céadghin *f*.

firth *n* caol *m*.

fiscal *adj* airgeadaíochta.

fish *n* iasc *m*. • *vt vi* iasc.

fisher *n* iascaire *m*.

fishing *n* iascaireacht *f*.

fishing-line *n* dorú *m*.

fishing rod *n* slat *f* iascaigh.

fishy *adj* iascach; (*fig*) amhrasach.

fist *n* dorn *m*.

fit *n* racht *m*. • *adj* folláin.

five *adj n* cúig *m*.

fix *vt* deisigh; cóirigh.

fixture *n* fearas *m*.

fizz *vi* coipeadh.

flabby *adj* lodartha.

flag *n* bratach *f*.

flagrant *adj* follasach.

flagstone *n* leac *f*.

flair *n* bua *m*.

flake *n* screamhóg *f*.

flame *n* bladhm *f*.

flannel *n* flainín *m*.

flap *n* liopa *m*. • *vt* buail.

flare *n* lasair *f* rabhaidh.

flash *n* splanc *f*. • *vt* caith (solas).

flask *n* fleasc *m*.

flat *adj* cothrom; (*mus*) maol. • *n* maol *m*; (*building*) árasán *m*.

flatten *vt* leag; (*mus*) maolaigh.

flatter *vt* déan plámás le.

flattery *n* plámás *m*.

flautist *n* cuisleannach *m*.

flavour *n* blas *m*. • *vt* blaistigh.

flea *n* dreancaid *f*.

fleece *n* lomra *m*. • *vt* feann.

fleet *n* cabhlach *m*.

fleeting *adj* duthain.

flesh *n* feoil *f*.

fleshy *adj* feolmhar.

flex *n* fleisc *f*.

flexible *adj* solúbtha.

flicker *vi* preab.

flight *n* eitilt *f*.

flimsy *adj* tanaí.

flinch *vi* loic.

flint *n* cloch *f* thine *f*.

flippant *adj* cabanta.

flit *vi* éalaigh; (*house*) aistrigh (teach).

float *vi* snámh.

flock *n* tréad *m*.

flood *n* tuile *f*. • *vt* báigh.

floodlight *n* tuilsolas *m*.

floor *n* urlár. • *vt* cuir urlár ann.

floppy disk *n* diosca *m* flapach.

floral *adj* bláthach.

flounder *n* iomlaisc *m*.

flour *n* plúr *m*.

flourish *vi* rath a bheith ort; fás go maith.

flow *vi* sruthaigh.

flower *n* bláth *m*.

fluctuate *vi* luainigh.

fluency *n* líofacht *f*.

fluent *adj* líofa.

fluid *adj* silteach. • *n* sreabhán *m*.

flush *vt*: (*toilet*) sruthlaigh. • *vi* scaird.

fluster *vt* cuir mearbhall ar.

flute *n* feadóg *f* mhór.

fly *vi* *vt* eitil. • *n* cuil *f*; (*fishing*) maghar *m*. • *adj* glic.

foal *n* searrach *m*.

foam *n* cúr *m*. • *vi* coip.

focus *n* fócas *m*. • *vt* fócasaigh.

fodder *n* fodar *m*.

foetus *n* gin *f*.

fog *n* ceo *m*.

foggy *adj* ceomhar.

foil *vt* sáraigh.

fold *n* (*animal*) loca *m*. • *vt* fill.

folded *adj* fillte.

foliage *n* duilliúr *m*.

folk *n* daoine *m*.

folklore *n* béaloideas *m*.

folksong *n* ceol tíre *f*.

folktale *n* scéal *m* béaloidis.

follow *vt* lean.

folly *n* baois *f*.

fond *adj* ceanúil.

fondle *vt* muirnigh.

food *n* bia *m*.

fool *n* amadán *m*. • *vt* meall.

foolish *adj* amaideach.

foolproof *adj* do-mhillte.

foot *n* cos *f*; (*measurement*) troigh *f*.

footpath *n* cosán *m*.

footwear *n* coisbheart *m*.

for *prep* do; faoi choinne; le haghaidh; (*time: future*) go ceann; (*past*) ar feadh.

forage *vt* ransaigh.

forbid *vt* coisc.

forbidding *adj* doicheallach.

force *n* fórsa *m*. • *vt* tabhair ar (dhuine) (rud a dhéanamh).

forceps *n* teanchair *f*.

ford *n* áth *m*.

fore *n*: **to the fore** chun tosaigh.

forearm *n* rí *f* (na) láimhe *f*.

forecast *vt* tuar. • *n* réamhaisnéis *f*.

forefather *n* sinsear *m*.

forefinger *n* corrmhéar *f*.

forego *vt* fág.

foreground *n* réamhionad *m*.

forehead *n* éadan *m*.

foreign *adj* coimhthíoch, gallda.

foreigner *n* coimhthíoch *m*, Gall *m*.

foreknow *vt* aithin roimh ré *f*.

foreknowledge *n* réamhfhios *m*.

foremost *adj* is tábhachtaí.

forerunner *n* réamhtheachtaí *m*.

foresail *n* seol *m* tosaigh.

foresee *vt* tuar.

foreshadow *vt* tuar.

foresight *n* réamhfhéachaint *f*.

forest *n* foraois *f*.

forestry *n* foraoiseacht *f*.

foretaste *n* réamhbhlas *m*.

foretell *vt* réamhaithris.

forever *adv* go deo.

forewarn *vt* tabhair rabhadh.

foreword *n* réamhfhocal *m*.

forge *n* céarta *f*. • *vt* falsaigh.

forger *n* falsaitheoir *m*.

forget *vt* *vi* déan dearmad.

forgetful *adj* dearmadach.

forgetfulness *n* dearmad *m*.

forgive *vt* maith (do).

forgotten *adj* (rud) a bhfuil dearmad déanta air.

fork n forc m. • vi gabhlaigh.

forlorn adj dearóil.

form n cruth m. • vt cruthaigh; foirmigh.

formal adj foirmiúil.

formality n deasghnáth m.

format n formáid f.

formidable adj scanrúil.

formula n foirmle f.

fornicate vi collaíocht f a bheith agat le duine. • vt gabh suas ar.

fornication n collaíocht f.

forsake vt tréig.

forsaken adj tréigthe.

fort n dún m, daingean m.

forth adv (as seo, etc) amach.

forthwith adv gan mhoill.

fortitude n foirtile f.

fortnight n coicís f.

fortuitous adj de thaisme f.

fortunate adj ádhúil.

fortune n fortún m.

fortune teller n bean f or fear m feasa.

forty adj n daichead m.

forward adj chun tosaigh. • adv ar aghaidh f.

forwards adv ar aghaidh f.

fossil n iontaise f.

foster vt altramaigh.

foster father n athair m altrama.

foster mother n máthair f altrama.

foster sibling n comhalta m.

foul adj bréan. • n calaois f.

found vt bunaigh.

foundation n bunú m.

founder n bunaitheoir m. • vi (mar) téigh go tóin f poill.

foundling n leanbh m tréigthe.

fount, fountain n fuarán m.

four adj n ceathair m.

foursome n ceathrar m.

fourteen adj n ceathair m déag.

fourteenth adj n ceathrú f déag.

fourth adj n ceathrú f.

fourthly adv sa cheathrú háit.

fowl n éan m.

fox n sionnach m.

fraction n codán m.

fracture n briseadh m.

fragile adj sobhriste.

fragment n blogh f.

fragrant adj cumhra.

frail adj lag.

frailty n laige f.

frame n fráma m.

France n An Fhrainc f.

frank adj ionraic. • vt (stamp) frainceáil.

frantic adj ar buile f.

fraternal adj bráithriúil.

fraud n caimiléireacht f.

freak n torathar m.

freckles npl bricíní mpl.

freckled adj bricíneach.

free adj saor; (without cost) saor in aisce.

freedom n saoirse f.

freelance adj neamhspleách.

freemason n máisiún m.

free-range adj saor-raoin.

free trade n saorthrádáil f.

free will n saorthoil f.

freeze vt vi reoigh.

freezer n reoiteoir m.

freight n lasta m.

French n (ling) Fraincis f. • adj Francach.

Frenchman n (person) Francach m.

frenzy n buile f.

frequency n minicíocht f.

frequent adj minic. • vt gnáthaigh.

fresh *adj* (*air*) úr; fionnuar; (*food*) úr.

fret *vi* bí buartha (faoi rud).

fretful *adj* cancrach.

friar *n* bráthair *m*.

friction *n* frithchuimilt *f*.

Friday *n* Dé *m* hAoine.

friend *n* cara *m*.

friendliness *n* cairdiúlacht *f*.

friendly *adj* cairdiúil.

friendship *n* cairdeas *m*.

fright *n* scanradh *m*.

frighten *vt* scanraigh.

frightful *adj* scanrúil.

frigid *adj* fuaránta.

frill *n* rufa *m*.

frisky *adj* meidhreach.

frivolity *n* giodam *m*.

frivolous *adj* giodamach.

fro *adv* anall.

frock *n* gúna *m*.

frog *n* frog *m*.

from *prep* ó; de; as.

front *n* aghaidh *f*.

front-door *n* doras *m* tosaigh.

frontier *n* imeallchríoch *f*.

frost *n* sioc *m*.

frostbitten *adj* siocdhóite.

frosty *adj* (*frozen*) reoite.

frown *n* gruig *f*.

frugal *adj* coigilteach.

frugality *n* coigilt *f*.

fruit *n* toradh *m*.

fruity *adj* súch.

frustrate *vt* sáraigh.

fry *vt* frioch.

frying pan *n* friochtán *m*.

fuel *n* breosla *m*.

fugitive *n* éalaitheach *m*.

fulfil *vt* comhlíon.

fulfilment *n* comhlíonadh *m*.

full *adj* lán.

full-grown *adj* lánfhásta.

full stop *n* lánstad *m*.

full-time *adj* lánaimseartha.

fumble *vi* bí ag útamáil le.

fun *n* spraoi *m*, spórt *m*.

function *n* feidhm *f*.

function key *n* feidhm-eochair *f*.

fundamental *adj* bunúsach.

funeral *n* sochraid *f*.

funny *adj* greannmhar; barrúil.

fur *n* fionnadh *m*.

furnish *vt* trealmhaigh.

furniture *n* troscán *m*.

furrow *n* clais *f*.

furry *adj* clúmhach.

further, furthermore *adv* ar a bharr sin.

fury *n* buile *f*.

fuse *n* fiús *m*.

fusty *adj* smolchaite.

futile *adj* fánach; díomhaoin.

futility *n* díomhaointeas *m*.

future *adj* le teacht. • *n* todhchaí *f*.

G

gable *n* binn *f*.
gadget *n* gaireas *m*.
Gael *n* Gael *m*.
Gaelic *n* Gaeilge *f* (*lang*). • *adj* Gaelach.
gaiety *n* meidhir *f*.
gaily *adv* go haerach.
gain *vt* gnóthaigh.
gale *n* gála *m*.
gallant *adj* curata.
gallery *n* gailearaí *m*.
galley *n* birling *f*.
gallon *n* galún *m*.
gallop *vi* téigh ar cosa in airde *f*.
Galway *n* Gaillimh *f*.
gallows *n* croch *f*.
galore *adv* go leor.
gamble *vi* bheith ag cearrbhachas.
gambler *n* cearrbhach *m*.
gambling *n* cearrbhachas *m*.
game *n* cluiche *m*; (*hunting*) seilg *f*.
gamekeeper *n* maor *m* géim.
gander *n* gandal *m*.
gang *n* drong *f*.
gannet *n* gainnéad *m*.
gaol *n* príosún *m*.
gap *n* bearna *f*.
gape *vi* stán.
garage *n* garáiste *m*.
garbage *n* bruscar *m*.
garble *vt* cuir (scéal) as a riocht.
garden *n* gairdín *m*.
gardener *n* garraíodóir *m*.
garland *n* bláthfhleasc *f*.
garlic *n* gairleog *f*.

garment *n* ball *m* éadaigh.
garron *n* gearrán *m*.
garrulity *n* cabaíl *f*.
garrulous *adj* cabach.
garter *n* gairtéar *m*.
gas *n* gás *m*.
gas cooker *n* cócaireán *m* gáis, sorn *m* gáis.
gas fire *n* tine *f* gháis.
gash *n* créacht *f*.
gasp *n* cnead *f* (a ligint).
gastronomic *adj* gastranómach.
gastronomy *n* gastranómachas *m*.
gate *n* geata *m*.
gather *vt* bailigh.
gathering *n* cruinniú *m*.
gaudy *adj* spiagaí.
gauge *n* tomhsaire *m*.
gaunt *adj* lom.
gawky *adj* anásta.
gay *adj* (*homosexual*) aerach; meidhreach.
gaze *vi* amharc.
gear *n* (*car*) giar *m*.
gem *n* seoid *f*.
gender *n* cineál *m*.
genealogical *adj* ginealaigh.
genealogist *n* ginealeolaí *m*.
genealogy *n* ginealach *m*.
general *adj* ginearálta; gnáth-.
general election *n* olltoghchán *m*.
generally *adv* de ghnáth.
generator *n* gineadóir *m*.
generic *adj* ginearálta.
generosity *n* flaithiúlacht *f*.

generous *adj* flaithiúil.
genetic *adj* géiniteach.
genial *adj* lách.
genitals *npl* baill *mpl* ghiniúna.
genius *n* (*person*) sárintleachtach *m*.
genteel *adj* galánta.
gentle *adj* caoin.
gentleman *n* duine *m* uasal.
gentlewoman *n* bean *f* uasal.
gentry *n* na huaisle *mpl*.
genuine *adj* fíor-.
geography *n* tíreolaíocht *f*.
geological *adj* geolaíoch.
geologist *n* geolaí *m*.
geology *n* geolaíocht *f*.
geometry *n* céimseata *f*.
germ *n* (*bot*) frídín *m*.
German *adj* Gearmánach. • *n* Gearmá
nach *m*; (*lang*) Gearmáinis *f*.
Germany *n* An Ghearmáin *f*.
germinate *vt vi* péac.
gestation *n* tréimhse *f* iompair.
gesture *n* gotha *m*.
get *vt* faigh. • *vi* (*become*) éirigh.
ghastly *adj* fuafar.
ghost *n* taibhse *f*.
ghostly *adj* taibhsiúil.
giant *adj* ollmhór. • *n* fathach *m*.
gibberish *n* raiméis *f*.
gibe *n* focal fonóide *m*.
giddy *adj* meadhránach.
gift *n* bronntanas *m*.
gifted *adj* éirimiúil.
gigantic *adj* ábhalmhór.
gild *vt* óraigh.
gill *n* ceathrú *f* pionta.
gin *n* geal *m*.
gingerbread *n* arán *m* sinséir.
giraffe *n* sioráf *m*.
girdle *n* (*corset*) sursaing *f*.

girl *n* cailín *m*, girseach *f*.
girlfriend *n* cailín *m*.
girth *n* (*harness*) giorta *m*.
gist *n* bunús *m* an scéil.
give *vt* tabhair.
glaciation *n* oighearshruthú *m*.
glacier *n* oighearshruth *m*.
glad *adj* áthasach.
glance *n* sracfhéachaint *f*.
gland *n* faireog *f*.
glare *n* dallrú *m*.
Glasgow *n* Glaschú *m*.
glass *n* gloine *f*.
glassware *npl* earraí gloine *f*.
gleam *vi* drithligh.
gleaming *adj* dealrach.
glean *vt* diarsaigh.
glee *n* lúcháir *f*.
glen *n* gleann *m*.
glib *adj* cabanta.
glide *vi* (*aviat*) téigh ar foluain.
glimmer *n* fannléas *m*.
glimpse *n* spléachadh *m*. • *vt* faigh
spléachadh.
glint *vi* lonraigh.
glisten, glitter *vi* drithligh.
gloaming *n* clapsholas *m*.
global *adj* domhanda.
global warming *n* téamh domhanda
m.
globe *n* cruinneog *f*.
gloom *n* gruaim *f*.
gloomy *adj* gruama.
glory *n* glóire *f*.
glossy *adj* snasta.
glove *n* lámhainn *f*.
glow *vi* lonraigh. • *n* luisne *f*.
glower *vi* tabhair drochfhéachaint *f*
(ar).
glue *n* gliú *m*.

glum *adj* gruama.
glutton *n* craosaire *m*, gorb *m*.
gluttony *n* craos *m*.
gnash *vt*: **to gnash one's teeth** díoscán a bhaint as na fiacla.
gnaw *vt* creim.
go *vi* téigh, gabh; (*depart*) imigh
goal *n* cúl *m*.
goalkeeper *n* cúl *m* báire.
goalpost *n* cuaille *m* báire.
goat *n* gabhar *m*.
goblin *n* gruagach *m*.
god *n* dia *m*.
goddess *n* bandia *m*.
going *n* dul *m*; (*departing*) imeacht *m*.
gold *n* ór *m*.
golden *adj* órga.
golf *n* galf *m*.
good *adj* maith, dea-.
goodbye! *excl* slán (go fóill)!
goodness *n* maitheas *f*.
goodwill *n* dea-mhéin *f*.
goods *npl* earraí *mpl*.
goose *n* gé *f*.
gooseberry *n* spíonán *m*.
gore *vt* sáigh (le hadharc).
gorge *n* (*geog*) altán *m*. • *vt* déan craos.
gorgeous *adj* sárálainn.
gorse *n* aiteann *m*.
gory *adj* fuilteach.
gospel *n* soiscéal *m*.
gossip *n* cúlchaint *f*. • *vi* bheith ag cúlchaint *f* (ar).
govern *vt* rialaigh.
government *n* rialtas *m*.
gown *n* gúna *m*.
grab *vt* sciob.
grace *n* grásta *m*; (*prayer*) altú (roimh bhia) *m*; (*manner*) cuannacht *f* • *vt* maisigh.

grace-note *n* nóta *m* maise.
graceful *adj* mómhar.
gracious *adj* grástúil.
grade *n* céim *f*; grád *m*.
gradient *n* grádán *m*.
gradual *adj* céimseach.
gradually *adv* de réir a chéile.
graduate *n* céimí *m*.
graduation *n* bronnadh *m* céimeanna.
graft *n* nódú *m*. • *vt* nódaigh. *vi* *vt* saothraigh.
grain *n* gráinne *f*.
graip *n* graeipe *f*.
gram *n* gram *m*.
granary *n* iothlainn *f*.
grand *adj* mór; maorga.
grandchild *n* garmhac *m*; gariníon *f*.
grandad *n* seanathair *m*.
grandfather *n* seanathair *m*.
grandmother *n* seanmháthair *m*.
granite *n* eibhear *m*.
grant *n* deontas *m*.
granular *adj* gráinneach.
grape *n* fíonchaor *f*.
grapefruit *n* seadóg *f*.
graphics *npl* graificí *fpl*.
grapple *vi* téigh chun spairne *f* (le).
grasp *vt* beir ar. • *n* greim *m*.
grass *n* féar *m*.
grassy *adj* féarmhar.
grate *n* gráta *m*. • *vt* scríob.
grateful *adj* buíoch.
grater *n* scríobán *m*.
gratitude *n* buíochas *m*.
gratuity *n* deolchaire *f*.
grave *adj* tromchúiseach.
grave *n* uaigh *f*.
gravel *n* gairbhéal *m*.
gravestone *n* leac *f* uaighe.
graveyard *n* reilig *f*.

gravity n (*physic*) imtharraingt f.

gravy n súlach m.

graze vi bí ar féarach.

graze vt scríob.

grease n bealadh m. • vt bealaigh.

greasy adj bealaithe.

great adj mór.

greatness n mórgacht f.

Greece n An Ghréig f.

greed n saint f.

greedy adj santach.

Greek adj Gréagach. • n Gréagach m;
   (*ling*) Gréigis f.

green adj glas; uaine.

greenness n glaise f; uaine f.

greet vt beannaigh do.

greeting n beannacht f.

gregarious adj caidreamhach.

grey adj liath.

grey-haired adj liath.

grid n greille f.

griddle n grideall f.

grief n dobrón m; léan m.

grieve vt déan dobrón.

grill n greille f. • vt gríosc.

grilse n maighreán m.

grim adj dúr.

grimace n strainc f.

grime n salachar m.

grin n straois f. • vi cuir straois f ort féin.

grind vt meil.

gristle n loingeán m.

grit n grean m.

grizzled adj bricliath.

groan n éagnach m.

grocer n grósaeir m.

groceries npl earraí grósaera mpl.

groin n bléin f.

groove n eitre f.

grope vi déan méarnáil f (ar lorg ruda).

gross adj otair.

gross n grósa m (144).

grotesque adj arrachtach.

ground n talamh m.

group n grúpa m.

grouse n (*bird*) cearc f fhraoigh.

grouse n (*grumble*) clamhsán m.

grove n garrán m.

grovel vi lodair.

grow vt vi fás; méadaigh.

growl vi drantaigh.

growth n fás m.

grudge n fala f.

grumble vi déan clamhsán.

grunt vi déan gnúsacht f. • n gnúsacht f.

guarantee n ráthaíocht f.

guard n garda m. • vt gardáil.

guardian n coimirceoir m; caomhnóir m.

guerrilla n guairille m.

guess vi vt tomhais.

guest n aoi m.

guide vt treoraigh. • n eolaí m.

guided missile n diúracán treoraithe m.

guide dog n madra treoraithe m.

guillemot n foracha f

guilt n ciontacht f.

guilty adj ciontach.

guitar n giotár m.

gulf n murascaill f.

gully n (*drain*) lintéar m.

gulp n slogóg f. • vt vi slog.

gum n (*chewing gum*) guma coganta m.

gumption n gus m.

gun n gunna m.

gunman n fear m gunna.

gurgle n glothar m.

gust n séideán m.

gusto n (le) fonn m.

gusty adj fleách.

gut n putóg f.

H

habit n nós; (*monk*) aibíd *f.*
habitual *adj* gnách, gnáth-.
hack *vt* ciorraigh.
haddock n cadóg *f.*
haft n cos *f.*
hag n cailleach *f.*
haggis n hagaois *f.*
haggle *vi* margáil a dhéanamh faoi rud.
hailstone n cloch *f* shneachta.
hair n gruaig *f*, folt *m.*
hairdryer n triomadóir gruaige *m.*
hairy *adj* gruagach.
half n leath *f.*
half-bottle n leathbhuidéal *m.*
halfway n leath *f* bealaigh.
hall n halla *m.*
Hallowe'en n Oíche *f* Shamhna.
hallucination n mearú súl *m.*
halo n fáinne *m.*
halt *vt vi* stad.
halter n adhastar *m.*
halve *vt* laghdaigh faoina leath.
ham n liamhás *m.*
hamlet n sráidbhaile *m.*
hammer n casúr *m.* • *vt* orlaigh.
hamper n ciseán *m.* • *vt* cuir isteach ar.
hand n lámh *f.* • *vt* sín.
handbag n mála *m* láimhe.
handball n liathróid Faimhe *f.*
handful n dornán *m.*
handicap n cis *f.*
handkerchief n ciarsúr *m.*
handle n lámh *f*; murlán *m.* • *vt* láimhsigh.

handshake n croitheadh láimhe *m.*
handsome *adj* dóighiúil.
handwoven n lámhfhite *m.*
handy *adj* áisiúil.
hang *vt* croch.
hangover n póit *f.*
happen *vi* tarlaigh.
happening n tarlú *m.*
happiness n sonas *m.*
happy *adj* sona.
harass *vt* ciap, cráigh.
harbour n cuan *m*, port *m.* • *vt* tearmannaigh.
hard *adj* crua.
hard disk n diosca *m* crua.
harden *vt vi* cruaigh.
hardihood n crógacht *f.*
hardly *adv* he hardly caught it is ar éigean gur rug sé air.
hardship n anró *m.*
hardware n crua-earraí *mpl.*
hare n giorria *m.*
hare-brained *adj* bómánta.
harm n dochar *m.* • *vt* déan dochar do.
harmful *adj* díobhálach.
harmless *adj* gan dochar.
harmonic *adj* armónach.
harmonious *adj* (*mus*) ceolmhar.
harmonise *vt* cuir (smaointe, *etc*) i gcomhréir le chéile.
harmony n comhcheol *m.*
harp n cláirseach *f.*
harpist n cláirseoir *m.*
harrow n cliath *f* fhuirste.
harsh *adj* garg.

harshness n gairgeacht f.

hart n damhfhia m.

harvest n fómhar m.

haste n deifir f.

hasten vt deifrigh.

hasty adj deifreach.

hat n hata m.

hatch n haiste m.

hatchet n tua f.

hate n fuath m. • vt fuathaigh.

hateful adj fuafar.

haughty adj uaibhreach.

haul vt tarraing.

haunch n leis f.

haunt vt taithigh.

have vt I have a pen tá peann agam; I have to do it caithfidh mé é a dhéanamh.

hawk n seabhac m.

hawser n cábla m.

hawthorn n sceach f gheal.

hay n féar m.

hay fever n fiabhras m léana.

hayrick, haystack n cruach f fhéir.

haze n ceo m.

hazy adj ceobhránach.

he pn sé, é.

head n ceann m.

headache n tinneas m cinn.

headland n ceann m tíre.

headlight n ceannsolas m.

headmaster n ardmháistir m.

headmistress n ardmháistreás f.

headquarters np (mil) ceanncheathrú fsg.

headstrong adj ceanndána.

headway n dul chun cinn m.

heady adj corraitheach.

heal vt vi leigheas.

health n sláinte f.

healthy adj folláin, sláintiúil.

heap n moll m. • vt carn.

hear vt vi cluin, mothaigh.

hearing n éisteacht f.

hearing aid n áis f éisteachta f.

hearsay n scéal m scéil.

hearse n cóiste m na marbh, eileatram m.

heart n croí m.

heart attack n taom croí m.

hearten vt misnigh.

hearth n tinteán m.

hearty adj croíúil.

heat n teas n. • vt téigh.

heater n téitheoir m.

heathen n pagánach m. *adj pagánach

heather n (bot) fraoch m.

heathery adj fraochmhar.

heating n teas m.

heave vt tóg. • n urróg f.

heaven n neamh f.

heavenly adj neamhaí.

heaviness n troime f.

heavy adj trom.

heckle vt trasnaigh.

hedge n fál m.

hedgehog n gráinneog f.

heed vt aird a thabhairt. • n aird f.

heedless adj neamhairdiúil.

heel n sáil f.

heifer n bodóg f.

height n airde f.

heighten vt ardaigh.

heir n oidhre m.

heiress n banoidhre m.

helicopter n héileacaptar m.

hell n ifreann m.

help vt cuidigh le. • n cuidiú m; garaíocht f.

helpful adj cabhrach.

hem *n* fáithim *f*.

hemisphere *n* leathsféar *m*.

hen *n* cearc *f*.

hence *adv* mar sin de.

henceforth *adv* as seo amach.

her *pn* sí, í. • *adj* a.

herald *n* fógróir *m*.

herb *n* luibh *f*.

herd *n* tréad *m*.

here *adv* anseo.

hereafter *adv* (*writing*) thíos. • *n* an tsíoraíocht *f*.

hereby *adv* leis seo.

hereditary *adj* oidhreachtúil.

heredity *n* dúchas *m*.

heresy *n* eiriceacht *f*.

heritage *n* oidhreacht *f*.

hermit *n* díthreabhach *m*.

hero *n* laoch *m*.

heroic *adj* cróga.

heroin *n* hearóin *f*.

heroine *n* banlaoch *m*.

heron *n* corr *f* éisc.

herring *n* scadán *m*.

herring gull *n* faoileán *m* scadán.

herself *pn* sí féin; (*object*) í féin.

hesitate *vi* bheith idir dhá chomhairle *f*.

hesitation *n* braiteoireacht *f*.

hiccough, hiccup *n* snag *m*.

hide *vt* ceil.

hideous *adj* míofar.

hiding-place *n* cró *m* folaigh.

high *adj* ard.

high frequency *adj* ardmhinicíochta.

highland *n* garbhchríoch *f*.

Highlander *n* híleantóir *m*.

Highlands *npl* na Garbhchríocha *fpl*.

highlight *vt* tabhair chun suntais.

high-minded *adj* ardaigeantach.

high-powered *adj* mórchumhachta.

high tide *n* lán mara *m*.

highway *n* bealach *m* mór.

hike *vi* siúil de chois.

hijack *vt* fuadaigh.

hill *n* cnoc *m*.

hillock *n* tulach *m*.

hillside *n* mala *f* chnoic.

hilly *adj* cnocach.

hilt *n* dorn *m*.

him *pn* é.

himself *pn* sé féin, (*object*) é féin.

hind *adj* deiridh.

hinder *vt* bac.

hinge *n* inse *m*.

hint *n* leid *f*.

hip *n* cromán *m*.

hire *vt* fostaigh.

his *adj* a.

hiss *vi* sios.

historian *n* staraí *m*.

historic(al) *adj* stairiúil.

history *n* stair *f*.

hit *vt* buail. • *n* buille *m*.

hitherto *adv* go dtí seo.

HIV *n* VED.

hive *n* coirceog *f*.

hoard *n* stór *m*. • *vt* cuir i dtaisce *f*.

hoarfrost *n* sioc *m* bán.

hoarse *adj* piachánach.

hoarseness *n* piachán *m*.

hobby *n* caitheamh aimsire *m*.

hobnail *n* durnán *m*.

hoe *n* grafóg *f*. • *vt* glan le grafóg *f*.

Hogmanay *n* Oíche *f* Chinn Bhliana.

hold *vt* coinnigh.

hole *n* poll *m*.

holiday *n* saoire *f*.

hollow *adj* cuasach. • *n* cuas *m*.

hollowness *n* folaimhe *f*.

holly n (bot) cuileann m.

holy adj naofa.

holy water n uisce m coisricthe.

homage n ómós.

home n baile. • adj baile.

home page n leathanach m baile.

home rule n rialtas m dúchais.

homesick adj cumhach.

homesickness n cumha m.

homespun adj simplí.

homosexual adj n homaighnéasach.

honest adj ionraic.

honesty n ionracas.

honey n mil f.

honeymoon n mí f na meala.

honeysuckle n (bot) féithleann m.

honour n onóir f, urraim f. • vt onóraigh.

hood n cochall m.

hoof n crúb f.

hook n crúca m.

hooked adj crúcach.

hooligan n maistín m.

hoot vi séid.

hop n truslóg f. • vi tabhair truslóg f.

hope n dóchas m. • vi tá súil agam (go).

hopeful adj dóchasach.

horizon n bun na spéire f.

horizontal adj cothrománach.

horn n adharc f; (mus) corn m; (drink) buabhall m.

hornet n cearnamhán m.

horoscope n tuismeá f.

horrible adj uafásach.

horrid adj gránna.

horror n uafás m.

horse n capall m.

horseman n marcach m.

horseshoe n crú capaill m.

hose n (sock) stocaí mpl; (pipe) píobán m.

hospitable adj flaithiúil.

hospital n otharlann f.

hospitality n flaithiúlacht f.

host n óstach m; (people) slua m.

hostage n giall m.

hostess n banóstach m.

hostile adj naimhdeach.

hostility n naimhdeas m.

hot adj te.

hotel n óstán m.

hour n uair f.

hourly adv gach uair.

house n teach m. • vt tabhair dídean (do).

household n teaghlach m.

hover vi bí ar foluain.

how adv cad é mar, conas.

however adv áfach.

howl vi lig glam f asat. • n glam f.

huddle vi teann isteach (le chéile).

hug vt beir barróg f (ar).

hull n cabhail f.

hum n crónán m. • vi bí ag crónán.

human adj daonna.

humane adj daonnachtúil.

humanity n (quality) daonnacht f.

humankind n an cine daonna.

humble adj umhal. • vt ísligh.

humid adj tais.

humorist n fear m grinn.

humorous adj greannmhar.

humour n greann m. • vt duine a mholadh.

hump n cruit f.

hundred adj n céad m.

hundredth adj céadú.

hunger n ocras m.

hunger strike n stailc f ocrais.

hungry *adj* ocrach *m*.
hunt *vi vt* seilg. • *n* seilg *f*.
hunter *n* sealgaire *m*.
hurricane *n* stoirm *f* ghaoithe.
hurry *vt vi* déan deifir *f*. • *n* deifir *f*.
hurt *vt* gortaigh. • *n* dochar *m*.
hurtful *adj* goilliúnach.
husband *n* fear *m* céile.
hush! *excl* éist!, fuist!
hut *n* bothán *m*.

hybrid *n* croschineálach *m*.
hydroelectric *adj* hidrileictreach.
hygiene *n* sláinteachas *m*.
hymn *n* iomann *m*.
hypocrisy *n* fimíneacht *f*.
hypocrite *n* fimíneach *m*.
hysterical *adj* histéireach; (*laughter*) sna trithí gáire.
hysterics *npl* taom histéire *m*.

I

I *pn* mé.
ice *n* oighear *m*, siocán *m*.
iceberg *n* cnoc *m* oighir.
ice cream *n* uachtar *m* reoite.
icicle *n* coinlín reo *m*.
icing *n* reoán *m*.
icy *adj* sioctha.
idea *n* smaoineamh *m*, barúil *f*.
ideal *adj* ar fheabhas. • *n* idéal *m*.
identical *adj* ionann.
identification *n* aitheantas *m*.
identify *vt* aithin.
identity *n* aithne *f*; (*particular*) féin-iúlacht *f*.
idiom *n* cor cainte *m*.
idiot *n* amadán *m*.
idle *adj* díomhaoin; (*lazy*) falsa.
idleness *n* díomhaointeas *m*.
idler *n* falsóir *m*.
idol *n* íol *m*.
if *conj* (*pres/past*) má; (*cond/impfct*) dá; *conj* (*neg*) mura.
ignite *vt vi* las.
ignition *n* adhaint *f*.
ignominious *adj* náireach.
ignorance *n* aineolas *m*.
ignorant *adj* aineolach.
ignore *vt* déan neamhiontas de.
ill *adj* tinn, breoite.
ill-health *n* easláinte *f*.
illegal *adj* mídhleathach.
illegality *n* aindleathacht *f*.
illegible *adj* doléite.
illegitimate *adj* neamhdhlisteanach.
illiterate *adj* neamhliteartha.

illness *n* tinneas *m*.
illogical *adj* míloighciúil.
illuminate *vt* soilsigh.
illumination *n* soilsiú *m*; (*decoration*) maisiú *m*.
illusion *n* seachmall *m*.
illusory *adj* mealltach.
illustrate *vt* léirigh; (*decorate*) maisigh
illustrator *n* maisitheoir *m*.
illustrious *adj* oirirc.
image *n* íomhá *f*.
imaginable *adj* insamhlaithe.
imaginary *adj* samhailteach.
imagination *n* samhlaíocht *f*.
imagine *vt* samhlaigh.
imbecile *n* amadán *m*.
imbibe *vt* ól.
imbue *vt* (*to imbue someone with an idea*) smaoineamh a chur i gceann duine.
imitate *vt* déan aithris *f* (ar).
imitation *n* aithris *f*.
immaculate *adj* gan smál.
immaterial *adj* neamhábhartha.
immature *adj* anabaí.
immaturity *n* anabaíocht *f*.
immeasurably *adv* thar a bheith.
immediate *adj* láithreach.
immediately *adv* láithreach bonn.
immense *adj* ollmhór.
immerse *vt* tum.
immigrant *n* inimirceach *m*.
immigration *n* inimirce *f*.
imminent *adj* (rud) atá ar tí titim amach.

immodest *adj* mínáireach.

immoral *adj* mímhorálta.

immorality *n* mímhoráltacht *f*.

immortal *adj* neamhbhásmhar.

immortality *n* neamhbhásmhaireacht *f*.

immunise *vt* díon.

immunity *n* saoirse *f*; imdhíonacht *f*.

imp *n* grabaire *m*.

impair *vt* loit.

impalpable *adj* dothuigthe.

impart *vt* dáil (ar).

impartial *adj* neamhchlaon.

impassable *adj* dothrasnaithne.

impassive *adj* socair.

impatience *n* mífhoighne *f*.

impede *vt* bac.

impediment *n* constaic *f*.

impel *vt* to impel someone to do something cuir d'fhiacha ar dhuine rud éigin a dhéanamh.

impenetrable *adj* dothreáite.

imperative *adj* práinneach.

imperceptible *adj* domhothaithe.

impersonal *adj* neamhphearsanta.

impersonate *vt* pearsanaigh.

impertinence *n* sotal *m*.

impertinent *adj* sotalach.

impervious *adj* beag beann (ar rud); (*to water*) uiscedhíonach.

impetuous *adj* tobann; teasaí.

impetus *n* fuinneamh *m*.

impinge (on something) *vi* buail (ar rud éigin).

implacable *adj* doshásta.

implement *n* uirlis *f*.

implement *vt* cuir i bhfeidhm.

implicate *vt* cuir cuid den mhilleán ar.

implication *n* impleacht *f*.

implicit *adj* intuigthe.

implore *vt* impigh ar.

imply *vt* tabhair le fios; (*mean*) ciallaigh.

impolitic *adj* neamhchríonna.

import *n* (*meaning*) brí *f*. • *npl* (*goods*) earraí *mpl* iompórtálacha. • *vt* iompórtáil.

importance *n* tábhacht *f*.

important *adj* tábhachtach.

impose *vt* cuir ar.

impossibility *n* dodhéantacht *f*.

impossible *adj* dodhéanta.

impostor *n* mealltóir *m*.

impotence *n* éagumas *m*.

impotent *adj* éagumasach.

impoverish *vt* bochtaigh.

impracticable *adj* neamhphraiticiúil.

impregnable *adj* doghafa.

impressive *adj* sonrach.

imprison *vt* cuir i bpríosún.

improbability *n* neamhdhóchúlacht *f*.

improbable *adj* neamhdhóchúil.

improper *adj* mí-oiriúnach.

improve *vt* leasaigh.

improvement *n* feabhas *m*.

improvident *adj* éigríonna.

imprudent *adj* místuama.

impudence *n* sotal *m*.

impulsive *adj* ríogach.

impure *adj* neamhghlan.

impute *vt* cuir i leith (duine).

in *prep* i (**the**, *sing*) sa, (**the**, *pl*) sna. • *adv* (*inwards*) isteach.

inability *n* míchumas *m*.

inaccurate *adj* míchruinn.

inadequate *adj* easnamhach.

inadvertent *adj* neamhchúramach.

inane *adj* leamh.

inarticulate *adj* snagach.

inasmuch as *conj* sa mhéid go.

incarnate *adj* i gcolainn *f* dhaonna.
incense *n* túis *f*. • *vt* cuir fearg *f* ar.
incest *n* ciorrú coil *m*.
incestuous *adj* colach
inch *n* orlach *f*.
inclement *adj* anróiteach.
inclination *n* claonadh *m*.
incline *vt vi* claon.
include *vt* cuir san áireamh.
incognito *adv* faoi choim *f*.
income *n* ioncam *m*, teacht *m* isteach.
income tax *n* cáin *f* ioncaim.
incomparable *adj* dosháraithe.
incompatible *adj* neamh-chomhoiriúnach.
incomplete *adj* neamhiomlán.
incomprehensible *adj* dothuigthe.
inconvenience *n* míchaoithiúlacht *f*.
incorrect *adj* mícheart.
increase *vt* méadaigh. • *n* méadú *m*.
incredible *adj* dochreidte.
incredulous *adj* amhrasach.
incriminate *vt* ciontaigh.
incubate *vt vi* gor.
incur *vt* fearg *f* a tharraingt ort.
incurable *adj* doleigheasta.
indebted *adj* faoi chomaoin *f*.
indecent *adj* mígheanasach.
indeed *adv* go deimhin.
indelible *adj* doscriosta.
indemnify *vt* téigh in urra ar.
indent *vt* eangaigh.
independence *n* neamhspleáchas *m*.
independent *adj* neamhspleách.
index *n* innéacs *m*. • *vt vi* innéacsaigh.
indicate *vt* tabhair le fios.
indifferent *adj* ar nós cuma liom.
indigestion *n* mídhíleá *m*.
indignant *adj* feargach.
indignation *n* fearg *f*.

indirect *adj* neamhdhíreach.
indiscreet *adj* béalscaoilte.
indiscretion *n* earráid *f*.
individual *n* duine *m* aonair.
indoor *adv* istigh.
indulge *vt* sásaigh.
indulgent *adj* boigéiseach.
industrial *adj* tionsclaíoch.
industrious *adj* saothrach.
industry *n* (*abstract*) tionscal *m*; dícheall *m*.
inedible *adj* do-ite.
inept *adj* baoth.
inequality *n* éagothroime *f*.
inert *adj* marbhánta.
inexcusable *adj* doleithscéil.
inexpensive *adj* saor.
inexperienced *adj* gan taithí.
inexplicable *adj* domhínithe.
inextricable *adj* dofhuascailte.
infallible *adj* do-earráide.
infant *n* naíonán *m*.
infantile *adj* leanbaí.
infantry *n* cos-slua *m*.
infect *vt* ionfhabhtaigh.
infection *n* ionfhabhtú *m*.
inferior *adj* íochtarach.
infertile *adj* neamhthorthúil.
infest *vt*: **infested with** foirgthe le.
infinitesimal *adj* an-bhídeach.
infirm *adj* easlán.
inflammable *adj* inlasta.
inflate *vt* séid.
inflation *n* (*money*) boilsciú *m*.
inflict *vt* (rud) a ghearradh ar.
influence *n* tionchar *m*. • *vt* téigh i bhfeidhm *f* ar.
influenza *n* fliú *m*.
inform *vt* cuir (rud) in iúl.
informal *adj* neamhfhoirmiúil.

informality *n* neamhfhoirmiúlacht *f.*
information *n* eolas *m.*
information technology *n* teicneolaíocht *f* an colais.
infrequent *adj* annamh.
infringe *vt* sáraigh.
ingenious *adj* intleachtach.
ingenuous *adj* oscailte.
ingot *n* barra *m.*
ingredient *n* comhábhar *m.*
inhabit *vt* áitrigh.
inhabitable *adj* ináitrithe.
inhabitant *n* áitreabhach *m.*
inhale *vt* ionanálaigh.
inherit *vt* faigh (rud) mar oidhreacht *f.*
inhibit *vt* cros rud ar.
inhibition *n* urchoilleadh *m.*
inhospitable *adj* doicheallach.
inhuman *adj* mídhaonna.
initial *adj* tosaigh. • *n* túslitir *f.*
inject *vt* insteall.
injection *n* instealladh *m.*
injure *vt* gortaigh.
injurious *adj* díobhálach.
injury *n* gortú *m.*
ink *n* dúch *m.*
inland *adj* intíre.
inlet *n* gaoth *m.*
inn *n* óstán *m.*
innate *adj* dúchasach.
inner *adj* inmheánach, istigh.
innkeeper *n* óstóir *m.*
innocent *adj* neamhchiontach.
innovate *vt* nuálaigh.
innovation *n* nuáil *f.*
innovator *n* nuálaí *m.*
innuendo *n* leathfhocal *m.*
inoculate *vt* ionaclaigh.
inquire *vt vi* fiafraigh.
inquiry *n* fiosrúchán *m.*

inquisitive *adj* fiosrach.
insane *adj* as do mheabhair *f.*
insanitary *adj* míshláintiúil.
insanity *n* gealtacht *f.*
insect *n* feithid *f.*
insecure *adj* éadaingean.
inseparable *adj* do-scartha.
insert *vt* cuir isteach.
inside *n* taobh istigh. • *adv* isteach.
insincere *adj* éigneasta.
insipid *adj* leamh.
insist *vi* seas ar.
insolvency *n* dócmhainneacht *f.*
insolvent *adj* dócmhainneach.
insomnia *n* neamhchodladh *m.*
inspect *vt* scrúdaigh.
instal *vt* suiteáil.
instalment *n* (*payment*) glasíoc *m.*
instance *n* sampla *m.*
instant *adj* ar an toirt. • *n* nóiméad *m.*
instil *vt* cuir ina luí ar.
instinct *n* instinn *f.*
instinctive *adj* instinneach.
institute *n* institiúid *f.*
institution *n* institiúid *f.*
instrument *n* (*music*) gléas *m*; (*pol*) beart *m.*
insular *adj* oileánach.
insulate *vt* inslígh.
insult *vt* maslaigh. • *n* masla *m.*
insurance *n* (*com*) árachas *m.*
insurance policy *n* polasaí árachais *m.*
insure *vt* árachaigh.
intact *adj* iomlán.
integrity *n* ionracas *m.*
intellect *n* intleacht *f.*
intellectual *adj* intleachtúil.
intelligence *n* intleacht *f.*
intelligible *adj* sothuigthe.
intend *vt* tá de rún ag.

intense *adj* dian.
intensify *vt* géaraigh.
intensity *n* déine *f.*
intention *n* rún *m.*
intentional *adj* d'aon turas.
intercede *vi* déan idirghuí.
intercept *vt* ceap.
intercourse *n* caidreamh *m*; (*sexual*) caidreamh *m* collaí.
interest *n* suim *f.*
interesting *adj* suimiúil.
internal *adj* inmheánach.
international *adj* idirnáisiúnta.
internet *n* idirlíon *m.*
interpret *vt* mínigh.
interpreter *n* ateangaire *m.*
interrupt *vt* cuir isteach.
interruption *n* cur isteach *m.*
intertwine *vt* figh.
intervene *vi* déan idirghabháil *f.*
intervention *n* idirghabháil *f.*
interview *n* agallamh *m.* • *vt* cuir agallamh ar.
intestine *n* stéig *f.*
intimacy *n* dlúthchaidreamh *m.*
intimate *adj* dlúth.
into *prep* isteach i, i.
intonation *n* tuin *f* chainte *f.*
intricate *adj* casta.
intrinsic *adj* ann féin.
introduce *vt* cuir (duine) in aithne *f.*
introduction *n* cur in aithne *f.*
intrude *vi* brúigh isteach ar.
intruder *n* foghlaí *m.*
intuition *n* iomas *m.*
invalid *adj* neamhbhailí. • *n* easlán *m.*
invariable *adj* neamhathraitheach.
invent *vt* fionn.
invention *n* fionnachtain *f.*
inventive *adj* airgtheach.

inventor *n* fionnachtaí *m.*
inventory *n* liosta *m.*
Inverness *n* Inbhir Nis *m.*
invert *vt* inbhéartaigh.
invest *vt* infheistigh.
invisible *adj* dofheicthe.
invitation *n* cuireadh *m.*
invite *vt* tabhair cuireadh (do).
invoice *n* (*com*) sonrasc *m.*
involuntary *adj* éadoilteanach.
involve *vt* baint a bheith (agat) le.
inward *adj* isteach.
inwards *adv* isteach.
Ireland *n* Éire *f,* (*in Ireland*) in Éirinn.
Irish *adj* Éireannach, Gaelach.
irksome *adj* bearránach.
iron *n* iarann *m.* • *adj* iarainn. • *vt* iarnáil.
ironic *adj* íorónta.
irony *n* íoróin *f.*
irrational *adj* éigiallta.
irregular *adj* neamhrialta.
irrelevant *adj* neamhábhartha.
irreverent *adj* easurramach.
irrigate *vt* uiscigh.
irrigation *n* uisciú *m.*
irritable *adj* colgach.
irritation *n* crá *m.*
Islam *n* Ioslamachas *m.*
island *n* oileán *m.*
islander *n* oileánach *m.*
Islay *n* Mle *m.*
isolate *vt* leithlisigh.
isolated *adj* iargúlta.
issue *n* ceist *f*; (*descendents*) sliocht *m.*
isthmus *n* cuing *f.*
it *pn* é, (*fem*) í.
Italian *adj* Iodálach.
Italy *n* An Iodáil *f.*

itch *n* tochas *m*.
itchy *adj* tochasach.
itinerary *n* plean *m* aistir.

its *pn* a.
itself *pn* é féin, í féin.
ivory *n* eabhar *m*.

J

jab *n* instealladh *m*. • *vt* sáigh.
jacket *n* casóg *f*.
Jacobite *n adj* Seacaibíteach *m*
jagged *adj* eangach.
jail *n* príosún *m*.
jam *n* subh *m*; (*traffic*) plódú tráchta *m*.
jangle *vi* bheith ag gliogarnach.
janitor *n* doirseoir *m*.
January *n* Eanáir *m*.
jar *n* crúsca *m*.
jargon *n* béarlagair *m*.
jaundice *npl* na buíocháin *m*.
jaunt *n* turas *m*.
jaunty *adj* aerach.
jaw *n* giall *m*.
jawbone *n* cnámh *f* géill.
jealous *adj* éadmhar.
jealousy *n* éad *m*.
jeans *n* bríste *m* géine.
jeer *vt* déan fonóid *f* faoi.
jelly *n* glóthach *f*.
jellyfish *n* smugairle *m* róin.
jerkin *n* seircín *m*.
jersey *n* geansaí *m*.
jest *vi* déan magadh.
jester *n* fear *m* magaidh.
jet plane *n* scairdeitleán *m*.
jettison *vt* cuir i bhfarraige *f*.
jetty *n* lamairne *m*, caladh cuain *m*.
jewel *n* seoid *f*.
jeweller *n* seodóir *m*.
jib *n* seol *m* cinn. • *vi* cuir stailc suas.
jig *n* port *m*.

jilt *vt* tréig.
job *n* jab *m*.
jockey *n* jacaí *m*.
jog *vi* tabhair broideadh do; bheith ar bogshodar.
join *vt* ceangail.
joiner *n* siúinéir *m*.
joinery *n* siúinéireacht *f*.
joint *adj* comhpháirteach. • *n* alt *m*.
jointly *adv* i gcomhpháirtíocht.
joke *n* magadh *m*.
jollity *n* meidhréis *f*.
jolly *adj* meidhreach.
jolt *n* stangadh *m*. • *vt* croith.
jostle *vt* guailleáil.
jot *n* faic *f* na fríde, dada *m*.
journal *n* iris *f*.
journalism *n* iriseoireacht *f*.
journalist *n* iriseoir *m*.
journey *n* turas *m*.
jovial *adj* meidhreach.
jowl *n* giall *m*.
joy *n* gliondar *m*.
joyful *adj* gliondrach.
jubilant *adj* ríméadach.
jubilee *n* iubhaile *f*.
judge *n* breitheamh *m*. • *vt* tabhair breith ar.
judgment *n* breithiúnas *m*.
judicial *adj* dlíthiúil.
jug *n* crúsca *m*.
juggle *vt* déan lámhchleasaíocht *f*.
jugular *adj* (*féith*) scornaí *f*.
juice *n* sú *m*.
juicy *adj* súmhar.

July *n* Iúil *m.*
jump *n* léim *f.* • *vi vt* léim.
jumper *n* geansaí *m.*
juncture *n* gabhal *m.*
June *n* Meitheamh *m.*
jungle *n* mothar *m.*
junior *adj* sóisearach; (*rank*) níos sóisearaí.
juniper *n* aiteal *m.*
junk *n* bruscar *m.*
junket *n* juncaed *m.* • *vt* déan féasta
juror *n* giúróir *m.*

just *adj* cóir • *adv* go díreach.
justice *n* ceart *m.*
justifiable *adj* inmhaite.
justification *n* fíorú (ráiteas, etc) *m*; saoradh (duine) ó chion *m.*
justify *vt* saor (duine) ó chion; fíoraigh (ráiteas, etc).
jut *vi* gob amach.
juvenile *adj* óigeanta.
juxtapose *vt* cuir rudaí le hais a chéile.

K

kale n cál m.
keel n cíl f.
keen adj díograiseach. • vt vi caoin.
keenness n géire f.
keep n daingean m. • vt coinnigh.
keepsake n cuimhneachán m.
kelp n ceilp f.
kennel n conchró m.
kerb n colbha cosáin m.
kernel n eithne f.
kettle n citeal m.
key n eochair f; (mus) gléas m.
keyboard n eochairchlár m.
keystone n eochair f.
kick n cic m. • vt ciceáil.
kid n (goat) meannán m.
kidnap vt fuadaigh.
kidney n duán m.
kill vt maraigh.
killer n marfóir m.
kilogram n cileagram m.
kilometre n ciliméadar m.
kin n muintir f.
kind adj cineál.
kindle vt dearg.
kindly adj cineálta.
kindred adj d'aon chineál.
kindred n muintir f.
king n rí m.
kingdom n ríocht f.
kinsman n fear m muinteartha.
kinswoman n bean f mhuinteartha.
kiosk n both f
kipper n scadán m leasaithe.

kiss n póg f. • vt póg.
kit n trealamh m.
kitbag n mála m taistil; (mil) mála m
  trealaimh.
kitchen n cistin f.
kite n eitleog f.
kitten n puisín m.
knack n cleas m deaslámhaí.
knapsack n cnapsac m.
knave n cneamhaire m.
knead vt fuin.
knee n glúin f.
kneecap n capán glúine f.
kneel vi téigh ar do ghlúine f, sléacht.
knickers n brístín m.
knife n scian f.
knight n ridire m.
knighthood n ridireacht f.
knit vt cniotáil.
knitter n cniotálaí m.
knitting needle n biorán m cniotála f.
knob n cnap m; murlán m.
knock n cnag m. • vt cnag.
knoll n maolchnoc m.
knot n snaidhm f. • vt snaidhm.
knotted, knotty adj snaidhmeach.
know vt vi aithnigh; bheith eolach ar.
knowing adj eolach.
knowingly adj go heolach.
knowledge n eolas m.
knowledgeable adj go heolach.
knuckle n alt m.
kyle n caol m.

L

label n lipéad m.
labial adj liopach.
laboratory n saotharlann f.
laborious adj saothrach.
labour vi obair f.
labourer n oibrí m.
labyrinth n cathair f ghríobháin.
lace n lása m, iall f. • vt ceangail.
lacerate vt stiall.
laceration n stialladh m.
lack n easnamh m. • vi bheith easnamhach.
lad, laddie n buachaill m.
ladder n dréimire m.
ladle n ladar m.
lady n bean f uasal.
ladybird n bóín f Dé.
ladylike adj banúil.
lair n uachais f.
lake n loch m.
lake dwelling n crannóg f.
lamb n uan m; (roast) uaineoil f.
lame adj bacach.
lameness n bacaíl f.
lament n caoineadh m. • vi vt caoin.
lamentable adj méalach.
lamentation n caoineadh m.
lamp n lampa m.
lance vt lansaigh.
lancet n lansa m.
land n talamh m. • vt cuir i dtír f.
landholder n tiarna m talún.
landing n ceann m staighre; (of aeroplane) tuirlingt f.
landing strip n stráice tuirlingthe m.

landlady n bean f tí.
landlocked adj talamhiata.
landmark n sprioc f.
landscape n tírdhreach m.
landslide n maidhm f thalún.
landward adv i dtreo na talún.
lane n bóithrín m.
language n teanga f.
languish vi téigh in ísle f brí
lanky adj scailleagánta.
lantern n laindéar m.
lap n ucht m.
lap vi bheith ag lapadáil.
lapel n bóna m.
lapse n earráid f.
larceny n gadaíocht f.
larch n learóg f.
lard n blonag f.
larder n lardrús m.
large adj mór.
lark n fuiseog f.
lass, lassie n cailín m.
last adj deireanach. • adv ar deireadh.
lasting adj buan.
late adj mall.
lately adv le déanaí.
lateness n déanaí f.
latent adj folaigh.
lather n sobal m. • vt cuir sobal ar.
Latin n Laidin f.
lattitude n domhanleithead m.
latter adj deireanach.
laugh n gáire m. *vi déan gáire.
laughter n gáire m.
launch vt láinseáil.

laurel n labhras m.

lavatory n leithreas m.

lavish adj fial. • vt caith go doscaí.

law n dlí m.

lawsuit n cúis f dlí.

lawyer n dlíodóir m.

laxative n purgóid f.

lay vt leag, cuir, breith.

lay-by n leataobh m.

layer n brat m.

layman n tuata m.

laziness n falsacht f.

lazy adj falsa.

lead n (min) luaidhe f; (dog) iall f. • vt treoraigh.

leaden adj ar dhath na luaidhe f.

leader n ceannaire m.

leaf n duille m.

leafy adj duilleach.

league n (pol) conradh m; (sport) sraith f.

leak n deoir f anuas. • vi (tank, etc) lig tríd; (shoes) lig isteach; (boat) bheith ag déanamh uisce.

leaky adj pollta.

lean adj caol. *vi lig do thaca le.

leap vt vi léim.

leap year n bliain f bhisigh.

learn vt foghlaim.

lease n léas m.

leasehold n léasacht f.

least adj is lú.

leather n leathar m.

leave n saoire f; cead m scoir. • vt fág. • vi imigh.

lecherous adj drúisiúil.

lecture n léacht f. • vt tabhair léacht.

ledge n leac f.

ledger n mórleabhar cuntas m.

lee, lee-side n taobh m an fhoscaidh.

leech n súmaire m.

leek n cainneann f.

left adj clé; **the left** (pol) an eite f chlé.

left-hand n ciotóg f.

left-handed adj ciotógach.

left-hand side n taobh m na láimhe clé.

leg n cos f.

legacy n oidhreacht f.

legalise vt déan (nós) dlíthiúil.

legend n finscéal m.

legendary adj finscéalach.

legibility n inléiteacht f.

legible adj inléite.

legislate vi achtaigh.

legitimate adj dlisteanach.

leisure n fóillíocht f.

leisurely adj go socair.

lemon n líomóid f.

lend vt tabhair (rud) ar iasacht f do.

lender n iasachtóir m.

length n fad m.

lengthen vt fadaigh, cuir fad le.

lengthways, lengthwise adv ar (a) fhad.

lenient adj bog.

lens n lionsa m.

Lent n An Carghas m.

leper n lobhar m.

leprechaun n leipreachán m.

less adj níos lú.

lessen vt laghdaigh.

lesson n ceacht m.

lest conj ar eagla f go.

let vt (lease) lig ar cíos; lig.

lethal adj marfach.

letter n litir f.

letter box n bosca m litreacha.

lettuce n leitís f.

level adj cothrom.

level n leibhéal m. • vt cuir ar leibhéal.

lever n liamhán m.
lewd adj graosta.
lewdness n graostacht f.
liability n (*responsibility*) freagracht f; (*law*) dliteanas m.
liable adj freagrach.
liar n bréagadóir m.
libel vt leabhlaigh.
liberal adj liobrálach.
librarian n leabharlannaí m.
library n leabharlann f.
licence n ceadúnas m.
license vt ceadúnaigh.
lichen n crotal m.
lick vt ligh.
lid n clár m.
lie vi luigh. • n bréag f. • vt déan bréag f.
life n beatha f, saol m.
lifeboat n bád m tarrthála.
lifeguard n garda m tarrthála.
lifestyle n stíl f bheatha.
lift n (*elevator*) ardaitheoir m. • vt tóg.
light adj éadrom.
light n solas m. • vt las.
light-headed adj éaganta.
lighten vt éadromaigh, laghdaigh.
lighthouse n teach m solais.
lightness n éadroime f.
lightning n tintreach f.
like[1] adj den chineál chéanna. • n and the like agus a leithéid m.
like[2] vt is maith le.
likeness n cosúlacht f.
likewise adv mar an gcéanna.
limb n géag f.
limestone n aolchloch f.
lime tree n crann m líomaí.
limit n teorainn f.
limited adj (*Ltd*) teoranta m (teo.).

limp n céim f bhacaí. • vi bheith ag bacadradh.
limpet n bairneach m.
lindin tree n crann m teile f.
line n líne f. • vt línigh.
lineage n ginealach m.
lineal adj díreach.
linear adj líneach.
linen n líon m.
linger vi moilligh.
linguist n teangeolaí m.
link n ceangal m.
linnet n gleoiseach f.
lion n leon m.
lioness n leon m baineann.
lip n liopa m.
liquefy vi vt leachtaigh.
liquid adj leachtach. • n leacht m.
liquidate vt leachtaigh.
lisp n gliscín m. • vt vi labhair go briotach.
list n liosta m. • vt déan liosta de.
listen vi éist.
listener n éisteoir m.
listless adj spadánta.
literacy n litearthacht f.
literal adj litriúil.
literate adj liteartha.
literature n litríocht f.
litre n lítear m.
litter n bruscar m; (*of young*) ál m. • vt cuir (seomra, etc) trína chéile.
little adj beag.
liturgy n liotúirge m.
live adj beo. • vi mair.
livelihood n slí f bheatha f.
lively adj bríomhar.
liver n ae m.
livid adj glasghnéitheach.
lizard n loghairt f.

load *n* ualach *m*. • *vt* lódaigh.

loaf *n* builín *m*.

loan *n* iasacht *f*.

loathe *vt* is leasc le.

loathing *n* gráin *f*.

loathsome *adj* fuafar.

lobster *n* gliomach *m*.

lobster pot *n* pota *m* gliomach.

local *adj* áitiúil.

locality *n* ceantar *m*.

locate *vt* aimsigh.

loch *n* loch *m*.

lock *n* glas *m*; (*of hair*) dlaoi *f*. • *vt* cuir glas ar.

locket *n* loicéad *m*.

locksmith *n* glasadóir *m*.

lodge *n* lóiste *m*. • *vi* bheith ar lóistín (ag).

lodger *n* lóistéir *m*.

loft *n* lochta *m*.

log *n* lomán *m*. • *vi* (*comput*) **to log off** log as, **to log on** log ann.

logic *n* loighic *f*.

logical *adj* loighciúil.

loiter *vi* bheith ag falróid.

loll *vi* bheith ag sínteoireacht.

lollipop *n* líreacán *m*.

lone *adj* aonarach.

loneliness *n* uaigneas *m*.

long *adj* fada. • *adv* i bhfad. • *vi* bheith ag tnúth le.

long ago *adv* i bhfad ó shin.

long-term *adj* fadtréimhseach.

longevity *n* fad *m* saoil.

longing *n* tnúth *m*.

longitude *n* domhanfhad *m*.

long-suffering *adj* fadfhulangach.

long-wave *n* fadtonn *f*. • *adj* fadtonnach.

long-winded *adj* fadchainteach.

look *n* amharc *m*; (*appearance*) cuma *f*. • *vi* amharc, féach; **to look for** lorg.

looking glass *n* scáthán *m*.

loop *n* lúb *f*.

loophole *n* lúb *f* ar lár.

loose *adj* scaoilte. • *vi* scaoil.

lopsided *adj* leataobhach.

lord *n* tiarna *m*.

lore *n* seanchas *m*.

lose *vt* caill.

loss *n* cailleadh *m*.

lost *adj* caillte.

lotion *n* lóis *f*.

lottery *n* crannchur *m*.

loud *adj* ard, glórach.

loudness *n* glóraí *f*.

loudspeaker *n* callaire *m*.

lounge *n* seomra *m* suí.

louse *n* míol *m*.

lousy *adj* ainnis.

lout *n* bodach *m*.

love *n* grá *m*.

lover *n* leannán *m*.

lovesick *adj* i bpian *f* an ghrá.

loving *adj* geanúil.

low *adj* íseal.

low-cut *adj* le brollach íseal.

lower *vt* ísligh.

lowest *adj* is ísle.

lowly *adj* uiríseal.

loyal *adj* dílis.

loyalty *n* dílseacht *f*.

lubricate *vt* bealaigh.

lucid *adj* soilseach.

luck *n* ádh *m*.

lucky *adj* ámharach.

lucrative *adj* éadálach.

ludicrous *adj* áiféiseach.

luggage *n* bagáiste *m*.

lukewarm *adj* bogthe.
lull *vt* cuir chun suain.
lullaby *n* suantraí *f*.
luminous *adj* lonrach.
lump *n* cnap *m*.
lumpy *adj* cnapach.
lunacy *n* buile *f*.
lunar *adj* **lunar year** bliain *f* ghealaí *f*;
  lunar eclipse urú gealaí *f*.
lunch, luncheon *n* lón *m*.
lung *n* scamhóg *f*.
lurch *n* turraing *f*. • *vi* bheith ag stám-
  hailleach

lure *n* mealladh *m*. • *vt* meall.
lurid *adj* scéiniúil.
lurk *vi* fan i bhfolach.
luscious *adj* sáil.
lust *n* ainmhian *f*.
lustre *n* loinnir *f*.
lusty *adj* fuinniúil.
luxuriant *adj* borb, uaibhreach.
luxurious *adj* macnasach.
luxury *n* ollmhaitheas *m*.
lyre *n* lir *f*.
lyric *n* liric *f*.

M

mace *n* más *m*.
machine *n* meaisín *m*.
machinery *n* innealra *m*.
mackerel *n* ronnach *m*.
magazine *n* iris *f*.
magic *adj* draíochta. • *n* draíocht *f*.
magician *n* asarlaí *m*.
magistrate *n* giúistís *f*.
magnet *n* maighnéad *m*.
magnification *n* (*opt*) formhéadú *m*.
magnificence *n* ollástacht *f*.
magnificent *adj* thar barr.
magnify *vt* formhéadaigh.
magnitude *n* méid *f*.
magpie *n* snag *m* breac.
maid *n* cailín *m* (aimsire).
mail *n* post *m*, litreacha *fpl*. • *vt* cuir
   sa phost.
mail-order *n* postdíol *m*.
main *adj* príomh-.
mainland *n* mórthír *f*.
mainly *adv* den chuid *f* is mó.
maintain *vt* coinnigh; cothaigh.
maintenance *n* cothabháil *f*.
majestic *adj* mórga.
majesty *n* mórgacht *f*.
major *adj* tábhachtach. • *n* (*milit*)
   maor *m*.
make *vt* déan; **to make for** déan ar; **to
   make off** bain as; **to make do with**
   tar le. • *n* cineál *m*.
make-up *n* smideadh *m*.
male *adj* fearúil. • *n* fireannach *m*.
malevolence *n* drochaigeantacht *f*.
malice *n* mailís *f*.

malicious *adj* mailíseach.
malign *vt* caith anuas ar.
malignant *adj* (*med*) urchóideach.
mallet *n* mailléad *m*.
malt *n* braich *f*.
maltster *n* braicheadóir *f*.
maltreat *vt* tabhair drochíde *f* do.
mam, mammy *n* mam *f*, mamaí *f*.
mammal *n* mamach *m*.
man *n* fear *m*.
manage *vt* stiúir.
manageable *adj* soláimhsithe.
management *n* bainisteoireacht *f*.
manager *n* bainisteoir *m*.
manageress *n* bainistréas *f*.
mane *n* moing *f*.
manful *adj* fearúil.
manger *n* mainséar *m*.
mangle *vt* basc.
manhood *n* feargacht *f*.
maniac *n* (*med*) máineach *m*; (*lunatic*)
   gealt *m*.
manifest *vt* taispeáin.
manifestation *n* taispeánadh *m*.
manifesto *n* forógra *m*.
manipulate *vt* láimhsigh.
mankind *n* an cine daonna *m*.
manner *n* caoi *f*; (*behaviour*) béasa *m*.
mannerism *n* dóigh *f*.
mannerly *adj* múinte.
manners *n* múineadh *m*.
manse *n* bansa *m*.
mansion *n* teach *m* mór.
mantelpiece *n* matal *m*.
manual *adj* láimhe. • *n* lámhleabhar *m*.

manufacture *vt* déan.
manure *n* leasú *m*. • *vt* leasaigh.
manuscript *n* lámhscríbhinn *f*.
many *adj* a lán • *pron* mórán.
map *n* léarscáil *f*.
mar *vt* loit.
marble *n* marmar *m*.
March *n* Márta *m*.
march *n* máirseáil *f*. • *vi* máirseáil.
mare *n* láir *f*.
marijuana *n* marachuan *m*.
marine *adj* mara
mariner *n* maraí *m*.
maritime *adj* (*plants*) mara; (*area*) láimh *f* le muir.
mark *n* smál *m*; rian *m*.
market *n* margadh *m*.
marketable *adj* indíolta.
maroon *vt* cuir ar oileán uaigneach.
marquee *n* ollphuball *m*.
marriage *n* pósadh *m*.
marriageable *adj* inphósta.
married *adj* pósta.
marry *vt* pós.
marsh *n* seascann *m*.
marshy *adj* riascach.
marten *n* cat *m* crainn.
martial *adj* míleata.
martyr *n* mairtíreach *m*.
marvel *n* iontas *m*. • *vi* déan iontas de.
marvellous *adj* iontach.
mascot *n* sonóg *f*.
masculine *adj* fireann.
mash *n* measc *m*, brúigh *m*.
mask *n* masc *m*.
mason *n* saor cloiche *f*.
masonry *n* saoirseacht *f* chloiche *f*.
mass *n* toirt *f*; (*church*) aifreann *m*.
massacre *n* ár *m*.
massage *n* suathaireacht *f*.

massive *adj* oll-.
mast *n* crann *m*.
master *n* máistir *m*.
masterly *adj* máistriúil.
masterpiece *n* sárshaothar *m*.
mat *n* mata *m*.
match *n* lasán *m*. • *vt* meaitseáil.
matchless *adj* díchomórtais.
mate *n* céile *m*, comrádaí *m*; (*chess*) marbhsháinn *f*; (*ship*) máta *m*. • *vt* *vi* cúpláil.
material *n* ábhar *m*.
maternal *adj* máthartha.
maternity *n* máithreachas *m*.
mathematics *n* matamaitic *f*.
matinee *n* nóinléiriú *m*.
matins *n* maitín *m*.
matrimony *n* pósadh *m*.
matter *n* ábhar *m*, damhna *m*.
mattress *n* tocht *m*.
mature *adj* aibí.
maul *vt* clamhair.
mavis *n* smólach *m*.
maw *n* méadail *f*.
maximum *n* uasmhéid *f*.
may *vb* *aux* féad.
May *n* Bealtaine *f*.
Mayday *n* Lá Bealtaine *f*.
maze *n* lúbra *m*.
me *pn* mé, mise.
meadow *n* móinéar *m*.
meagre *adj* gortach.
meal *n* min *f*; (*repast*) béile *m*.
mealy *adj* mineach.
mean *adj* suarach.
mean *n* meán *m*.
mean *vt* ciallaigh.
meaning *n* ciall *f*.
meaningless *adj* gan chiall *f*.
meantime *adv* idir an dá linn *f*.

measles n bruitíneach f.
measurable adj intomhaiste.
measure n tomhas m. • vt tomhais.
measurement n tomhas m.
meat n feoil f.
mechanic n meicneoir m.
mechanism n meicníocht f.
medal n bonn m.
meddle vi bain le.
mediate vt déan idirghabháil.
mediation n idirghabháil f.
mediator n idirghabhálaí m.
medical adj leighis.
medicinal adj íocshláinteach.
medicine n leigheas m.
medieval adj meánaoiseach.
mediocre adj lagmheasartha.
meditate vi machnaigh.
meditation n machnamh m.
medium n meán- m.
medium wave n meántonnach m.
meek adj ceansa.
meekness n ceansacht f.
meet vt cas le, buail le.
meeting n cruinniú m.
megalith n meigilit f.
melancholy adj gruama. • n gruaim f.
mellifluous adj milisbhriathrach.
mellow adj (fruit) méith; (sound) sé-
  imh.
melodious adj fonnmhar.
melody n fonn m.
melon n mealbhacán m.
melt vt vi leáigh.
melting point n leáphointe m.
member n ball m.
member of parliament n feisire par-
  laiminte f.
membership n ballraíocht f.
memento n cuimhneachán m.

memoirs npl cuimhní cinn mpl.
memorable adj suntasach.
memorise vt cuir de ghlanmheabhair.
memory n cuimhne f.
mend vt deisigh.
mental adj intinne.
mention vt luaigh.
menu n biachlár m.
merchant n ceannaí m.
mercy n trócaire f.
mere adj lom-.
merge vt cónaisc.
merit n fiúntas m.
mermaid n maighdean f mhara.
merriment n meidhir f.
mess n prácás m.
message n teachtaireacht f.
messenger n teachtaire m.
metal n miotal m.
metallic adj miotalach.
meteor n dreige f.
meter n méadar m.
method n modh m.
metre n méadar m.
mettle n mianach m.
microbe n bitheog f.
micro- n prefix (comput) micrea-,
  micri-.
microwave n oigheann m
  micreathoinne.
mid adj lár-.
middle n lár m.
middle-aged adj meánaosta.
midge n míoltóg f.
midnight n meám oíche f.
midwife n bean f ghlúine f.
migrate vi téigh ar imirce f.
mild adj séimh.
mile n míle m.
military adj míleata.

milk *n* bainne *m.* • *vt* bligh.
milky *adj* bainniúil.
mill *n* muileann *m.*
millennium *n* mílaois *f.*
miller *n* muilleoir *m.*
million *n* milliún *m.*
mime *n* mím *f.*
mimicry *n* aithris *f.*
mind *n* intinn *f.*
mine *n* mianach *m.* • *poss pron* mo.
mineral *adj* mianrach • *n* mianra *m.*
mingle *vi* téigh i measc.
miniature *n* mionsamhail *f.*
minister *n* aire *m.* • *vt* riar ar.
minor *n* mionaoiseach *m* • *adj* mion-.
minstrel *n* fear *m* dána.
minus *prep* lúide.
minute *adj* beag bídeach. • *n* bomaite *m*, nóiméad *m.*
minx *n* giodróg *f.*
miracle *n* míorúilt *f.*
mirage *n* mearú súl *f.*
mirror *n* scáthán *m.*
misapprehension *n* míthuiscint *f.*
misbehaviour *n* mí-iompar *m.*
miscarriage *n* breith *f* anabaí.
mischief *n* diabhlaíocht *f.*
mischievous *adj* iomlatach.
misdeed *n* míghníomh *m.*
miser *n* sprionlóir *m.*
miserable *adj* ainnis.
misogyny *n* fuath *m* ban.
Miss *n* Iníon *f.*
miss *vt* caill.
missing *adj* ar iarraidh.
missionary *n* misinéir *f.*
mist *n* ceo *m.*
mistake *n* meancóg *f.*
Mister *n* An tUasal *m.*
mistletoe *n* drualus *m.*

mistress *n* máistreás *f*; bean luí *f.*
misty *adj* ceobhránach.
misunderstand *vt* bain míthuiscint as.
mite *n* fíneog *f.*
mix *vt* measc.
mixture *n* meascán *m.*
moan *n* éagaoin *f.* • *vi* bheith ag éagaoin.
mob *n* gramaisc *f.*
mobile phone *n* guthán *m* póca.
mock *vt* déan magadh faoi.
model *n* samhail *f.* • *vt* múnlaigh.
moderate *adj* cuibheasach.
moderation *n* measarthacht *f.*
modern *adj* nua-aimseartha.
modernise *vt* nuachóirigh.
modest *adj* modhúil.
modesty *n* modhúlacht *f.*
moist *adj* tais.
moisten *vt* fliuch.
mole *n* caochán *m*; (*on the skin*) ball *m* dobhráin.
molest *vt* cuir isteach ar.
mollify *vt* suaimhnigh.
mollusc *n* iasc *m* sliogánach.
moment *n* nóiméad *m.*
momentary *adj* gearrshaolach.
momentous *adj* an-tábhachtach.
monarch *n* monarc *m.*
monastery *n* mainistir *f.*
Monday *n* An Luan *m.*
money *n* airgead *m.*
monitor *n* (*comput*) monatóir *m.*
monk *n* manach *m.*
monkey *n* moncaí *m.*
monopoly *n* monoplacht *f.*
monotony *n* liostacht *f.*
monster *n* arrachtach *m.*
month *n* mí *f.*

monthly *adj* míosúil.

monument *n* séadchomhartha *m*.

mood *n* aoibh *f*.

moody *adj* dúr.

moon *n* gealach *f*.

moor *n* móinteán *m*. • *vt* feistigh.

moral *adj* morálta.

moreover *adv* ar a bharr sin.

morning *n* maidin *f*.

mortal *adj* básmhar.

mosquito *n* corrmhíol *m*.

moss *n* caonach *m*.

most *adj* bunús. • *pron* an mhórchuid *f*.

moth *n* féileacán oíche *f*, leamhan *m*.

mother *n* máthair *f*.

mother-in-law *n* máthair *f* chéile.

motherly *adj* máithriúil.

motion *n* gluaiseacht *f*.

motive *n* cúis *f*.

motor *n* inneall *m*.

motorist *n* gluaisteánaí *m*.

motto *n* mana *m*.

mould *n* múnla *m*.

mouldy *adj* clúmhúil.

moult *vi* *vt* (*bird*) bheith ag cur na gcleití; (*animal*) bheith ag cur an fhionnaidh.

mound *n* meall *m*.

mountain *n* sliabh *m*.

mountaineer *n* sléibhteoir *m*.

mourn *vt* *vi* caoin.

mourning *n* brón *m*.

mouse *n* luchóg *f*; (*comput*) luch *f*.

moustache *n* croiméal *m*.

mouth *n* béal *m*.

mouthful *n* bolgam *m*.

move *vi* bog; *vt* bog, gluais; aistrigh.

mow *vt* bain.

Mrs *n* Bean *f*.

much *adj* a lán.

muck *n* salachar *m*.

mud *n* clábar *m*.

muddle *n* cíor *f* thuathail.

muddy *adj* lábánach.

mug *n* muga *m*.

multiple *adj* iomadúil.

multiply *vt* iolraigh.

mumble *vt* mungail.

mumps *n* an plucamas *m*.

murder *n* dúnmharú *m*. • *vt* dúnmharaigh.

murderer *n* dúnmharfóir *m*.

murmur *n* monabhar *m*.

muscle *n* matán *m*.

museum *n* músaem *m*.

mushroom *n* muisriún *m*.

music *n* ceol *m*.

musical *adj* ceolmhar.

musical instrument *n* gléas *m* ceoil.

mussel *n* diúilicín *m*.

muster *n* comhchruinniú *m*.

mutation *n* athrú *m*.

mute *adj* balbh.

mutilate *vt* ciorraigh.

mutiny *n* ceannairc *f*.

mutton *n* caoireoil *f*.

mutual *adj* cómhalartach.

my *pn* mo, m', agam.

myself *pn* mé féin.

mysterious *adj* rúndiamhair.

mystery *n* rúndiamhair *f*.

mystical *adj* mistiúil.

myth *n* miotas *m*.

mythology *n* miotaseolaíocht *f*.

N

nag *vt* tabhair amach do.
nail *n* tairne *m*.
nanve *adj* saonta.
naked *adj* lomnocht.
name *n* ainm *m*.
nap *n* néal *m* codlata.
narrate *vt* aithris.
narrative *n* scéal *m*.
narrow *adj* cúng.
nasal *adj* srónach.
nasty *adj* mailíseach.
nation *n* náisiún *m*.
national *adj* náisiúnta.
nationalism *n* náisiúnachas *m*.
nationalist *n* náisiúnaí *m*.
nationality *n* náisiúntacht *f*.
native *adj* dúchasach. • *n* dúchasach *m*.
natural *adj* nádúrtha.
nature *n* nádúr *m*.
naughty *adj* dána.
nausea *n* samhnas *m*.
nauseous *adj* samhnasach.
nautical *adj* muirí.
navel *n* imleacán *m*.
neap-time *n* mallmhuir *f*
near (to) *prep* cóngarach (do).
near-sighted *adj* gearr-radharcach.
nearly *adv* beagnach.
neat *adj* slachtmhar.
necessary *adj* riachtanach.
necessity *n* riachtanas *m*.
neck *n* muineál *m*.
need *n* riachtanas *m*. • *vt* tá ~ ó.
needle *n* snáthaid *f*.

needy *adj* bocht.
negative *adj* diúltach.
neglect *vt* déan faillí i rud.
negligent *adj* neamhchúramach.
negotiate *vt* tar ar chomhréiteach.
neighbour *n* comharsa *f*.
nephew *n* nia *m*.
nerve *n* néaróg *f*.
nest *n* nead *f*.
Netherlands *n* An Ísiltír *f*.
net *n* líon *m*.
nettle *n* neantóg *f*.
neutral *adj* neodrach.
never *adv* riamh, go deo.
nevertheless *adv* mar sin féin.
new *adj* nua, úr.
New Year *n* An Bhliain Úr *m*.
next *adj* seo chugainn
nice *adj* deas.
niche *n* almóir *m*.
nickname *n* leasainm *m*.
niece *n* neacht *f*.
night *n* oíche *f*.
nightingale *n* filiméala *f*.
nil *n* náid *f*.
nine *adj n* naoi *m*.
nineteen *adj n* naoi (gcinn) déag *m*.
ninety *adj n* nócha *m*.
ninth *adj n* naoú *m*.
nip *n* liomóg *m*; (*drink*) braon *m*.
nipple *n* dide *f*, sine *f*.
noble *adj* uasal.
nod *n* sméideadh cinn *m*.
noise *n* gleo *m*.
noisy *adj* glórach.

nominate vt ainmnigh.
nonsense n amaidí f.
nonstop adv gan stad.
noon n meán m lae.
normal adj gnáth-.
normally adv de ghnáth.
north n tuaisceart m. • adj tuaisceartach.
northeast n oirthuaisceart m.
northern adj tuaisceartach.
northwest n iarthuaisceart m.
nose n srón f.
note n nóta m. • vt tabhair faoi deara.
notebook n leabhar m nótaí.
nothing n faic f.

notice n fógra m. • vt tabhair faoi deara.
notify vt cuir (rud) in iúl do.
nuclear n núicléach m.
numb adj bodhar.
number n uimhir f. • vt cuir uimhir f ar.
numeral n uimhir f.
numerous adj líonmhar.
nurse n banaltra f.
nursery n plandlann f, (children) naíolann f.
nursing home n teach banaltrachta f.
nut n cnó m.
nutshell n blaosc f cnó

O

oak *n* dair *f.*
oar *n* maide *m* rámha.
oatcake *n* arán *m* coirce.
oath *n* mionn *m.*
oatmeal *n* min *f* choirce.
obdurate *adj* crua.
obedience *n* umhlaíocht *f.*
obey *vt* géill.
object *n* rud *m.* • *vt* cuir i gcoinne.
objection *n* agóid *f.*
oblige *vt* cuir rud ina oibleagáid ar; déan gar do.
oblique *adj* fiar.
oblivion *n* díchuimhne *f.*
oboe *n* óbó *m.*
obscene *adj* gáirsiúil.
obscenity *n* gáirsiúlacht *f.*
observant *adj* grinnsúileach.
observe *vt* féach ar.
obsession *n* gnáthsheilbh *f.*
obsolete *adj* as feidhm *f.*
obstinate *adj* dáigh.
obstruct *vt* bac.
obstinacy *n* dígeantacht *f.*
obvious *adj* soiléir.
occasion *n* ócáid *f.*
occasional *adj* fánach.
occult *adj* diamhair.
occupancy *n* seilbh *f.*
occupy *vt* áitigh; sealbhaigh.
ocean *n* aigéan *m.*
octagon *n* ochtagán *m.*
octave *n* ochtáibh *f.*
October *n* Deireadh *m* Fómhair.
octopus *n* ochtapas *m.*

odd *adj* corr.
ode *n* óid *f.*
odour *n* boladh *m.*
of *prep* de (*grammatically: represented by putting the following word in the genitive case, e.g.* **lack of money** easpa airgid [airgead]).
offence *n* coir *f.*
offend *vt* cuir olc ar.
offer *n* tairiscint *f.*
office *n* oifig *f.*
officer *n* oifigeach *m.*
officious *adj* postúil.
often *adv* go minic.
ogle *vt* tabhair catsúil ar.
oil *n* ola *f.*
oilfield *n* olacheantar *m.*
oil rig *n* rige ola *m.*
oily *adj* olúil.
ointment *n* ungadh *m.*
old *adj* sean.
old-fashioned *adj* seanfhaiseanta.
omen *n* tuar *m.*
ominous *adj* tuarúil.
omit *vt* fág ar lár.
on *prep* ar. • *adv* ar.
once *adv* uair (amháin).
one *adj* aon.
onion *n* oiniún *m.*
only *adj* amháin.
onward *adv* ar aghaidh.
ooze *vi* úsc.
open *adj* oscailte. • *vt* oscail.
opening *n* oscailt *f.*
operation *n* feidhmiú *m*; (*med*) obráid *f.*

opinion *n* barúil *f.*

opponent *n* céile *m* comhraic.

opportune *adj* tráthúil.

opportunity *n* deis *f.*

opposite *prep* os comhair.

optical *adj* radharcach.

optimism *n* soirbhíochas *m.*

optimistic *adj* soirbhíoch.

or *conj* nó.

oral *adj* cainte.

orange *adj* oráiste.

orator *n* óráidí *m.*

orbit *n* fithis *f.*

orchard *n* úllord *m.*

ordain *vt* oirnigh.

order *n* ordú *m.* • *vt* ordaigh.

ordinary *adj* gnáth-; coitianta.

ore *n* mianach *m.*

organ *n* ball *m*; orgán *m.*

organic *adj* orgánach.

organise *vt* eagraigh.

organiser *n* eagraí *m.*

orgasm *n* orgásam *m.*

orgy *n* fleá *f* chraois.

oriental *adj* oirthearach.

origin *n* bun *m*; foinse *f.*

originality *n* éagoitinne *f.*

originate *vi* tar ó.

ornithology *n* éaneolaíocht *f.*

orphan *n* dílleachta *m.*

osprey *n* iascaire *m* coirneach.

ostensible *adj* mar dhea.

ostrich *n* osrais *f.*

other *pn* eile.

otherwise *adv* ar chuma *f* eile.

otter *n* dobharchú *m.*

ought *vb aux* ba chóir (dom, *etc*).

ounce *n* unsa *m.*

our *pn* ár.

ours *pn* ár . . . ne, na; againne.

ourselves *pn pl* muid féin, sinn féin.

oust *vt* caith amach.

out *adv* amach.

out of date *adj* asdáta; seanaimseartha.

outdo *vt* sáraigh.

outlaw *n* coirpeach *m.*

outrage *n* fearg *f.*

outright *adv* ar fad. • *adj* iomlán.

outside *adv* taobh amuigh.

outskirts *n* imeall *m.*

outspoken *adj* díreach.

outward *adj* ón taobh amuigh.

outwit *vt* faigh an ceann is fearr ar.

oven *n* oigheann *m.*

over *prep* thar; os cionn. • *adv* **over here** abhus anseo; **over there** *adv* thall ansin.

overall *adv* ar an iomlán.

overboard *adv* thar bord.

overcharge *vt* gearr barraíocht *f* ar.

overflow *vt* sceith. • *n* (píopa, etc) sceite *m.*

overnight *adj adv* thar oíche.

overrule *vt* cuir ar neamhní.

overseas *adv* thar lear.

overtake *vt* téigh thar, scoith.

overtime *n* ragobair *f.*

overturn *vt* iompaigh.

overweight *adj* ramhar.

owe *vt* tá (*money, etc*) ag ar.

owl *n* ulchabhán *m.*

own *pron* féin.

owner *n* úinéir *m.*

oxter *n* ascaill *f.*

oyster *n* oisre *m.*

P

pace *n* coiscéim *f*. • *vi* (**to pace up and down**) siúl suas agus anuas.

pacifism *n* síocháinachas *m*.

pacifist *n* síochánaí *m*.

pack *vt* pacáil.

packet *n* paca *m*.

pad *n* ceap *m*; (*helicopter*) ardán *m*.

paddle *vi* céaslaigh.

paddling *n* bheith *f* ag lapadaíl.

padlock *n* banrach *f*.

page *n* leathanach *m*; (*boy*) péitse *m*; buachaill *m* freastail.

pageant *n* tóstal *m*.

pain *n* pian *f*.

painful *adj* pianmhar.

painless *adj* gan phian.

paint *n* péint *f*, • *vt* péinteáil.

painting *n* (*art*) péintéireacht *f*; (*picture*) pictiúr *m*.

pair *n* péire *m*.

palace *n* pálás *m*.

palate *n* (*hard*) carball *m*; (*soft*) coguas *m*.

pale *adj* mílitheach. • *vi* éirí bán san aghaidh *f*.

pallid *adj* mílitheach.

palm *n* bos *f*.

pamper *vt* peata a dhéanamh de dhuine.

pan *n* scilléad *m*, sáspan *m*.

pancake *n* pána *m*.

pane *n* gloine *f*.

panic *n* scaoll *m*.

pant *vi* cnead.

pantry *n* pantrach *f*.

pants *nsg* brístín *mpl*; fobhríste *m*.

papal *adj* pápach.

paper *n* páipéar *m*.

parable *n* fáthscéal *m*.

paradise *n* parthas *m*.

paradox *n* paradacsa *m*.

paradoxical *n* paradacsúil *m*.

paragraph *n* paragraf *m*.

parallel *adj* comhthreomhar.

paralysis *n* pairilis *f*.

paralytic, paralytical *adj* pairilise-ach.

parapet *n* slatbhalla *m*.

paranoid *adj* paranóiach.

parcel *n* beart *m*.

pardon *n* pardún *m*. • *vt* tabhair pardún do.

parent *n* tuismitheoir *m*.

parish *n* paróiste *m*.

park *n* páirc *f*.

parliament *n* parlaimint *f*.

parody *n* scigaithris *f*.

parrot *n* pearóid *f*.

parsimonious *adj* barainneach.

parsley *n* peirsil *f*.

part *n* cuid *f*. • *vt* scar.

partake *vi* bheith rannpháirteach i rud.

particle *n* cáithnín *m*.

particular *adj* áirithe.

parting *n* (*of people*) scaradh *m*; (*in hair*) stríoc *f*.

partition *n* (*wall*) spiara *m*; (*pol*) coíochdheighilt *f*.

partly *adv* breac-; leath-.

partner *n* páirtí *m*; céile *m*.

pass n bearnas m.

pass vt scoith; (sport) pasáil.

passable adj cuibheasach.

passage n pasáiste m; (in book) sliocht m.

passion n paisean m.

passionate adj paiseanta.

passive adj síochánta.

passivity n fulangacht f.

passport n pas m.

past n an t-am atá thart m. • prep thar, i ndiaidh.

pasta n pasta m.

pastry n taosrán m.

pasture n féarach m.

patch n paiste m.

paternal adj athartha.

path n cosán m.

pathetic adj truamhéalach.

patience n foighne f.

patient adj foighneach. • n othar m.

patrimony n atharthacht f.

patronymic n ainm m sinsearthachta.

pattern n patrún m.

paunch n maróg f.

pause n sos f; moill f. • vi déan moill f.

paw n lapa m.

pawn n (chess) ceithearnach m; (fig) fichillín m. • vt cuir i ngeall.

pay n pá m. • vt díol, íoc.

pea n pis f.

peace n síocháin f.

peaceful adj síochánta.

peach n péitseog f.

peak n (mountain) binn f, stuaic f.

pear n piorra m.

pearl n péarla m.

peat n móin f.

pebble n méaróg f.

peck vt gob.

pectoral adj uchtach.

peculiar adj corr, aisteach.

pedal n troitheán m.

pedantry n saoithínteacht f.

peddle vt déan mangaireacht f.

pedestrian n coisí m.

pee vt vi mún.

peel n craiceann m. • vt scamh.

peep n spléachadh m. • vt tabhair spléachadh ar.

peevish adj colgach.

peewit n pilibín m.

pelt vt (to pelt someone with stones) caith clocha le duine.

pen n peann m.

penalty n pionós m.

penance n aithrí f.

pending adj ar feitheamh.

penetrate vt poll.

peninsula n leithinis f.

penis n bod m.

penny n pingin f.

pension n pinsean m.

pensioner n pinsinéir m.

people n daoine m.

pepper n piobar m.

perceive vt airigh.

per cent adv faoin gcéad.

perch n (for bird) fara m; (fish) péirse f. • vi suigh ar.

percolator n síothlán m.

percussion n greadadh m.

perennial adj síoraí.

perfect adj foirfe.

perform vt comhlíon.

perfume n cumhrán m.

perhaps adv b'fhéidir, seans.

period n tréimhse f.

perish vi éag, meath.

perishable *adj* meatach.
permanence *n* buaine *f*.
permanent *adj* buan.
permissive *adj* ceadaitheach.
permit *n* ceadúnas *m*. • *vt* ceadaigh.
perpendicular *adj* ingearach.
perquisite *n* solamar *m*.
persecute *vt* céas.
persevere *vt* coinnigh ort le.
persistent *adj* dígeanta.
person *n* duine *m*.
personal *adj* pearsanta.
persuade *vt* áitigh (ar).
persuasion *n* áitiú *m*.
pertinent *adj* oiriúnach.
peruse *vt* grinnléigh.
perverse *adj* saobh.
pervert n saofóir *m*.
pessimist *n* duarcán *m*.
pest *n* plá *f*.
pestle *n* tuairgnín *m*.
pet *n* peata *m*.
petition *n* achainí *f*. • *vt vi* impigh ar.
petrol *n* peitreal *m*.
petticoat *n* fo-ghúna *m*.
pew *n* suíochán *m*.
pharmacist *n* poitigéir *m*.
phantom *n* taibhse *f*.
pheasant *n* piasún *m*.
phenomenon *n* feiniméan *m*.
philosopher *n* fealsamh *m*.
philosophy *n* fealsúnacht *f*.
phlegmatic *adj* réamach.
phone *n* fón *m*.
phosphorescence *n* tine *f* ghealáin.
photograph *n* grianghraf *m*.
phrase *n* frása *m*.
physical *adj* fisiceach.
piano *n* pianó *m*.
pianist *n* pianódóir *m*.

pick *vt* pioc.
pickle *n* picilí *fpl*.
Pict *n* Piocht *m*.
picture *n* pictiúr *m*.
picturesque *adj* pictiúrtha.
pie *n* píóg *f*.
piece *n* píosa *m*.
pier *n* cé *f*.
pierce *vt* poll.
pig *n* muc *f*.
pigeon *n* colúr *m*.
pigsty *n* cró *m* muc *f*.
pile *vt* carn.
pilfer *vt* déan mionghadaíocht *f*.
pilfering *n* mionghadaíocht *f*.
pilgrim *n* oilithreach *m*.
pill *n* piollaire *m*.
pillar *n* colún *m*.
pillow *n* piliúr *m*.
pilot *n* píolóta *m*.
pimple *n* goirín *m*.
pin *n* biorán *m*.
PIN *abbr* (*number*) Uimhir *f* Aitheantais Phearsanta.
pinch *vt* bain liomóg *f* as duine.
pine *n* (*bot*) péine *m*.
pink *adj* bándearg.
pipe *n* píopa *f*; (*mus*) píb *f*.
pirate *n* foghlaí *m* mara.
pirouette *n* fiodrince *m*. • *vi* déan fiodrince.
piss *n* mún *m*. • *vt vi* mún.
pistol *n* piostal *m*.
pitch *n* (*mus*) airde *f*; (*sport*) páirc *f* imeartha.
pitiful *adj* truacánta.
pittance *n* miontuarastal *m*.
pity *n* trua *f*.
place *n* áit *f*. • *vt* (*object*) cuir; (*identify*) aithin.

placidity n ciúnas m.

plague vt ciap.

plaice n leathóg f bhallach.

plaid n breacán m.

plain adj simplí.

plaintiff n (law) gearánaí m.

plait n trilseán m.

plan n plean m. • vt pleanáil.

planet n plainéad m.

plank n planc m.

plant n planda m. • vt cuir.

plantation n fáschoill f; plandáil f.

plaster n plástar m.

plastic adj plaisteach.

plate n pláta m.

plateau n ardchlár m.

plausible adj inchreidte.

play vt (game) imir; (instrument) seinn ar.

player n imreoir m.

plead vi vt pléadáil.

pleasant adj pléisiúrtha.

please vt sásaigh; taitin le.

pleasure n pléisiúr m.

pleat n filleadh m.

plenty adv go leor; flúirse (+ gen).

plight n cruachás m.

plod vi siúil go costrom.

plot n comhcheilg f; plota m.

plough n céachta m. • vt treabh.

plug n (elec) plocóid f; stopallán m.

plum n pluma m.

plumb vt tomhais doimhneacht (+ gen).

plump adj ramhar.

plunder n creach f. • vt creach.

plunge vi báigh.

plural adj n iolra m.

plurality n iolracht f.

plus prep móide.

poach vt póitseáil.

poacher n póitseálaí m.

pocket n póca m.

poem n dán m.

poet n file m.

poetry n filíocht f.

point vt taispeáin; dírigh do mhéar f ar.

poison n nimh f.

police n gardaí mpl; péas m; póilíní mpl.

polish n snas m.

polite adj múinte.

pollute vt truailligh.

pompous adj mustrach, mórchúiseach.

pond n linn f.

pony n pónaí m.

pool n linn f, (rain) slodán m.

poor adj bocht.

Pope n Pápa m.

popular adj coitianta.

population n daonra m.

porch n póirse m.

porridge n brachán m; leite f.

port n port m.

portable adj iniompartha.

portion n roinn f.

Portugal n An Phortaingéil f.

positive adj dearfach.

possess vt (to possess something) rud a bheith i do sheilbh.

possible adv is féidir go.

possibly adv seans.

post vt postáil; cuir sa phost.

postal order n ordú m poist.

post card n cárta m poist.

postcode n cód m poist.

postman n fear m poist.

post office n oifig f an phoist.

pot n pota m.

potato n práta m.

pottery *n* potaireacht *f*.
potty *adj* gan tábhacht *f*; (*sl*) mearaí.
pound *n* punt *m*.
pour *vt* doirt.
powder *n* púdar *m*.
power *n* cumhacht *f*.
power station *n* stáisiún *m* cumhachta.
practical *adj* praiticiúil.
practice *n* cleachtadh *m*.
practise *vt* cleacht.
praise *n* moladh *m*. • *vt* mol.
prank *n* cleas *m*, bob *m*.
prawn *n* cloicheán *m*.
pray *vi vt* guigh.
prayer *n* paidir *f*.
prayerbook *n* leabhar *m* urnaí.
preach *vi* tabhair seanmóir.
precarious *adj* neamhchinnte.
precaution *n* réamhchúram *m*.
precautionary *adj* réamhchúramach.
precentor *n* réamhchantóir *m*.
precious *adj* luachmhar.
precipitous *adj* rite.
precise *adj* beacht.
precocious *adj* seanchríonna.
predatory *adj* foghlach.
predict *vt* réamhaithris.
predominant *adj* ardcheannasach.
preface *n* réamhrá *m*.
prefer *vt* is fearr (liom, etc).
pregnant *adj* torrthach.
prehistorical *adj* réamhstairiúil.
prejudice *n* réamhchlaonadh *m*.
preliminary *adj* tosaigh, réamh-.
premises *n* áitreamh *m*.
premonition *n* tuar *m*.
prepare *vt* ullmhaigh.
preposterous *adj* míréasúnta.
prescription *n* oideas *m*.
presence *n* láithreacht *f*.

present *n* an t-am i láthair; (*gift*) bronntanas *m*. • *vt* bronn.
presently *adv* ar ball.
president *n* uachtarán *m*.
press release *n* preasráiteas *m*.
pretence *n* cur *m* i gcéill *f*.
pretend *vi* cuir i gcéill *f*.
pretty *adj* gleoite, deas.
prevailing *adj* coitianta.
previously *adv* roimhe sin.
prey *n* creach *f*. • *vi* creach, seilg.
price *n* praghas *m*.
prick *vt* prioc.
prickly *adj* deilgneach.
pride *n* uabhar *m*.
priest *n* sagart *m*.
prim *adj* deismíneach.
primary school *n* bunscoil *f*.
primitive *adj* seanársa.
primrose *n* (*bot*) sabhaircín *m*.
prince *n* prionsa *m*.
print *vt* clóbhuail.
printer *n* (*comput*) printéir *m*.
print out *n* asphrionta *m*.
private *adj* príobháideach.
privilege *n* pribhléid *f*.
prize *n* duais *f*.
probable *adj* dócha.
probably *adv* is dócha.
probity *n* cneastacht *f*.
problem *n* fadhb *f*.
problematic *adj* fadhbach.
process *n* próiseas *m*.
proclaim *vt* fógair.
prod *vt* prioc, broid.
produce *n* toradh *m*. • *vt* táirg.
producer *n* táirgeoir *m*.
profession *n* slí *f* bheatha.
professor *n* ollamh *m*.
profit *n* brabús *m*. • *vt* déan brabús ar.

profound *adj* domhain.

profuse *adj* raidhseach, flúirseach.

program *n* (*comput*) ríomhchlár *m*.

programme *n* (*TV, etc*) clár *m*.

programmer *n* ríomhchláraitheoir *m*.

progress *n* dul chun cinn *m*.

prohibit *vt* coisc.

prolific *adj* torthúil.

prominent *adj* suntasach; feiceálach.

promontory *n* ros *m*, rinn *f*.

prompt *adj* pras.

pronoun *n* forainm *m*.

pronounce *vt* fuaimnigh.

prop *vt* tacaigh le.

proper *adj* cóir.

property *n* sealúchas *m*; maoin *f*.

prophesy *vt* tairngir.

proportion *n* comhréir *f*; cionmhai-reacht *f*.

proprietor *n* dílseánach *m*, úinéir *m*.

propulsion *n* tiomáint *f*.

prose *n* prós *m*.

prosecute *vt* ionchúisigh.

prostitute *n* striapach *f*.

prostrate *adj* faon; sínte.

protect *vt* cosain.

protection *n* cosaint *f*.

protest *vt* dearbhaigh.

Protestant *n* Protastúnach *m*.

proud *adj* bródúil.

prove *vt* cruthaigh.

proverb *n* seanfhocal *m*.

provide *vt* soláthair.

province *n* cúige *m*.

provocation *n* saighdeadh *m*.

provost *n* uachtarán *m*.

prow *n* (*mar*) srón *f*.

prowl *vi* bheith ag smúrthacht *f* thart.

prude *n* duine *m* róchúisiúil.

prudent *adj* críonna.

prune *vt* bearr.

pry *vi* bí ag srónaíl.

psalm *n* salm *m*.

psalter *n* saltair *f*.

psychic *adj* síceach.

ptarmigan *n* tarmachan *m*.

pub *n* teach *m* tábhairne.

public *adj* poiblí.

publicity *n* poiblíocht *f*.

public relations *n* caidreamh *m* poiblí.

publish *vt* foilsigh.

pudding *n* (*sausage*) putóg *f*, (*sweet*) milseog *f*; maróg *f*.

puddle *n* slodán *m*, lochán *m*.

puffin *n* fuipín *m*.

pull *vt* tarraing.

pulpit *n* puilpid *f*.

pulse *n* cuisle *f*.

pump *n* caidéal *m*; (*shoe*) buimpéis *f*.

punctual *adj* poncúil.

puncture *n* poll *m*.

punish *vt* cuir pionós ar.

punishment *n* pionós *m*.

pupil *n* dalta *m*; (*eye*) mac imrisc *m*.

puppy *n* coileáinín *m*.

pure *adj* glan-.

purge *vt* purgaigh.

purity *n* glaineacht *f*.

purple *adj* corcra.

purse *n* sparán *m*.

pursue *vt* tóraigh.

pursuit *n* tóir *f*.

push *n* brú *m*. • *vt* brúigh.

pussy cat *n* puisín *m*.

put *vt* cuir.

putrid *adj* lofa.

putt *vt* déan amas.

puzzle *n* dúcheist *f*.

pylon *n* piolón *m*.

pyramid *n* pirimid *f*.

Q

quack vi vác a ligean as.
quaint adj den tseandéanamh.
Quaker n duine m de Chumann na gCarad.
qualification n cáilíocht f.
qualify vt cáiligh.
quality n tréith f.
quantity n méid m.
quarrel n troid f. • vi troid.
quarrelsome adj trodach.
quarry n (geog) cairéal m; creach f.
quarter n ceathrú f; (season) ráithe f.
quartz n (min) grianchloch f.
quaver n crith m; (mus) camán.
queasy adj samhnas a bheith ort.
queen n ríon f.
quell vt smachtaigh.
quench vt báigh.

quern n bró f.
question n ceist f. • vt ceistigh.
question mark n comhartha ceiste f.
queue n scuaine f.
quibble vi éirigh argóntach.
quick adj gasta, mear.
quicksand n gaineamh m beo.
quiet adj suaimhneach; ciúin.
quieten vt ciúnaigh.
quilt n cuilt f.
quirk n aiste f.
quit vt fág.
quite adv go maith, ar fad.
quiver vi crith. • n crith m.
quiz n tráth ceisteanna m.
quotation n sliocht m; (price) praghas m luaite.
quote vt luaigh; tabhair mar údar.

R

rabbit *n* coinín *m*.
rabid *adj* fíochmhar.
race *n* rás *m*; (*human*) cine *m*.
racism *n* ciníochas *m*.
racket *n* raicéad *m*; (*noise*) callán *m*.
radiant *adj* dealraitheach.
radiate *vt vi* radaigh.
radiator *n* radaitheoir *m*.
radical *adj* radacach.
radio *n* raidió *m*.
raffle *n* crannchur *m*.
raft *n* rafta *m*.
rafter *n* rachta *m*.
rag *n* giobal *m*.
rage *n* cuthach *m*.
raid *n* ruathar *m*.
railroad, railway *n* iarnród *m*.
rain *n* fearthainn *f*. • *vi* bheith ag cur fearthainne.
rainbow *n* bogha *m* báistí.
rainy *adj* báistiúil, fliuch.
raise *vt* ardaigh, tóg.
rake *vt* racáil.
ram *n* reithe *m*. • *vt* pulc.
RAM *abbr see* **random access memory**.
rambler *n* spaisteoir *m*.
rampant *adj* rábach.
rancid *adj* bréan.
random *adj* fánach, randamach.
random access memory (RAM) *n* (*comput*) cuimhne *f* randamrochtona.
range *n* raon *m*; sliabhraon *m*. • *vt* rangaigh.

rank *n* rang *m*; céimíocht *f*.
rankle *vi* goill ar.
ransom *n* fuascailt *f*. • *vt* cuir duine ar fuascailt.
rapacious *adj* amplach.
rape *n* éigniú *m*. • *vt* éignigh.
rapid *adj* tapaidh.
rapidity *n* tapúlacht *f*.
rare *adj* annamh.
rarity *n* teirce *f*.
rash *adj* tobann. • *n* gríos *m*.
raspberry *n* sú *f* craobh.
rat *n* francach *m*.
rate *n* ráta *m*; táille *f*.
rather *adv* beagán.
ravage *vt* slad; scrios; creach.
rave *vi* bí ag rámhaille.
raven *n* fiach dubh *m*.
ravenous *adj* craosach, amplach.
raw *adj* amh.
razor *n* rásúr *m*.
reach *vt* sroich. • *n* fad *m* láimhe.
read *vt vi* léigh.
reader *n* léitheoir *m*.
readily *adv* go toilteanach.
readiness *n* réidhe *f*.
ready *adj* réidh.
real *adj* fíor-.
realise *vt* cuir i ngníomh.
reality *n* réaltacht *f*.
really *adv* go fírinneach.
reap *vt* bain.
rear *n* cúl *m*; deiridh *m*.
reason *n* cúis *f*; réasún *m*; ciall *f*.
rebate *n* lacáiste *m*.

rebel n ceannairceach m. • vi éirigh amach.

rebuff n gonc m.

rebuild vt atóg.

recall vt athghair.

recede vi cúlaigh.

receive vt faigh; glac.

recent adj deireanach.

recently adv ar na mallaibh.

reception n glacadh m; fáiltiú m.

receptive adj soghabhála.

recession n meathú m.

recipe n oideas m.

reciprocal adj cómhalartach.

recital n aithris f; (mus) ceadal m.

reckless adj meargánta.

reckon vt áirigh.

reclaim vt faigh or iarr ar ais.

recline vt luigh siar.

recognise vt aithin.

recommend vt mol.

reconcile vt déan athmhuintearas idir.

record vt cláraigh; taifead. • n taifead m; cuntas m; (mus) ceirnín m; cáipéis f.

recover vt faigh ar ais.

recovery n athghabháil f; biseach m.

recreation n caitheamhm m aimsire f.

rectify vt ceartaigh.

rector n reachtaire m.

recur vi atarlaigh; fill.

red adj dearg; rua.

redeem vt fuascail.

redirect vt athsheol.

redouble vt vi athdhúblail.

reduce vt laghdaigh.

redundant adj iomarcach; díomhaoin.

reed n giolcach f.

reef n (mar) sceir f.

reel n (fishing) roithleán m; (thread) ceirtlín m; (dance) ríl f.

refer vt seol (duine) chuig; tagair (do).

referee n réiteoir m.

reference n (for job) teistiméireacht f.

refill vt athlíon.

refit vt athchóirigh.

reflect vt frithchaith; smaoinigh ar.

reform vt leasaigh.

refrain vi: **to refrain from something** staon ó rud.

refresh vt úraigh.

refreshment npl soláistí mpl.

refuge n tearmann m.

refund vt aisíoc. • n aisíoc m.

refusal n diúltú m.

refuse vt diúltaigh.

refute vt bréagnaigh.

regard vt breathnaigh, amharc. • n aird f.

register n clár m.

regret n aithreachas m. • vt tá aithreachas orm (faoi).

regulate vt rialaigh.

rehearsal n cleachtadh m.

rehearse vt cleacht.

reign vi rialaigh.

reimburse vt aisíoc.

rein n srian m.

reinforce vt treisigh.

rejoice vt déan ollghairdeas faoi (rud).

relate vt aithris.

related adj (akin) gaolmhar.

relation n gaol m.

relative adj coibhneasta.

relax vt bog; scaoil. • vi déan scíth f.

release vt scaoil; fuascail.

relent vi maolaigh.

relentless adj neamhthrócaireach.

relevant adj ag baint le hábhar.

reliable *adj* iontaofa.

relic *n* iarsma *m*.

relief *n* faoiseamh *m*.

relieve *vt* maolaigh.

religion *n* creideamh *m*.

relish *n* (*culin*) anlann *m*; díograis *f*.
• *vt* faigh blas ar.

reluctant *adj* drogallach.

rely *vi* braith ar.

remain *vi* fan.

remains *n* fuílleach *m*; (*human*) corp *m*, corpán *m*.

remark *n* focal *m*.

remarkable *adj* sonraíoch.

remedy *n* leigheas *m*.

remember *vt* cuimhnigh ar.

remind *vt* cuir (rud) i gcuimhne do.

reminiscence *n* athchuimhne *f*.

remorse *n* doilíos *m*.

remote *adj* iargúlta.

remote control *n* cianrialú *m*.

renaissance *m* athbheochan *f*.

rend *vt* stróic.

renew *vt* athnuaigh.

rent *n* cíos *m*. • *vt* lig ar cíos; faigh ar cíos.

repair *vt* deisigh. • *n* deisiú *m*.

repay *vt* aisíoc.

repeat *vt* athchraol (*TV*); abair arís.

repel *vt* ruaig.

replace *vt* cuir ar ais.

replay *vt* athimir.

replete *adj* lán.

reply *n* freagra *m*. • *vi* freagair.

report *vt* tuairiscigh.

reporter *n* tuairisceoir *m*.

representative *n* ionadaí *m*.

reprieve *n* (*law*) spásas *m*; faoiseamh *m*.

reprimand *n* casaoid *f*.

reprisal *n* díoltas *m*.

reproach *vt* cuir rud i leith duine.

reproduce *vt* atáirg.

reproduction *n* atáirgeadh *m*.

reptile *n* reiptíl *f*.

republic *n* poblacht *f*.

reputation *n* clú *m*.

request *n* iarratas *m*. • *vt* iarr ar.

rescue *vt* sábháil.

research *vt* taighd.

researcher *n* taighdeoir *m*.

resent *vt* is fuath (liom).

resentment *n* doicheall *m*.

reserve *vt* taisc. • *n* cúlchiste *m*.

reservoir *n* taiscumar *m*.

residence *n* cónaí *m*.

resign *vt* éirigh as.

resistance *n* frithbheart *m*.

resolute *adj* diongbháilte.

resonant *adj* athshondach.

resource *n* seift *f*.

respect *n* meas *m*. • *vt* meas a bheith agat (ar dhuine).

respectable *adj* measúil.

respectful *adj* urramach.

respective *adj* faoi seach.

respite *n* cairde *m*.

responsibility *n* freagracht *f*.

responsive *adj* freagrach.

rest *n* scíth *f*; (*mus*) sos *m*. • *vt* luigh (ar); fan.

restaurant *n* bialann *f*.

restful *adj* suaimhneach.

restless *adj* corrthónach.

restore *vt* athchóirigh.

restrict *vt* cúngaigh.

result *n* toradh *m*.

retain *vt* coinnigh.

reticent *adj* tostach.

retire *vi* éirigh as (post).

retirement *n* scor *m.*
retreat *vi* cúlaigh.
retribution *n* cúiteamh *m.*
return *vi* fill. • *n* filleadh *m.*
reveal *vi* foilsigh.
revelation *n* foilsiú *m.*
revenge *n* díoltas *m.*
reverend *adj* urramach.
reverent *adj* urramach.
review *vt* athbhreithnigh.
revival *n* athbheochan *f.*
revive *vt* athbheoigh.
revolve *vt* imrothlaigh.
reward *n* duais *f.*
rheumatic *adj* réamatach.
rheumatism *n* scoilteacha *f* daitheachen *nfpl.*
rhinoceros *n* srónbheannach *m.*
rhubarb *n* biabhóg *f.*
rhyme *n* rím *f.* • *vi* déan rím *f.*
rib *n* easna *f.*
ribbon *n* ribín *m.*
rice *n* rís *f.*
rich *adj* saibhir.
riches *npl* saibhreas *m.*
riddle *n* tomhas *m.*
ride *vi* déan marcaíocht *f.*
rider *n* marcach *m.*
ridge *n* droim *m.*
ridiculous *adj* amaideach.
right *adj* ceart; (*hand*) deas. • *n* ceart *m*; (*side*) deiseal *m.* • *vt* cuir i gceart.
rigid *adj* docht.
rigour *n* déine *f.*
rim *n* fonsa *m.*
rind *n* craiceann *m.*
ring *n* fáinne *m*; ciorcal *m.* • *vt* (*telephone*) glaoigh ar.
rinse *vt* sruthlaigh.
ripe *adj* aibí.

ripen *vt vi* aibigh.
ripple *n* (*on water*) cuilithín *m.*
rise *vi* éirigh.
risk *n* priacal *m* • *vt* rud a chur i gcontúirt *f.*
rival *adj* iomaíochta. • *n* iomaitheoir *m.*
rivalry *n* iomaíocht *f.*
river *n* abhainn *f.*
rivulet *n* sruthán *m.*
road *n* ród *m*, bóthar *m.*
roam *vi* (imigh) ar fud na háite.
roar *vi* béic. • *n* béic *f.*
roast *vt vi* róst.
rob *vt* creach, robáil.
robber *n* creachadóir *m*, robálaí *m.*
robbery *n* slad *m.*
robe *n* róba *m.*
robin (**redbreast**) *n* spideog *f* bhronndearg.
rock *n* cloch *f.* • *vt* luasc.
rod *n* slat *f.*
roe *n* fia *m* rua; (*fish*) eochraí *f.*
rogue *n* rógaire *m.*
roll *vt* roll. • *n* rolla *m.*
romance *n* rómánsaíocht *f.*
romantic *adj* rómánsach.
roof *n* díon *m.*
rook *n* (*orn*) préachán *m* dubh.
room *n* seomra *m*; (*space*) fairsingeacht *f.*
roomy *adj* fairsing.
root *n* fréamh *f.*
rope *n* rópa *m*, téad *f.*
rosary *n* paidrín *m.*
rose *n* rós *m.*
rosy *adj* rósach.
rot *n* lobhadh *m.*
rotten *adj* lofa.
rough *adj* garbh.

round *adj* cruinn. • *adv* thart, timpeall.

rouse *vt vi* dúisigh.

rout *n* ruaig *f.*

routine *n* gnáthchúrsa *m.*

row *n* (*rank*) líne *f*; (*fight*) racán *m.*

rowan *n* caorthann *m.*

rower *n* rámhaí *m.*

rub *vt* cuimil.

rubbish *n* bruscar *m*, (*idea*) seafóid *f.*

rudder *n* stiúir *f.*

rude *adj* borb.

rue *vt* aiféala a bheith ort.

rueful *adj* dubhach.

ruffian *n* bithiúnach *m.*

rug *n* ruga *m.*

ruin *n* scrios *m*; (*house*) fothrach tí *m.*

rule *n* riail *f.* • *vt* rialaigh.

rumble *vi* déan tormáil *f.*

rummage *vi* ransaigh.

rumour *n* ráfla *m.*

run *vt*: **to run the risk** teigh sa tseav *vi* rith.

runnel *n* sruthlán *m.*

rural *adj* tuaithe.

rush *vi* brostaigh.

rust *n* meirg *f.*

rut *n* cis *f.*

ruthless *adj* neamhthruacánta.

S

Sabbath n sabóid f.

sack n sac m, mála m. • vt bóthar a thabhairt do.

sacrament n sacraimint f.

sacred adj naofa.

sacrifice n íobairt f. • vt íobair.

sad adj brónach.

sadden vt dubhaigh.

saddle n diallait f.

sadness n brón m.

safe adj slán; sábháilte.

safety n sábháilteacht f.

saffron n cróch m.

sag vi tit.

sagacious adj géarchúiseach.

sail n seol m. • vi vt seol.

saint n naomh m.

sake n **for God's sake** ar son Dé m.

salad n sailéad m.

sale n reic f.

saleable adj indíolta.

saliva n seile f.

sallow adj liathbhuí.

salmon n bradán m.

salmon trout n breac m geal.

salt n salann m.

salt cellar n sáiltéar m.

salutary adj tairbheach.

salute vt beannaigh do.

salvage n tarrtháil f.

same adj céanna.

sameness n ionannas m.

sample n sampla m.

sanctify vt naomhaigh.

sanctuary n tearmann m.

sand n gaineamh m.

sandstone n gaineamhchloch f.

sandy adj gainmheach.

sane adj céillí.

sapling n buinneán m.

sapphire n saifír f.

sarcasm n tarcaisne f.

sarcastic adj searbhasach.

satanic adj diabhlaí.

satchel n mála m scoile.

sate vt sásaigh.

satellite n satailít f.

satiate vt sásaigh.

satin n sról m.

satire n aoir f.

satirical adj aorach.

satirist n aorthóir m.

satisfaction n sásamh m.

satisfied adj sásta.

satisfy vt sásaigh.

saturate vt maothaigh.

Saturday n Dé Sathairn m.

sauce n anlann m.

saucepan n sáspan m.

saucer n fochupán m.

sausage n ispín m.

save vt sábháil; tarrtháil.

savour vt faigh blas ar.

savoury adj blasta.

saw n sábh m. • vt sábh.

say vt abair.

saying n seanfhocal m.

scald vt scall.

scale n scála m; (fish) lann f, (mus) scála m.

scaly *adj* gaineach.

scalp *n* craiceann *m* an chinn.

scan *vt* breathnaigh.

scandal *n* scannal *m*.

scandalise *vt* scannalaigh.

scandalous *adj* scannalach.

scar *n* colm *m*.

scarce *adj* tearc.

scare *vt* cuir eagla *f* ar.

scarecrow *n* fear *m* bréige.

scarf *n* scaif *f*.

scatter *vt* scaip.

scattering *adj* scaipeadh.

scene *n* radharc *m*.

scenic *adj* álainn.

scent *n* cumhracht *f*.

scented *adj* cumhraithe.

sceptical *adj* amhrasach.

scheme *n* scéim *f*.

school *n* scoil *f*.

schoolmaster *n* máistir scoile *f*.

schoolmistress *n* máistreás *f* scoile *f*.

schoolteacher *n* múinteoir scoile *f*.

science *n* eolaíocht *f*.

scientific *adj* eolaíoch.

scissors *n* siosúr *m*.

scold *vt* scoill.

scone *n* bonnóg *f*; scóna *m*.

scorch *vt* ruadhóigh.

score *n* scór *m*. • *vt* scríob.

scorn *n* tarcaisne *f*.

scornful *adj* tarcaisneach.

Scotland *n* Albain *f*.

Scottish *adj* Albanach.

scour *vt* sciúr.

scourge *n* sciúirse *m*.

scout *n* (*milit*) scabhta *m*.

scowl *vi* gruig.

scrape *vt vi* scríob.

scratch *vt* scríob. • *n* scríobadh *m*.

scream *vi* lig scread *f*. • *n* scread *f*.

scree *n* sciollach *m*.

script *n* script *f*.

scroll *n* scrolla *m*.

scrotum *n* cadairne *m*.

scrub *vt* sciúr.

scruple *n* scrupall *m*.

scrupulous *adj* scrupallach.

scuffle *n* racán *m*.

sculptor *n* dealbhóir *m*.

sculpture *n* dealbhóireacht *f*.

scythe *n* speal *f*. • *vt* speal.

sea *n* muir *f*, farraige *f*.

seagull *n* faoileán *m*.

seal *n* rón *m*; (*official*) séala *m*. • *vt* séalaigh.

sea level *n* leibhéal na farraige *f*.

seaport *n* calafort *m*.

sear *vt* feoigh.

search *vt* cuardaigh. • *n* cuardach *m*.

seashore *n* cladach *m*.

season *n* séasúr *m*.

seasonable *adj* tráthúil.

seat *n* suíochán *m*.

seaweed *n* feamainn *f*.

second *adj* dara.

secondary *adj* tánaisteach.

secondary school *n* meánscoil *f*.

secondhand *adj* athláimhe.

secondly *adj* sa dara cás.

secrecy *n* rúndacht *f*.

secret *adj* rúnda *m*. • *n* rún.

secretary *n* rúnaí *m*.

secretive *adj* ceilteach.

secretly *adv* faoi cheilt *f*.

sect *n* seict *f*.

sectarian *n* seicteach *m*.

secular *adj* saolta.

secure *adj* daingean. • *vt* daingnigh.

security *n* slándáil *f*.

seduce *vt* meall.
seduction *n* meabhlú *m*.
see *vt* feic.
seed *n* síol *m*. • *vt vi* síolaigh.
seeing *conj*: **seeing that** ós rud é go/ nach.
seek *vt* cuardaigh.
seer *n* fáidh *m*.
seize *vt* gabh.
seldom *adv* annamh.
select *vt* togh.
self- *pref* féin, féin-.
self-interest *n* leithleachas *m*.
selfish *adj* leithleach.
sell *vt* díol.
semiquaver *n* leathchamán *m*.
seminary *n* cliarscoil *f*.
semitone *n* (*mus*) leath-thon *m*.
senate *n* seanad *m*.
send *vt* cuir (sa phost); seol.
senile *adj* seanaoiseach.
senior *adj* sinsearach.
sensation *n* mothú *m*.
sense *n* ciall *f*.
senseless *adj* gan chiall *f*.
sensible *adj* céillí.
sensitive *adj* íogair.
sensual, sensuous *adj* macnasach.
sentence *n* abairt *f*; (*law*) breith *f*.
sentimental *adj* maoithneach.
separate *vt* dealaigh, deighil.
separation *n* scaradh *m*.
September *n* Mí *m* Mheán Fómhair.
septic *adj* seipteach.
sepulchral *adj* tuamúil.
sequence *n* ord *m*, sraith *f*.
serene *adj* sámh.
sergeant *n* sáirsint *m*.
series *n* sraith *f*.
serious *adj* dáiríre.

serpent *n* nathair *f*.
serrated *adj* fiaclach.
servant *n* searbhónta *m*.
serve *vt* freastal ar; riar ar.
service *n* seirbhís *f*.
serviceable *adj* áisiúil.
session *n* seisiún *m*.
set *vt* cuir; socraigh.
settle *vt* socraigh.
settlement *n* socraíocht *f*, (*of land*) lonnaíocht *f*
seven *adj* seacht. • *n* (*people*) seachtar *m*.
seventeen *adj n* seacht déag *m*.
seventh *adj n* seachtú *m*.
seventy *adj n* seachtó *m*.
sever *vt* teasc.
severe *adj* géar.
severity *n* géire *f*.
sew *vt vi* fuaigh.
sewage, sewer *n* séarachas *m*.
sewing *n* fuáil *f*.
sex *n* gnéas *m*.
sexual intercourse *n* caidreamh *m* collaí.
shade *n* scáth *m*. • *vt* scáthaigh.
shadow *n* scáth *m*.
shady *adj* scáthach.
shaggy *adj* mothallach.
shallow *adj* tanaí.
sham *adj* cur i gcéill.
shame *n* náire *f*. • *vt* náirigh.
shameful *adj* náireach.
shanty *n* seantán *m*.
shape *vt* múnlaigh. • *n* cruth *m*.
shapely *adj* comair.
share *n* roinnt *f*. • *vt* roinn.
shark *n* siorc *m*.
sharp *adj* géar.
sharpen *vt* faobhraigh.

sharpness *n* géire *f*.
shave *vt* bearr.
shawl *n* seál *m*.
she *pn* sí, í.
shear *vt* lom.
shearing *n* lomadh *m*.
sheath *n* (*contraceptive*) coiscín *m*.
shed *vt* doirt. • *n* bothán *m*.
sheep *n* caora *f*.
sheepdog *n* madra *m* caorach.
sheet *n* (*bed*) braillín *m*.
shelf *n* seilf *f*; (*rock*) laftán *m*.
shellfish *npl* bia *m* sliogán.
shelter *n* dídean *m*.
shepherd *n* aoire *m*.
sheriff *n* sirriam *m*.
Shetland *n* Sealtainn *f*.
shield *n* sciath *f*. • *vt* cosain.
shieling *n* bothán *m*.
shine *vi* lonraigh.
shinty *n* iomáint *f*.
shinty stick *n* camán *m*.
ship *n* long *f*.
shipwreck *n* longbhriseadh *m*.
shire *n* sír *f*.
shirt *n* léine *f*.
shiver *vi* crith.
shoal *n* scoil *f*.
shock *n* (*elec*) turraing *f*. • *vt* bain croitheadh as.
shoe *n* bróg *f*.
shoelace *n* iall *f* bróige.
shoemaker *n* gréasaí *m*.
shoot *vt* scaoil (le); (*grow*) péac.
shop *n* siopa *m*.
shore *n* cladach *m*.
short *adj* gearr.
shortage *n* ganntanas *m*.
shorten *vt* giorraigh.
shortly *adv* gan mhoill *f*.

short-sighted *adj* gearr-radharcach.
shorts *n* bríste *m* gairid.
shortwave *n* gearrthonn *f*.
shot *n* urchar *m*.
shoulder *n* gualainn *f*.
shout *n* scairt *f*.
shove *vt* brúigh. • *n* brú *m*.
show *vt* taispeáin.
shower *n* cithfholcadh *m*.
shred *n* ribeog *f*.
shriek *n* scréach *f*.
shrimp *n* sreabhlach *m*.
shrink *vi* crap.
shudder *vi* téigh creathán trí. • *n* creathán *m*.
shuffle *vt* (*cards*) suaith.
shut *vt* druid, dún. • *adj* druidte *m*, dúnta *m*.
sick *adj* tinn.
sickness *n* tinneas *m*.
side *n* taobh *m*.
sidelong *adj* ar fiar.
sideways *adv* i leataobh.
siege *n* léigear *m*.
sieve *n* criathar *m*.
sigh *vi* lig osna *f*.
sight *n* amharc *m*, radharc *m*.
sign *n* comhartha *m*.
signature *n* síniú *m*.
significant *adj* tábhachtach.
signpost *n* cuaille *m* eolais.
silence *n* ciúnas *m*.
silent *adj* ciúin.
silk *n* síoda *m*.
sill *n* leac *f*.
silly *adj* amaideach.
silver *n* airgead *m*.
similar *adj* cosúil.
simple *adj* simplí.
simplify *vt* simpligh.

simultaneous *adj* comhuaineach.

sin *n* peaca *m*. • *vi* peacaigh.

since *prep* ó. • *conj* ó, nuair.

sincere *adj* macánta.

sing *vt* can, ceol, cas.

singer *n* amhránaí *m*.

single *adj* singil; díomhaoin.

singly *adv* ceann ar cheann.

singular *adj* uatha.

sinister *adj* urchóideach.

sink *vi* téigh go tóin *f* poill. • *n* doirteal *m*.

sip *vt* bain suimín as. • *n* suimín *m*.

sister *n* deirfiúr *f*.

sister-in-law *n* deirfiúr *f* chleamhnais.

sit *vi* suigh.

sitting room *n* seomra *m* suí.

six *adj* sé. • *n* (*people*) seisear *m*.

sixteen *adj n* sé déag.

sixth *adj n* séú *m*.

size *n* méid *f*.

skate *n* scáta *m*. • *vi* scátáil.

skate *n* (*fish*) sciata *m*.

skeleton *n* cnámharlach *m*.

skerry *n* sceir *f*.

sketch *n* sceitse *m*.

ski *vi* sciáil.

skid *vi* scoirr.

ski-lift *n* ardaitheoir *m* sciála.

skill *n* scil *f*.

skim *vt* scimeáil.

skin *n* craiceann *m*. • *vt* bain ann craiceann de.

skinny *adj* caol.

skip *vt* léim.

skirmish *n* scliúchas *m*.

skirt *n* sciorta *m*.

skull *n* cloigeann *m*.

sky *n* spéir *f*.

Skye *n* An tOileán Sciathanach *m*.

skylark *n* fuiseog *f*.

slam *vt* druid de phlab.

slander *n* clúmhilleadh *m*.

slant *vt vi* claon. • *n* claonadh *m*.

slap *n* boiseog *f*.

slash *vt* gearr.

slate *n* slinn *f*.

slaughter *n* ár *m*.

slave *n* sclábhaí *m*.

sledge *n* carr *m* sleamhnáin.

sleek *adj* slíoctha.

sleep *vi* codail. • *n* codladh *m*.

sleepy *adj* codlatach.

sleet *n* flichshneachta *m*.

sleeve *n* muinchille *f*.

sleigh *n* carr *m* sleamhnáin.

slice *n* slisín *m*.

slide *vi* sleamhnaigh.

slip *vi* sleamhnaigh. • *n* sciorradh *m*.

slipper *n* slipéar *m*.

slippery *adj* sleamhain.

slit *n* gearradh *m*.

slogan *n* sluaghairm *f*.

slope *n* fána *f*.

sloven *n* leibide *f*.

slovenly *adj* leibideach.

slow *adj* mall.

slowness *n* moille *f*.

slur *n* masla *m*; (*speech*) bachlóg *f*.

sly *adj* glic.

smack *n* greadóg *f*.

small *adj* beag.

smart *adj* cliste.

smattering *n* smearadh *m*.

smear *vt* smear.

smell *vt* bolaigh. • *n* boladh *m*.

smile *vi* déan miongháire. • *n* miongháire *m*.

smith *n* gabha *m*.

smoke n deatach m. • vt caith (tabac, toitín).

smoky adj deatúil.

smooth adj mín.

smooth vt smúdáil.

smother vt múch.

smoulder vi cnádaigh.

smuggle vt smuigleáil.

smuggler n smuigléir m.

snack n smailc f.

snake n nathair f.

snatch vt sciob.

sneak vi déan rud go fáilí.

sneer vi déan fonóid f.

sneeze vi lig sraoth.

sniff vt vi smúr. • n boladh m.

snipe n naoscach f.

snivel n smugairle m.

snob n duine m ardnósach.

snooze n néal m codlata.

snore vi lig srann f.

snout n smut m.

snow n sneachta m. • vi cuir sneachta.

snowdrift n ráth sneachta m.

snug adj seascair.

snuggle vi luigh isteach le.

so adv amhlaidh, chomh, mar sin.

soak vi vt maothaigh.

soap n gallúnach f.

soapy adj lán gallúnaí.

sober adj stuama.

sociable adj cuideachtúil.

socialism n sóisialachas m.

society n sochaí f.

sock n stoca m.

sod n fód m.

soft adj bog.

soften vt bog.

softness n boige f.

software npl bogearraí mpl.

soil vt salaigh. • n ithir f.

solar adj grianda.

soldier n saighdiúir m.

sole n bonn (na coise f); (fish) sól m.

solemn adj sollúnta.

solicit vt iarr.

solicitor n aturnae m.

solid adj daingean.

solidarity n dlúthpháirtíocht f.

solitude n uaigneas m.

solo n (mus) (ceol) aonair m.

soloist n aonréadaí m.

soluble adj intuaslagtha.

solve vt fuascail.

solvent adj sóchmhainneach.

some adj roinnt f (separate items); cuid f.

somebody pn duine éigin.

somehow adv ar dhóigh f éigin.

something pn rud éigin.

sometime adv am éigin.

sometimes adv uaireanta.

somewhere adv áit f éigin.

son n mac m.

son-in-law n cliamhain m.

soon adv gan mhoill.

sophisticated adj sofaisticiúil.

sordid adj suarach.

sore n cneá f. • adj nimhneach, frithir.

sorrow n brón m.

sorry adj buartha; (sad) brónach.

sort n sórt m. • vt socraigh.

soul n anam m.

sound n fuaim f. • vt fuaimnigh.

soup n anraith m.

sour adj searbh.

south n deisceart m; aneas m; theas m.

southerly, southern *adj* theas, aneas.

sow *n* cráin *f.*

space *n* spás *m.*

space probe *n* tóireadóir spáis *m.*

spacious *adj* fairsing.

Spain *n* An Spáinn *f.*

spaniel *n* spáinnéar *m.*

Spanish *n* Spáinnis *f.*

spare *vt* spáráil.

spark *n* splanc *f.*

spawn *vi vt* sceith.

speak *vi vt* labhair.

spear *n* sleá *f.*

special *adj* speisialta.

species *n* gné *f.*

spectacles *npl* spéaclaí *mpl.*

spectre *n* arracht *f.*

speech *n* caint *f*; (*oration*) óráid *f.*

speed *n* luas *m.* • *vt* gabh ar luas.

spell *vt* litrigh.

spend *vt* caith.

spider *n* damhán alla *m.*

spill *vt* doirt.

spin *vt* rothlaigh; (*thread*) sníomh. • *vi* cas *m.*

spine *n* dromlach *m.*

spinning wheel *n* tuirne *m.*

spirit *n* spiorad *m.*

spirited *adj* anamúil.

spit *vi* caith seile *f.*

spite *n* faltanas *m.*

splendid *adj* ar fheabhas.

split *vt* scoilt.

spoil *vt* mill.

spoon *n* spúnóg *f.*

sporran *n* sparán *m.*

sport *n* spórt *m.*

spot *n* ball *m.*

spouse *n* céile *m.*

spreadsheet *n* scairbhileog *f.*

spree *n* spraoi *m.*

spring *n* (*season*) (an t)earrach *m.*

spring *n* lingeán *m*; (*water*) fuarán *m.*

spume *n* cúr *m.*

spur *n* spor *m.*

spy *n* spiaire *m.*

squalid *adj* suarach.

squall *n* cóch *m.*

square *adj* cearnach. • *n* cearnóg *f.*

squash *vt* fáisc.

squat *adj* dingthe.

squeak *n* gíog *f.*

squirrel *n* iora *m.*

squirt *vt* scaird.

stable *n* stábla *m.* • *adj* cobhsaí.

stag *n* carria *m.*

stairs *n* staighre *msg.*

stale *adj* stálaithe.

stalk *n* gas *m.*

stallion *n* stail *f.*

stammer *vi* bac a bheith agat i do chuid cainte.

stamp *n* stampa *m*; (*embossing*) stampa *m.*

stand *vi* seas.

standstill *n* stad *m.*

star *n* réalta *f*; (*movies*) príomhaisteoir *m.*

starboard *n* deasbhord *m.*

stare *vi*: **to stare at** stánadh ar.

starfish *n* crosóg *f* mhara.

starry *adj* réaltach.

start *vt vi* tosaigh. • *vt* (*motor*) cuir ag dul *m.*

starvation *n* gorta *m.*

state *n* staid *f*; (*country*) stát *m.* • *vt* maígh

station *n* stáisiún *m.*

statue *n* dealbh *f.*

stature *n* meas *m.*

stave n cliath f.

stay n cuairt f. • vi fan.

steak n stéig f.

steal vt goid.

steam n gal f.

steel n cruach f.

steep adj crochta.

steer vt stiúir.

step n céim f, coiscéim f.

sterile adj aimrid.

stern adj dian. • n (mar) deireadh m.

stick n maide m. • vt (adhere) greamaigh.

stiffen vi vt righnigh.

still n stil f. • adv fós, go fóill.

sting vt cealg. • n cealg f.

stink n bréantas m.

stir vt corraigh.

stitch n greim m.

stocking n stoca m.

stomach n goile m.

stone n cloch f.

stool n stól m.

stop vt stad.

store n stór m. • vt stóráil.

storehouse n teach m stórais.

stork n corr f bhán.

storm n stoirm f; doineann f.

stormy adj stoirmeach.

story n scéal m.

stove n sornóg f.

straight adj díreach.

strain vt teann; (filter) síothlaigh. • n teannas m; (mental) strus m.

strange adj aisteach.

stranger n strainséir m.

strath n srath m.

straw n tuí m.

strawberry n sú f talún.

streaky adj stríocach.

stream n sruth m.

streamer n sraoilleán m.

street n sráid f.

strength n láidreacht f.

stretch vt sín.

strict adj docht.

stride n céim f fhada.

strike vt buail; (work) gabh ar stailc f.

string n sreang f; corda m.

stringed adj sreangach.

stroke vt slíoc.

stroll vi bí ag spaisteoireacht.

strong adj láidir.

struggle vi streachail. • n streachailt f.

stubble n coinleach m.

stubborn adj ceanndána.

stuff n stuif m.

stupid adj amaideach; bómánta.

sturdy adj téagartha.

sty n cró m uice f.

stye n sleamhnán m.

style n stíl f.

stylish adj faiseanta.

subject adj ábhar. • vt bheith faoi réir (ruda).

sublime adj oirirc.

submit vt géill.

subside vi tráigh.

subsidy n fóirdheontas m.

substance n substaint f; tathag m.

substitute vt cuir rud in ionad ruda eile.

subtle adj caolchúiseach.

subtract vt (math) dealaigh.

succeed vi I **succeeded** d'éirigh liom.

successful adj rathúil.

such adj a leithéid de.

suck vt vi súigh.

suckle vt tabhair an chíoch f do.

sudden *adj* tobann

suddenly *adv* go tobann.

sue *vt* cuir an dlí ar.

suffer *vi vt* fulaing.

sufferer *n* fulangaí *m*.

sufficient *adj* go leor.

sugar *n* siúcra *m*.

suggest *vt* mol.

suicide *n* féinmharú *m*.

suit *n* culaith *f*. • *vt* fóir do.

suitable *adj* cuí.

sum *n* suim *f*; iomlán *m*.

summer *n* samhradh *m*.

summit *n* mullach *m*.

summon *vt* glaoigh.

sun *n* grian *f*.

sunbathe *vi* déan bolg le gréin *f*.

Sunday *n* Dé Domhnaigh *m*.

sunny *adj* grianach.

sunrise *n* éirí *m* na gréine.

sunset *n* luí *m* na gréine.

supermarket *n* ollmhargadh *m*.

supernatural *n* osnádúrtha *m*.

superstition *n* piseog *f*.

supper *n* suipéar. *m*.

supple *adj* aclaí.

support *n* taca *m*.

suppose *vt vi* síl.

suppress *vt* cuir faoi chois.

supreme *adj* ard-.

sure *adj* cinnte.

surely *adv* go cinnte.

surface *n* dromchla *m*.

surge *vi* borr.

surgeon *n* máinlia *m*.

surgery *n* (*doctor's*) clinic *m*.

surly *adj* dúr.

surname *n* sloinne *m*.

surplus *n* farasbarr *m*.

surprise *vt* tar aniar aduaidh ar. • *n* iontas *m*.

surprising *adj* iontach.

surrender *n* géilleadh *m*.

surround *vt* timpeallaigh.

survive *vi* mair.

survivor *n* marthanóir *m*.

suspect *vt* caith amhras ar.

suspend *vt* croch.

suspense *n* beophianadh *m*; **to be in suspense** bheith ar cipíní.

suspension bridge *n* droichead *m* crochta.

suspicious *adj* amhrasach.

swallow *n* (*bird*) fáinleog *f*. • *vt* slog.

swamp *n* seascann *m*.

swan *n* eala *f*.

swarm *vi* imigh i saithe.

swear *vt* mionnaigh.

sweat *n* allas *m*. • *vi* cuir allas.

swede *n* (*neep*) svaeid *m*.

Sweden *n* An tSualainn *f*.

sweep *vt* scuab.

sweet *adj* milis.

sweeties *npl* milseáin *m*.

sweetheart *n* grá *m* geal; leannán *m*.

swim *vt vi* snámh.

swimming pool *n* linn *m* snámha.

swing *n* luascán *m*.

switch *n* lasc *f*.

sword *n* claíomh *m*.

symbol *n* siombail *f*.

symbolic *adj* siombalach.

sympathetic *adj* báúil.

sympathise *vi* bí báúil le.

syringe *n* steallaire *m*.

syrup *n* síoróip *f*.

system *n* córas *m*.

T

table *n* tábla *m*, bord *m*.
tablet *n* taibléad *m*; tabhall *m*.
tacit *adj* tostach.
taciturn *adj* tostach.
tack *n* tacóid *f*.
tacket *n* tacóid *f*.
tadpole *n* torbán *m*.
tail *n* eireaball *m*.
taint *vt* truaill.
take *vt* tabhair (leat), glac.
tale *n* scéal *m*.
talent *n* tallann *f*.
talk *vi* labhair.
tall *adj* ard.
tame *adj* ceansa. • *vt* ceansaigh.
tangle *n* achrann *m*, aimhréidh *f*.
tanker *n* tancaer *m*.
tantalise *vt* griog.
tap *n* sconna *m*.
taper *vi* éirigh caol.
tapestry *n* taipéis *f*.
target *n* sprioc *f*.
tart *adj* searbh. • *n* toirtín *m*.
task *n* tasc *m*.
taste *vt* blais.
tawny *adj* ciarbhuí.
tax *vt* gearr cáin *f* (ar). • *n* cáin *f*.
tea *n* tae *m*.
teach *vi vt* teagasc, múin.
teacher *n* múinteoir *m*.
teach-in *n* seisiún *m* teagaisc.
teacup *n* taechupán *m*.
team *n* foireann *f*.
tear *vt* stróic. • *n* deoir *f*.
tease *vt* bí ag spochadh (as).

tedious *adj* fadálach.
teenager *n* déagóir *m*.
telephone *n* guthán *m*, telefón *m*.
television *n* teilifís *f*; (*set*) teilifíseán *m*.
tell *vt* inis.
temper *n* meon *m*.
temperament *n* meon *m*.
temperature *n* teocht *f*.
tempest *n* stoirm *f*.
temple *n* teampall *m*.
temporary *adj* sealadach.
tempt *vt* cuir cathú (ar).
ten *adj n* deich *m*. • *n* (*persons*) deichniúr *m*.
tenacious *adj* coinneálach.
tenant *n* tionónta *m*.
tender *adj* maoth.
tennis *n* leadóg *f*.
tent *n* puball *m*.
tenth *adj n* deichniú *m*.
term *n* téarma *m*.
tern *n* greabhóg *f*.
terrier *n* brocaire *m*.
terrorism *n* sceimhlitheoireacht *f*.
test *n* triail *f*.
testament *n* tiomna *m*.
testicle *n* magairle *m*.
than *adv* ná.
thank *vt* gabh buíochas (le). • *interj* thank you go raibh maith agat.
thankful *adj* buíoch.
that *pn* sin, siúd. • *conj* go (gur *in past*); (*neg*) nach (nár *in past*); (*relative*) a, ar, nach, nár.

227

thatch *n* tuí *m*.

thaw *vi* leáigh.

the *art* an, (*plur*) na, (*fem gen sing*) na.

theft *n* goid *f*.

their *pn* a (+ *eclipse*).

them *pn* iad(san).

themselves *pn pl* iad féin.

then *adv* ansin; ina dhiaidh sin.

thence *adv* uaidh sin.

theory *n* teoiric *f*.

therapy *n* teiripe *f*.

there *adv* ansin.

thereby *adv* dá bharr sin.

therefore *adv* dá bhrí *f* sin.

these *pn pl* (iad) seo.

they *pn pl* siad, iad.

thick *adj* tiubh.

thief *n* gadaí *m*.

thigh *n* ceathrú *f*.

thin *adj* tanaí.

thing *n* ní *m*, rud *m*.

think *vi* smaoinigh.

third *adj* tríú.

third rate *adj* ainnis.

thirst *n* tart *m*.

thirsty *adj*: **I am thirsty** tá tart orm.

thirteen *adj n* trí *m* déag.

thirty *adj n* tríocha *m*.

this *pn* seo.

thistle *n* feochadán *m*.

thorny *adj* deilgneach.

those *pn pl* siad sin, iad sin.

though *conj* cé go; bíodh go.

thought *n* smaoineamh *m*.

thousand *adj n* míle *m*.

thrash *vt* léas; (*corn*) buail.

threat *n* bagairt *f*.

threaten *vt* bagair.

three *adj n* trí *m*; (*persons*) triúr *m*.

thrilling *adj* corraitheach.

throat *n* scornach *f*.

through *prep* trí.

throw *vt* caith.

thrush *n* smólach *m*.

thumb *n* ordóg *m*.

thunder *n* toirneach *f*.

thunderous *adj* toirniúil.

Thursday *n* Déardaoin *f*.

thus *adv* mar seo.

ticket *n* ticéad *m*.

ticking *n* ticeáil *f*.

tide *n* taoide *f*.

tidy *vt* cuir slacht ar.

tiger *n* tíogar *m*.

till *prep* go, go dtí.

tiller *n* curadóir *m*.

time *n* am *m*, aimsir *f*.

timely *adj* tráthúil.

timeous *adj* i ndea-am.

tinker *n* tincéir *m*.

tiny *adj* bídeach.

tipsy *adj* súgach.

tired *adj* tuirseach.

tiresome *adj* tuirsiúil.

title *n* teideal *m*.

to *prep* go; go dtí; chuig; chun (+ *gen*).

toad *n* buaf *f*.

toast *vt* ól sláinte *f* duine.

tobacco *n* tobac *m*.

today *adv* inniu.

together *adv* le chéile.

toilet *n* leithreas *m*.

tomb *n* tuama *m*.

tomorrow *adv n* amárach *m*.

tone *n* ton *m*; glór *m*.

tongue *n* teanga *f*.

tonight *adv n* anocht *m*.

too *adv* fosta, chomh maith.

tool n uirlis f.

tooth n fiacail f.

top n mullach m, barr m.

torch n tóirse m.

torrent n tuile f.

tortoise n toirtís f.

Tory n Tóraí m.

toss vt caith (rud) san aer.

total adj n iomlán m.

touch vt leag (lámh f, etc) ar, bain de.

tough adj righin.

tour n turas m.

tourist n turasóir m.

toward, towards prep i dtreo (+ gen), i leith (+ gen).

tower n túr m.

town n baile m.

toy n bréagán m.

trace n lorg m.

track n rian m.

trade n trádáil m.

tradition n traidisiún m.

train vt traenáil. • n traein f; (retinue) lucht coimhdeachta f.

traitor n fealltóir m.

trance n (támh)néal m.

transfer vt aistrigh.

transient adj díomuan.

translate vt aistrigh.

transmitter n tarchuradóir m.

transparent adj trédhearcach.

trap n gaiste m. • vt ceap.

travel vt vi taistil. • n taisteal m.

tray n tráidire m.

treasure n stór m. • vt taisc.

treat vt caith le (duine, etc). • n coirm f.

tree n crann m.

tremor n crith m.

trespass n coir f, peaca m. • vt sáraigh (dlí).

trews npl triús mpl.

trial n triail f.

tribe n treibh f, slíocht m.

tributary n craobhabhainn f.

trick n cleas m.

trim adj comair.

trip vi **I tripped (up)** baineadh tuisle asam.

triumph n caithréim f. • vt bua a bhreith ar (dhuine).

triumphal adj caithréimeach.

triumphant adj buach.

trivial adj suarach.

trot vi bheith ag sodar.

trouble vt buair. • n trioblóid f.

trousers n bríste m.

trout n breac m.

true adj fíor.

trump card n mámh m.

trust n muinín f. • vt **I trust (her)** tá muinín f agam aisti.

truth n fírinne f.

try vt tabhair faoi or féach le rud a dhéanamh.

tub n tobán m.

Tuesday n Dé Máirt f.

tumble vi tit.

tumult n clampar m.

tune n fonn m, port m. • vt tiúin.

tuneful adj ceolmhar.

tup n reithe m.

turf n fód m; (fuel) móin f.

turn vt vi cas, tiontaigh.

turnip n tornapa m.

turtle n turtar m.

tutor n (guardian) oide m.

tweak vt bain cor as.

tweed n bréidín m.

twelfth adj n (an) dara (ceann) déag.

twelve adj n dó m dhéag.

twentieth *adj n* fichiú *m.*
twenty *adj n* fiche *m.*
twice *adv* faoi dhó.
twilight *n* clapsholas *m.*
twin *n* leathchúpla *m.*
twist *vt* cas.

two *n* dó *m.* • *adj* dhá, (*persons*) beirt *f.*
typical *adj* samplach.
typography *n* clóghrafaíocht *f.*
tyrant *n* aintiarna *m.*
tyre *n* bonn *m.*
tyro *n* núíosach *m.*

U

udder *n* úth *m*.
ugliness *n* gránnacht *f*.
ugly *adj* gránna.
ulcer *n* othras *m*.
ultimate *adj* deiridh.
umbrella *n* scáth fearthainne *f*.
unable *adj* neamhchumasach.
unaccustomed *adj* ainchleachta.
unanimous *adj* d'aon ghuth.
unarmed *adj* neamharmtha.
unavoidable *adj* dosheachanta.
unaware *adj* aineolach (ar).
unbolt *vt* bolta a scaoileadh.
unbreakable *adj* dobhriste.
uncle *n* uncail *m*.
uncomfortable *adj* míchompardach.
uncommon *adj* neamhghnách.
unconditional *adj* gan choinníoll.
uncork *vt* corc a bhaint as.
unction *n* ungadh *m*.
undecided *adj* neamhchinnte.
under *prep* faoi.
undergo *vt* fulaing.
underground *adj* faoi thalamh.
underneath *adv* thíos. • *prep* faoi.
understand *vi vt* tuig.
understandable *adj* intuigthe.
underwear *npl* fo-éadaí *mpl*.
undeserved *adj* neamhthuillte.
undistinguished *adj* coitianta.
undisturbed *adj* neamhchorraithe.
undo *vt* leasaigh.
unemployed *adj* dífhostaithe.
unequal *adj* neamhionann.
uneven *adj* míchothrom.

unexpected *adj* gan dúil *f*.
unfair *adj* leatromach.
unfinished *adj* neamhchríochnaithe.
unfold *vt* oscail amach.
unfriendly *adj* neamhchairdiúil.
unfurl *vt* scaoil (amach).
ungrateful *adj* míbhuíoch.
uniform *n* culaith *f*.
uniformity *n* comhionannas *m*.
unimportant *adj* neamhthábhach-tach.
uninhabited *adj* neamháitrithe.
union *n* aontas *m*.
Unionist *n adj* (*pol*) Aontachtaí *m*.
unique *adj* ar leith.
unit *n* aonad *m*.
United States (of America) *npl* Stáit Aontaithe *mpl* (Mheiriceá) (SAM).
unity *n* aontacht *f*.
universal *adj* uilíoch.
universe *n* cruinne *f*.
university *n* ollscoil *f*.
unless *conj* mura(r).
unlike *adj* éagsúil.
unload *vt* díluchtaigh.
unmask *vt* masc a bhaint de.
unmusical *adj* neamhcheolmhar.
unnecessary *adj* neamhriachtanach.
unoccupied *adj* folamh.
unpack *vt* díphacáil.
unpardonable *adj* do-mhaite.
unpleasant *adj* míthaitneamhach.
unpopular *adj* míghnaíúil.
unpremeditated *adj* gan réamhsmaoineamh.

unproductive *adj* neamhthorthúil.
unreal *adj* bréagach.
unreasonable *adj* míréasúnta.
unrest *n* míshocracht *f*.
unripe *adj* mí-aibí.
unsafe *adj* contúirteach.
unsatisfactory *adj* míshásúil.
unsightly *adj* míshlachtmhar.
unsuccessful *adj* mírathúil.
unsuitable *adj* mífhóirsteanach.
unsure *adj* éiginnte.
untidy *adj* amscaí.
untie *vt* scaoil.
until *prep* go, go dtí. • *conj* go dtí.
unused *adj* ainchleachta.
unusual *adj* neamhghnách.
unwanted *adj* gan iarraidh *f*.
unwieldy *adj* liobarnach.
unwise *adj* díchéillí.
unworthy *adj* neamhfhiúntach.
unwrap *vt* oscail.
up *adv* suas, (*from below*) aníos, thu-as.
upbringing *n* tógáil *f*.
uphill *adv* in éadan na mala *f*.
uphold *vt* seas le.
upon *prep* ar.

upper *adj* uachtarach.
upright *adj* ingearach, díreach.
uproar *n* racán *m*.
upset *n* suaitheadh *m*.
upshot *n* deireadh *m*.
upside-down *adv adj* bunoscionn.
upstairs *adv* thuas staighre, suas staighre.
upward *adj* suas, (*from below*) aníos.
urban *adj* uirbeach.
urge *vt* gríosaigh.
urgency *n* práinn *f*.
urgent *adj* práinneach.
urinal *n* fualán *m*.
us *pn* muid, sinn.
usage *n* úsáid *f*.
use *n* úsáid *f*. • *vt* úsáid.
useful *adj* úsáideach.
usefulness *n* úsáid *m*.
useless *adj* gan feidhm *f*.
usual *adj* gnáth-, coitianta.
usurp *vt* forghabh.
uterus *n* broinn *f*.
utmost *adj* as cuimse *f*.
utter *adj* iomlán, lán; dearg-. • *vt* abair, labhair.
utterly *adv* ar fad.

V

vacancy n folúntas m.
vacant adj saor.
vaccinate vt vacsáínigh.
vagabond n spailpín m.
vagina n faighin f.
vague adj doiléir.
vain adj díomhaoin.
vale n gleann m.
valid adj bailí.
valley n gleann m; srath m.
valour n crógacht f.
valuable adj luachmhar.
value n luach m.
value added tax n cáin f bhreislua-
    cha.
valve n comhla f.
van n veain f.
vandal n creachadóir m, sladaí m.
vanish vi téigh as radharc.
vapour n gal f.
varied adj éagsúil.
variegated adj breac.
variety n éagsúlacht f.
various adj éagsúil.
vary vt vi athraigh.
vase n vás m.
vast adj ollmhór.
veal n laofheoil f.
vegetable n glasra m.
vegetarian n feoilséantóir m.
vegetation n fásra m.
vehement adj tréan.
vehicle n feithicil f.
veil n caille f. • vt clúdaigh.
vein n féith f.

velvet n veilbhit f.
vengeance n díoltas m.
venison n fiafheoil f.
venom n nimh f.
venture n fiontar m.
venue n ionad m.
verdict n (law) breithiúnas m.
verge n bruach m.
verify vt fíoraigh.
vermin n míolra m.
vernacular n caint f na ndaoine.
verse n véarsaíocht f; (stanza) véarsa
    m.
version n leagan m.
vertical adj ingearach.
vertigo n meadhrán m.
very adv iontach, an-.
vest n veist f.
vestige n lorg m.
vet n tréidlia m.
vex vt cráigh.
viable adj inmharthana.
vibrate vi crith.
vicarious adj ionadach.
vice n duáilce f; (tool) bís f.
victim n íobartach m.
victor n buaiteoir m.
victory n bua m.
video recorder n fístaifeadán m.
view n dearcadh m; amharc m. • vt
    amharc (ar).
viewpoint n dearcadh m.
vigil n faire f.
vigour n fuinneamh m.
vile adj táir.

village n sráidbhaile m.
villain n bithiúnach m.
vindicate vt **she was vindicated**
tugadh le fios go raibh an ceart aici.
vine n fíniúin f.
vintage n (wine) bliain f.
violence n foréigean m.
violent adj foréigneach.
violin n (mus) veidhlín m.
violinist n veidhleadóir m.
viper n nathair f.
virgin n maighdean f, ógh f.
virginity n ócht f.
virile adj fearúil.
virility n fearúlacht f.
virtual adj samhalta.
virtue n suáilce f.
virtuous adj suáilceach.
virus n víreas m.
visibility n infheictheacht f.
visible adj infheicthe.
vision n radharc m; (mental) fís f, ais-

ling f.
visit vt tabhair cuairt f ar.
visitor n cuairteoir m.
vital adj riachtanach.
vitality n beogacht f.
vivacious adj bíogúil.
vocal adj guthach.
vocalist n amhránaí m.
vocation n gairm f.
voice n guth m.
void adj ar neamhní. • n folús m.
voluble adj líofa.
voluntary adj deonach.
vomit vt vi aisig. • n aiseag m.
vote n vóta m. • vt vótáil.
voucher n dearbhán m.
vow n móid f. • vi vt móidigh.
vowel n guta m.
voyage n turas farraige f.
vulgar adj gáirsiúil.
vulnerable adj soghonta.

W

wade vi siúil trí.

wafer n abhlann f.

wag vt vi croith.

wager n geall m.

wagon n vaigín m.

wagtail n glasóg f.

wail vi déan olagón.

waist n coim f.

wait vi fan.

waiter/waitress n freastalaí m.

wake vi múscail. • n (relig) faire f.

waken vt múscail.

Wales n An Bhreatain f Bheag.

walk vi siúil. • n siúl.

walking stick n bata m siúil.

wall n balla m.

walrus n rosualt m.

wan adj báiteach.

wander vi bheith ag falróid.

wanderer n fanaí m.

want vt tá (rud) de dhíth f ar. • n easpa f; díth f.

war n cogadh m.

warble vt ceiliúir.

wardrobe n vardrús m.

warehouse n stór m.

warlike n cogúil m.

warm adj te. • vt téigh.

warmth n teas m.

warn vt tabhair rabhadh do.

warren n coinicéar m.

warship n long f chogaidh.

wart n faithne m.

wary adj airdeallach.

wash vt nigh.

washing n níochán m.

wasp n foiche f.

waste vt cuir amú. • n fuíoll m.

watch n uaireadóir m. • vt amharc (ar); breathnaigh (ar).

watchdog n gadhar faire m.

water n uisce m. • vt cuir uisce ar.

water power n cumhacht f uisce.

waterfall n eas m.

waterproof adj uiscedhíonach.

watershed n (geog) dobhardhroim m.

watertight adj uiscedhíonach.

waulk vt úc.

waulking n úcadh m.

wave n tonn f. • vi vt croith.

wax n céir f.

way n slí f; bealach m.

waylay vt déan luíochán roimh dhuine.

we pn muid; sinn.

weak adj lag.

weaken vt lagaigh.

wealthy adj saibhir.

wear vt (clothes) caith.

weather n aimsir m.

weave vt figh.

weaver n fíodóir m.

web n líon m (damháin alla); (comput) idirlíon m.

webbed adj scamallach.

wed vt pós.

wedding n bainis f.

Wednesday n An Chéadaoin f.

wee adj beag.

weed n fiail f. • vt déan gortghlanadh.

week *n* seachtain *f*.

weep *vt vi* caoin.

weigh *vt* meáigh.

weight *n* meáchan *m*.

weir *n* cora *f*.

welcome *n* fáilte *f*. • *vt* fáiltigh.

well *n* tobar *m*. • *adj* maith. • *adv* go maith.

west *n* iarthar *m*. • *adj* iartharach. • *adv* thiar; siar (*to the west*); aniar (*from the west*).

westerly *adj* (gaoth *f*) aniar.

westward *adv* siar.

wet *adj* fliuch.

whale *n* míol *m* mór.

what *interr pn* cad (é). • *rel pn* a.

wheat *n* cruithneacht *f*.

wheel *n* roth *m*.

wheeze *vi* cársán a bheith ionat.

whelk *n* cuachma *f*.

when *adv* cén uair. • *conj* nuair.

whence *adv* cad as.

whenever *adv* an uair.

where *interr pn* cá (háit *f*). • *conj* an áit *f*.

whereas *conj* cé go.

whereby *adv* trína.

wherever *adv* cibé áit.

whereupon *adv* agus leis sin.

whether *conj* cé acu.

which *pn* cé acu. • *adj* cé (acu).

while *n* tamall *m*. • *conj* fad; le linn.

whin *n* aiteann *m*.

whip *n* fuip *f*. • *vt* fuipeáil.

whirlpool *n* coire *m* guairneáin.

whiskers *npl* (*of cat*) guairí *m*.

whisky *n* uisce *m* beatha, fuisce *m*.

whisper *n* cogar *m*. • *vi* abair i gcogar.

whistle *vi* lig fead. • *n* (*sound*) fead *f*; (*instrument*) feadóg *f*.

white *adj* bán; (*wine*) geal.

who *interrog pn* cé. • *rel pn* a; (*neg*) nach, nár.

whoever *pn* cibé; an té.

whole *adj* iomlán.

wholesale *n* mórdhíol *m*.

whoop *vi* lig liú.

whose *pn* cé.

why *adv* cad chuige; cén fáth.

wick *n* buaiceas *m*.

wicked *adj* droch-; urchóideach.

wide *adj* leathan.

widow *n* baintreach *f*.

widower *n* baintreach *f* fir.

width *n* leithead *m*.

wife *n* bean *f* (chéile).

wild *adj* allta; fiáin.

wilderness *n* fásach *m*.

will *n* toil *f*, (*last*) uacht *f*.

willing *adj* toilteanach.

willow *n* saileach *f*.

willpower *n* neart *m* tola *f*.

wily *adj* glic.

win *vt* buaigh.

wind *n* gaoth *f*.

window *n* fuinneog *f*.

windpipe *n* píobán *m*.

windward *n* taobh na gaoithe *f*.

windy *adj* gaofar.

wine *n* fíon *m*.

wing *n* sciathán *m*.

wink *vi* caoch (súil *f*).

winter *n* geimhreadh *m*.

wintry *adj* geimhriúil.

wipe *vt* cuimil.

wire *n* sreang *f*.

wiry *adj* miotalach.

wisdom *n* críonnacht *f*.

wise *adj* críonna.

wish *vt* is mian liom. • *n* mian *f*.

wit *n* meabhair *f*; ciall *f*.
witch *n* cailleach *f*.
with *prep* le; in éineacht le.
wither *vi* searg; feoigh.
within *adv* istigh.
without *adv* amuigh. • *prep* gan.
witness *n* finné *m*. • *vt* feic.
witty *adj* dea-chainteach.
wizard *n* draíodóir *m*.
wolf *n* mac tíre *f*.
woman *n* bean *f*.
womanly *adj* banúil.
womb *n* broinn *f*.
wonder *n* ionadh *m*; iontas *m*. • *vi* níl a fhios agam.
woo *vt* meall.
wood *n* coill *f*; (*timber*) adhmad *m*.
woodland *n* talamh *m* coille.
woodlouse *n* míol *m* críon.
wool *n* olann *f*.
word *n* focal *m*.
word processor *n* próiseálaí focal *m*.
wordy *adj* foclach.
work *vi* oibrigh. • *n* obair *f*.
worker *n* oibrí *m*.
workmanship *n* ceardaíocht *f*.
world *n* domhan *m*.
worldly *adj* saolta.
worldwide web *n* líon *m* domhanda.
worm *n* péist *f*.
worn *adj* caite.
worry *n* imní *f*. • *vt* cuir imní ar.

worse *adj* níos measa.
worsen *vi* téigh in olcas.
worship *n* adhradh *m*.
worst *adj* is measa.
worth *n* fiúntas *m*; luach *m*. • *adj* fiú.
worthless *adj* beagmhaitheasach.
worthy *adj* fiúntach.
wound *n* cneá *f*. • *vt* cneáigh.
wrangle *vi* déan clampar.• *n* clampar *m*.
wrap *vt* corn; fill.
wrapper *n* forchlúdach *m*.
wrath *n* fraoch *m*.
wreath *n* fleasc *f* (bláthanna).
wreck *n* long *f* bhriste; carr *m* scriosta. • *vt* scrios.
wren *n* dreoilín *m*.
wrench *vt* srac (rud) ó (dhuine).
wrest *vt* srac (ó).
wrestle *vi* déan iomrascáil *f* (le).
wrestling *n* iomrascáil *f*.
wring *vt* fáisc.
wrinkle *n* roc *m*. • *vt* roc.
wrist *n* caol *m* na láimhe.
wristwatch *n* uaireadóir *m* (láimhe).
write *vt* scríobh.
writer *n* scríbhneoir *m*.
writhe *vi* bí ag lúbarnáil.
writing *n* scríbhneoireacht *f*.
wrong *n* olc *m*; éagóir *f*. • *adj* cearr; contráilte; mícheart.
wry *adj* cam; searbh.

XYZ

xenophobe n seineafóbach m.

xenophobia n seineafóibe f.

X-ray n x-gha m; x-ghathú m.

yacht n luamh m.

Yankee n Poncánach m.

yard n slat f (0.914m); clós m.

yarn n snáth m; (story) scéal m.

yawn n meanfach f.

year n bliain f.

yearly adj bliantúil.

yearn vi bheith ag tnúth le.

yearning n tnúthán m.

yeast n giosta m.

yellow adj n buí m.

yelp vi lig sceamh.

yes adv (gram: repeat verb and tense used in question in positive—see also **no**).

yesterday adv inné.

yet conj mar sin féin. • adv go fóill.

yew n iúr m.

yield vt táirg; (submit) géill.

yoke n cuing f.

yolk n buíocán m.

yonder adv thall.

you pn (sing) tú, tusa, (pl) sibh, sibh-se.

young adj óg.

youngster n (boy) buachaill m; (girl) girseach f; (child) páiste m.

your pn (sing) do.

yours pn (pl) bhur; **sincerely yours** is mise (le meas).

yourself pn tú féin.

yourselves pn sibh féin.

youth n (state) óige f; (person) ógánach m.

youthful adj óigeanta.

yuppie n suasóg f.

zeal n díograis f.

zealous adj díograiseach.

zebra n séabra m.

zenith n buaic f.

zero n nialas m.

zest n flosc m.

zigzag n fiarlán m.

zip, zipper n sip f.

zodiac n stoidiaca m.

zoo n zú m.

zoology n míoleolaíocht f.